❀ 孩子在户外，尽情享受蓝天白云

❀ 德国妈妈一人带娃出游

❀ 光脚丫玩耍

❀ 和朋友的家庭一起露营

❀ 培养自我驱动力

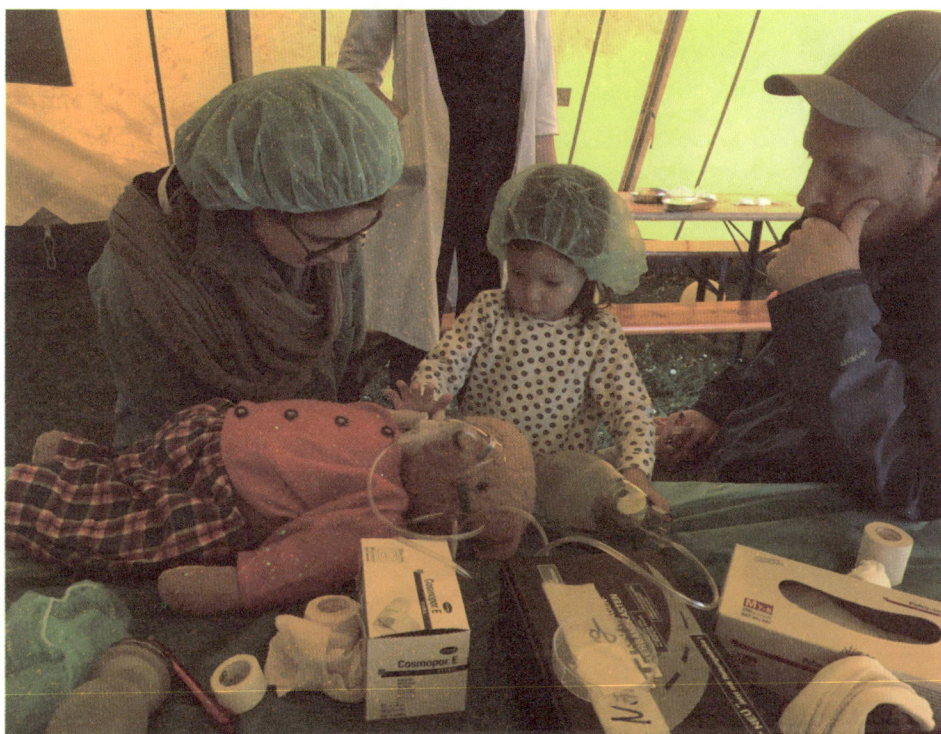

❀ 通过角色扮演，战胜就医恐惧

❀ 德国的早教运动班

❀ 德国幼儿园的角色扮演道具

🌸 亲近动物，其实很安全

攀爬运动好处多多

跟着德国妈妈学育儿

李茜

（悠悠妈）

著

中国出版集团　现代出版社

图书在版编目（CIP）数据

跟着德国妈妈学育儿 / 李茜著. —北京：现代出版社，
2018.4
ISBN 978-7-5143-6974-8

Ⅰ．①我… Ⅱ．①李… Ⅲ．①儿童教育－家庭教育
Ⅳ．①G782

中国版本图书馆CIP数据核字（2018）第052905号

著　　者	李　茜
责任编辑	杨学庆
出版发行	现代出版社
地　　址	北京市安定门外安华里504号
邮政编码	100011
电　　话	010-64267325　64245264（传真）
网　　址	www.1980xd.com
电子邮箱	xiandai@cnpitc.com.cn
印　　刷	三河市祥达印刷包装有限公司
开　　本	710mm×1000mm　1/16
印　　张	22
字　　数	320千字
版次印次	2018年5月第1版　2018年5月第1次印刷
标准书号	ISBN 978-7-5143-6974-8
定　　价	49.80元

精彩评论

知名媒体人·学者·作家·读者纷纷点赞推荐

这是一本很值得父母和家教工作者阅读的好书。品质源于家庭，教育源于生活。生活在德国的中国妈妈悠悠妈，认真学习，潜心写作，把世界上做事最认真最讲质量的民族的育儿经验，分享给大家，是难能可贵的。教育从来无小事，孩子的成长不仅会影响一个家庭，更会影响一个民族的未来。美好的生活源于美好的教育。我十分赞成悠悠妈的一句话：用生活完成教育，润物细无声。

——卢勤 / 首席教育专家、"知心姐姐"

很多人跟我说很羡慕节目中的明星辣妈们可以随心所欲发展自己的事业，殊不知，她们在育儿方面也很有一套，在成为成功的女性之前，她们一定是先做好妈妈这个角色。

《跟着德国妈妈学育儿》就是教你作为妈妈应该怎么做。我们这一代人，大多数是在快节奏的学习、竞争压力中长大的，在拥有孩子之前很少有机会和时间接触到育儿知识，即便做了父母，自己其实还是个孩子。悠悠妈不仅仅是个很好的观察者，还是一个善于思考的妈妈，她在将德国的教育方法引入到中国、教你如何养育自己的孩子之外，还可以让你学会如何做好父母这个神圣的角色。

——李欢 / 辣妈学院 CEO

《跟着德国妈妈学育儿》很适合中国父母阅读、学习，一方面，悠悠妈是中国人，特别了解中国孩子的成长环境；另一方面，悠悠妈远嫁德国，长期生活在德国，拥有"正宗"的德国丈夫和德国婆婆，有机会深入探究德国本土的育儿方法和理念。如果你想从孩子小时候起就接触来自世界的良好教育，培养他 / 她自信、独立、友善、幽默的品格，可以从这本书开始。

——徐智明 / 北大毕业，《育儿基本》作者

由于工作的关系，我经常会接触到一些家庭教育方面的书，但精品很少见，这本书让我眼前一亮，几乎是一口气读完。我很喜欢德国妈妈的理念——在生活中完成教育，这才是一个智慧妈妈应该有的样子，做到这点并不难，家长也会更轻松。

——柳佳 /《父母必读》杂志编辑

这本书没出版前，我就有幸阅读了全部的书稿。读完的第一感觉是：悠悠妈的文笔朴实流畅，书里提及的一些育儿观点及案例很实用，可以给到父母们很多实践参考。书里的一个家庭育儿故事，让我印象非常深刻。悠悠妈的一位同事马库斯，工作上很拘谨，话也很少，很多同事私下都会用"怪异"形容他。悠悠妈与他做了一次交流，才知道造成他这种状况的主要原因是从小在缺爱的家庭长大。每一个看起来有性格缺陷的人，背后可能就有一对不懂教育的父母。悠悠妈擅长从身边人的故事及自己的育儿实践中，娓娓道来各种育儿主张。这本书可以

成为大家育儿路上的贴心伙伴。

——吴静芬 / 亲宝宝内容付费运营总监

茜是一位非常懂教育的妈妈。接孩子放学时，她经常会和我探讨孩子的行为，从一些小事情延伸到教育理念上的思考和碰撞，可以看出她非常擅于观察与总结。茜的文章贴近生活，非常真实生动。作为一个德国人，我们对自己的教育方式习以为常。读了茜对德国人教育方式的总结，我才意识到原来我们习以为常的东西正是德国特色！就连我这个德国老师也爱读茜写的文章，我很喜欢和茜讨论中德教育理念的差异。

——Ulla Tarp/ 德国幼儿园园长

生孩子不容易，养孩子更不容易。悠悠妈的书从细节着手讲述在德国养育孩子的经验，既有新颖的理论，又有操作性很强的建议，是每个想多多开阔眼界、增加育儿经验的妈妈不可或缺的枕边宝典。

——吕寒璐 / 加州大学硕士、两个孩子的妈妈

我是一个两个孩子的妈妈，都说一胎照书养，二胎照猪养，可是当我关注了悠悠妈的微信公号后才发现，我是一胎照猪养，二胎照书养啊！育儿的路上，最容易犯的错误就是经验主义、教条主义，觉得亏欠了大宝很多，幸亏养育二宝的时候懂得了科学育儿。听说悠悠妈要出书了，我一定支持，呼吁中国的父母们人手一本！

——悠悠妈的忠实读者

刚刚发现自己怀孕的时候，我还在爱尔兰工作。在家庭医生的推荐下，我去了都柏林市中心的一家妇幼医院做产检，第一次去，除了要填很多个人以及家庭健康情况的表格，最让我印象深刻的是，医院给每个孕妇的见面礼是用袋子装好的一整套书。

当时还对怀孕和育儿一无所知的我，一回到家就兴趣勃勃地读起这些书来，里面有关于孕妇饮食营养和孕期保养的，有孕期40周每一周胎儿的发育情况介绍，还有对分娩的准备和分娩过程的介绍，更细心到连临产前去医院要带什么都写进了书里。这些专业书籍给了我巨大帮助。

女儿出生前两个月，我从爱尔兰辞了职，和先生一起搬回德国。很快我们在德国找好了分娩医院，报了产前课程，并参观了产房。周末两天，每天6个小时，足足12个小时的课程，让我和先生对孕期后期身体发生的变化和分娩过程了解得极为详细，也学到了帮助顺产的方法。

2014年6月，我很顺利地在德国医院生下了女儿悠悠。刚刚出院没多久，我们就收到了市政府青少年保护办公室的来信，说要家访。这还是我第一次听说政府工作人员要家访，是访什么呢？我的德国婆婆比我还激动，说一定要在家访时留给工作人员一个好印象，不要让他们觉得我们是不合格的父母。青少年保护办公室的人表面上是来家访，实际上也是趁机考察父母以及家庭居住环境是否适合孩子健康成长，不合格的父母是会被剥夺抚养权的！婆婆还专门送来了一瓶鲜花，嘱咐我一定要摆放在餐桌上。

看来，对待家访一定要严肃点。我和先生把家里打扫得窗明几净，给女儿换上了最漂亮的衣服，等待工作人员的到来。

一位中年女士准时到达。没有我想象中的如警察一般的巡视检查，倒是给我们带来了一书包礼物。打开书包一看，里面全部是育儿书：有0~12个月按月龄每月一封的父母信，讲述每个月龄宝宝的发育情况；有0~1岁和1~6岁的育儿百科；还有一些针对某个专题的书，比如，鼓励妈妈母乳喂养，鼓励父母戒烟，幼儿急救知识，多语启蒙，等等。当然，书包里还有一些送给宝宝的玩具和绘本。

工作人员询问了我们初为人父人母的感受，是否需要帮助，最后留下了一个小册子，上面写的是青少年保护办公室不同部门的电话号码。她告诉我们如果在养孩子上有任何问题或者困难，可以打上面的电话咨询，会有专业人员提供咨询服务，也有父母课程可以上。做父母是需要学习的，而不是天生就会。

这些育儿书籍为我提供了非常全面的育儿指导，比如，从出生开始每天一滴维生素D，一岁前不能使用枕头，等等。那时的我，总是在孩子睡后甘之如饴地从书中汲取科学育儿方法。

德国的儿童医疗系统也很专业，女儿在医院一出生，就收到了一个属于她个人的健康记录册，上面明确写明了从出生到6岁需要做的所有体检和时间，以及每次体检需检查的项目。如果忘记带孩子去体检，还会收到青少年保护办公室的来信，督促父母及时带孩子去体检。每次体检，父母有任何养育方面的问题，都可以提问，从医生那里获得最权威的解答。

悠悠一岁半时去了德国幼儿园的小小班。德国幼儿园的入园适应期足足有一个月时间，家长在此期间可以每天陪孩子在幼儿园，甚至和老师孩子一起去森林游玩，帮助孩子建立对幼儿园环境以及老师的信任感，这让我有机会近距离一睹德国幼儿园老师的教育方式，亲身体验最真实的德国教育。

这几年，在国内，德国教育备受推崇，不断有国内的朋友在微信上向我发来有关德国教育的文章，询问它们的真实性。我看了那些文章，很多都有夸大事实的成分。可以看出，写那种文章的人，要么自己没有在德国生活过，要么就是为了吸引读者眼球，故意扭曲事实。

这让我内心出现了一股强烈冲动：我要向大家展现一个真实的德国。我在德国学了那么多科学育儿知识，见证了孩子们在德国幼儿园的生活，又在社区早教活动中认识了很多德国父母，领略了德国家庭的养孩理念，这些最一手的经历给我的育儿带来许多启发和帮助，我为什么不把自己亲眼看到、学到的写出来让更多人受益呢？

2016年4月，我开始在微信公众号"德国育儿研究"以"悠悠妈"的网名进行写作，第一篇即是对网络上流传甚广的德国禁止学前教育一文的辟谣。随后我陆续分享了在德国当妈妈的所见所闻、所思所想，内容主要涵盖科学育儿知识、德国家庭教育以及德国幼儿园教育三个方面。

我不喜欢虚无缥缈的描述，再先进的教育理念也要落到细节的执行上才能真正对读者有用，因此我所写的每一篇文章都力求接地气，用最真实生动的例子呈现德国育儿和教育理念。我希望我的文章虽然写的是德国，也能为国内外父母所借鉴，运用在家庭教育中，因此实用是我对自己的要求。

《跟着德国妈妈学育儿》一书收集了我过去两年的精华文章，为了让此书的结构更加科学严谨，系统性更强，我对以前发表的零散文章进行了编辑整理，使得读者读起来能够感受到更清晰的结构，查阅起相关知识点也更加容易。

在科学育儿指导下培养出来的孩子是健康快乐而又完整的。人的心灵既强大又脆弱，幼年时期若被世界温柔对待，长大了自然便能善待别人；若不曾体验过爱与尊重，长大后再多的说教也难以感化一颗冷漠的心。当我们每个家庭都能以科学的方式养育孩子、尊重孩子，未来的社会一定会多出许多内心柔软、充满阳光的人，这样的人越多，社会就会越美好和谐。

一想到传播科学育儿知识与教育理念能让我们后代生活的社会越变越好，我就有了持续写下去的动力。它让我感到，自己正在做的是一件非常有意义的事情。我也衷心希望，每一位读过这本书的读者都能从中受益，在不断学习中成为最懂孩子的父母。

李茜

2018 年 3 月 4 日于德国科隆

目录

part 1

德式日常护理
——绕开育儿弯路，育儿这件事很简单

part 4

德式情商教育与性格养成
——先育人，后育才

part 5

德式规则教育
——不以规矩，不能成方圆

part 6

德式早教
——激发孩子的潜力与兴趣

part 7

在德国上幼儿园
——知识、技能、气质和情感培养

part 8

德式家庭性教育
——最好的防护，是尽早帮孩子树立正确的性认知

德式日常护理

——绕开育儿弯路，育儿这件事很简单

德国人那一口好牙，
源自从出牙前就开始的护理

出国 8 年，我见过的德国人，不论男女老少，个个都拥有一口整齐洁白的牙齿，他们的笑容看上去就像在做牙膏广告，令我羡慕不已。在中国，很多 60 岁出头的老年人，牙齿已经掉了好几颗，而德国老人的目标是 80 岁保住一口牙。德国人非常注重口腔护理，他们的一口好牙绝非一日之功，而是靠长期正确的日常护理，定期看牙医维护和牙齿矫正换来的硕果。

德国口腔协会的专业建议是从出生即开始认真护理宝宝的口腔，为孩子拥有一口健康整齐美观的牙齿奠定好基础。

为什么婴儿也要刷牙

儿童的乳牙由于牙釉质比成人的薄，所以比成人更难抵抗口腔内食物代谢产生的酸素，更容易得龋齿。这也是为什么大家经常看到一两岁的孩子，特别是习惯奶睡的，如果不刷牙的话，已经是满口烂牙了。

很多父母觉得，反正乳牙过不了几年就要掉，烂了就烂了吧，以后长了恒牙再好好保养。这是非常错误的认知。**一口健康的乳牙其实是在为将来的恒牙铺路，基础没打好，恒牙也会受到影响。**

很多人还停留在口腔健康就是没有蛀牙的认知误区上，以为不吃糖、不奶睡就不用刷牙了，牙齿没长洞就算是好牙齿。其实口腔健康之中有个很重要的部分叫作牙龈健康。牙周炎是非常难治的，一旦患上基本只能控制，无法根治。而牙周炎在亚洲人群里的发病率又是最高的，白人和黑人患牙周炎的很少。

对于孩子来说，虽然会换牙，但是牙龈不会换，由于从小不好好护理口腔而导致的牙龈问题，并不会因为换牙就消失，反而会危及恒牙的健康生长。

口腔护理从长牙前就应开始

德国牙医建议，从宝宝出生开始即应每天以游戏的方式给宝宝做牙龈按摩，最好是在每次喝奶后，用手或者纱布或者棉签蘸点热水，轻轻抚摩擦拭宝宝的牙龈，尤其出牙的那一面（牙床），可以稍加按摩。

这么做目的有二：一是让宝宝习惯口腔护理体验。越早开始，越容易养成习惯，这样将来用牙刷刷牙时的抵触情绪也越小；二是有助于宝宝出牙。

在宝宝出生后的 6 周，当你天天用手给宝宝做牙龈按摩时，会明显地感到宝宝的牙龈从一开始的非常柔软慢慢变成了硬硬的牙床，这是牙床在为出牙做准备。

什么时候开始刷牙

第一颗牙冒出来后，就应该使用牙刷和牙膏给宝宝刷牙了。这个时候还只用纱布擦拭是不足以清洁牙齿的。当然，一开始牙齿少的时候，每颗牙刷几秒钟足矣，牙齿长多了以后推荐每次刷牙时间为 3 分钟。

每天刷几次

目前没有严格的统一结论。大部分权威机构建议出牙后每天至少一次，睡前一定要刷，两岁后必须早晚各一次。对于甜食吃得多、有奶睡习惯的宝宝，两岁前也建议每天刷两次。早上吃完早餐后再刷牙效果比饭前刷更好；大量摄取甜食后，有条件的话，应立即刷牙。

为什么推荐使用含氟牙膏

德国是低氟区，90% 地区的自来水氟含量低于 0.3mg/L，因此德国市面上的儿童牙膏大多是含氟牙膏，德国口腔协会 DGZMK 建议使用含氟牙膏，6 岁以下儿童牙膏的含氟量为 500ppm。

大家不必谈氟色变，氟是一把双刃剑。事实上，这个曾经用于冰箱制冷的化学物质，是自然界本身存在的矿物质，广泛存在于食物和自来水中。氟是维持人体牙齿健康的必需微量元素，通过加强牙釉质，使其更能抵抗可能导致蛀牙的酸的侵袭。同时氟也能降低牙菌斑产生酸的能力。

在美国很多低氟地区，政府会专门往自来水中添加氟，预防牙齿健康隐患。美国儿医学会 AAP 甚至建议在自来水没有添加氟的地区，人们（包括儿童）系统服用氟补充剂。

不过，后来又有越来越多的研究显示，预防蛀牙，最好的方法是让氟直接与牙齿接触，效果比把氟吃进身体要好得多。因此，德国现在更提倡的是使用含氟牙膏，而不是口服氟补充剂。

在中国是否使用含氟牙膏，需要根据当地自来水的氟含量来决定。我国国家饮用水标准的氟化物剂量为 1.0mg/L，美国规定最高为 0.7mg/L，而当饮用水中氟含量高于 1.0mg/L 时，即可发生氟斑牙。如果你所在地区的含氟量已经达到这个值，那就无须再使用含氟牙膏。我国有不少地区自来水中的氟含量都超标，需要引起大家的警惕。各地自来水的含氟量信息可以在网上查询，也可以致电当地自来水公司获知。

如果家中使用了净化器、滤水器等净水设备，则要弄清楚净化器是否具备除氟的功能，去除效果如何。如果家中净水设备具备极强除氟功能，那么仍然推荐使用含氟牙膏。

牙膏用量多少才合适

牙膏用量太少达不到效果，一定要按照用量要求使用。两岁前，一天的牙膏总用量不超过一颗豌豆大小，刷两次的话每次米粒大小，只刷一次的话，建议豌豆大小。只要一天中使用牙膏的总量不超过一颗豌豆大小，就不会因为吞咽过多氟而对身体产生危害。两岁后每次牙膏用量约一颗豌豆大小。

德国的儿童牙膏均可吞咽，如果遵循建议用量使用，即使吞咽少量牙膏也不会对宝宝的健康造成危害。千万不要因为担心宝宝会吞咽牙膏而不给宝宝刷牙，这就因噎废食了。

如何选择牙刷

从宝宝还没开始长牙起，就可以用非常软的宝宝专用软毛牙刷给宝宝做牙龈按摩了。宝宝用的牙刷毛要非常软而短。等到宝宝牙齿越长越多，可吃的食物越来越多之后，再过渡到毛稍微硬一些、长一些的儿童牙刷。6岁以上应使用更硬的牙刷。儿童牙刷通常分三个年龄段：0～2岁，2～6岁，6～12岁。

就儿童牙刷而言，电动牙刷和手动牙刷的优劣对比不明显，就看孩子的喜好了。重要的是每天坚持。

给孩子刷牙是大人的责任

两三岁的孩子会喜欢自己抢着刷牙，这本身看起来很可爱，也是孩子自我意识萌发的体现，但要注意，尊重孩子是一回事，能否刷干净牙齿是另一回事。

在孩子能流利写字之前，他们的手部精细动作发育还未达到能刷干净牙齿的程度。这意味着，在孩子七八岁之前都需要家长帮他们刷牙。即使孩子自己刷过一遍了，家长还是要负责任地再给他刷一遍，确保真正达到效果。

德国幼儿园会给家长们发口腔护理的科普手册和一支儿童牙刷，科普手册的名字就叫《家长刷孩子的牙》，发的那支牙刷上也赫然印着"家长刷孩子的牙"的字样，意在时刻提醒我们，做家长的一定要替孩子刷牙。孩子想自己刷可以，但是刷完后家长要再刷一遍。

什么是刷牙的正确姿势

对小宝宝来说，最方便的办法是让他平躺下来，这样父母能更清楚地看到宝宝的全部牙齿，也可以一只手抱着宝宝，让宝宝靠在大人怀里。

KAI 刷牙三步走法则

1. K：张开嘴，将牙刷前后来回地移动，刷全部牙齿的咬合面，最后一颗板牙的后面也要刷到。

2. A：牙齿咬合住，牙刷对着牙齿的外侧上下刷，然后再打圈圈，这样可以帮助去除附着在牙齿表面的牙菌斑。

门牙是最容易得龋齿的，一定要认真刷。如果孩子不会做龇牙的动作，那父母哪怕协助孩子把嘴唇翻起来，也一定要刷到。

3. I：再次张开嘴，刷所有牙齿的内面一侧，像使用小刷子一样，将牙刷从红色牙龈方向往白色牙齿方向刷（要点：由红到白）。

重点是要把牙齿的每一面都刷到。牙刷刷不到的缝隙和角落，建议使用牙线，让孩子从小养成使用牙线的习惯，可以有效预防牙周炎。

何时该带孩子去看牙医

德国人定期去看牙医的习惯是从婴儿时期就开始培养的。在德国，牙医建议，从孩子长第一颗牙起，就应每 6 个月带孩子去见一次牙医。原因很简单，为了让孩子习惯看牙医，从小与牙医建立信任关系，对牙医产生好感，将来不畏惧去牙医诊所看牙。定期检查也能让牙医及时发现孩子的口腔问题，越早干预所需的力气越小，同时牙医也能为家长提供必需的口腔护理知识。在我女儿上的德国幼儿园，每年有一次牙医探访活动，为每个孩子检查口腔，然后给每位家长提供一份保密的检查结果。

如果你的孩子抗拒看牙医，不妨在你自己看牙的时候带上他一起去，让孩子尽早习惯看牙医的体验。

如何帮助孩子爱上刷牙

不少父母都为孩子不爱刷牙而头疼，每天刷牙都是一场大战。想想看，如果有人拿东西在我们嘴里刷来刷去，我们也会觉得不舒服，会抵触，这是人之常情。家长首先要摆正心态，孩子不爱刷牙是再正常不过的事。有了这样的心理准备，在面对孩子的不配合时，我们就不那么容易生气或者失望了，而是多了一些耐心，以及想办法去引导的积极性。

当然，孩子太小，还无法理解现在不刷牙和今后会烂牙之间的因果关系。作为父母，我们有必要在孩子对不刷牙的后果还没有形成概念之前，替他们把好关，帮助孩子建立规则和培养良好的生活习惯。

确保孩子的口腔健康是父母的责任。孩子抗拒刷牙，不妨花一花心思想想如何能让刷牙变得更有趣，让刷牙变成一种生活习惯，让孩子自愿自发去做。

家长先做好榜样

刷牙这件事，家长要做好榜样，这一点非常重要。孩子通过模仿来学习，家长的榜样力量远远超过我们的想象。从出生开始，父母就可以有意无意地当着孩子的面刷牙。每天到了刷牙时间，故意大声说"我现在要刷牙了！刷牙可以让牙齿保持健康，不刷牙牙齿会变黄，多不好看啊"，让孩子听到，并**邀请孩子观察大人是如何刷牙的**，潜移默化地影响，让孩子感到刷牙是生活的一部分。还可以更夸张一点，刷完牙后做出很享受的样子，用"哇，刷牙后感觉牙齿干净多了"之类的话，吸引孩子产生好奇，爱上刷牙。

全家人一起刷牙

全家人一起刷牙会让孩子更有动力，更有参与感，并且最好是每天在同一个时间进行，将刷牙变成一个固定程序。

为何一定要刷牙？先给孩子一个解释

硬逼着不喜欢刷牙的孩子刷牙，当然需要给孩子一个解释。虽然孩子不一定能理解，但是解释仍然很有必要。我们要让孩子明白，刷牙并不是把牙刷放嘴里咬一咬，动几下就算完成任务了，而是要把牙齿上的脏东西刷下来。有了正当的理由孩子才会更加配合。

在孩子吃甜食的时候可以多提醒他，甜食吃多了会长蛀牙，吃完甜食要刷牙。在各种场合巧妙地灌输刷牙的合理性和重要性，孩子总会接受。

还可以借助绘本来让孩子了解刷牙的重要性。

让孩子完成刷牙的 11 个小游戏

让孩子学习的最好方式就是玩，刷牙也不例外。采用游戏的方式让孩子体会到刷牙的乐趣，就不会对刷牙那么抵触了。

▌我帮妈妈刷，妈妈帮我刷 ▌

尤其对于小宝宝来说，这是个说服孩子刷牙的好办法！当我们逼着宝宝刷牙的时候，宝宝的内心戏其实是：为什么老是妈妈逼我刷牙？力量不对等啊！不如试着和宝宝商量："要不这样，你先帮妈妈刷牙，然后妈妈帮你刷牙，我们互相刷，好不好？"孩子对这种交换的方式不仅会觉得有趣，还会感到被尊重，有存在感，自然就会更加配合大人的要求。

▌把牙刷当磨牙玩具 ▌

趁宝宝很小的时候，就给他买一支婴儿牙刷，在饭后给他自己拿着玩。因为宝宝天生都喜欢把东西往嘴里放，他拿着牙刷时，肯定也会情不自禁地往嘴里放。这个时候赶紧抓住机会表扬宝宝！"哎呀，宝宝，你在给自己刷牙啊，真棒，刷牙是个好习惯哦！"这样一来宝宝很早就知道了"刷牙"这件事的存在。有了前期对牙刷的适应和你的鼓励，等到孩子出牙了真正需要刷牙的时候，他就不会对刷牙那么抗拒啦。

需要注意的是，对小宝宝来说，牙刷具有一定的危险性。家长一定要在旁边陪同引导，以防宝宝不小心被牙刷戳到喉咙或者眼睛。

▌唱刷牙歌 ▌

刷牙歌既可以是现成的儿歌，也可以是自己编的歌曲。妈妈们还可以和宝宝一起给牙齿命名："先刷前面的兔子牙，再刷旁边的老虎牙，后面的是棕熊牙。哇，棕熊牙体积好大，要多刷刷，多刷刷。"

还可以一边刷牙，一边放刷牙的儿歌，对孩子进行全感官输入，印象更深刻。

▌让手偶来刷牙▐

宝宝不喜欢让妈妈刷，那换个人来刷吧！最好是换成宝宝最喜欢的手偶。不妨先戴上手偶和宝宝聊聊天："小朋友，你今天吃了什么啊？西红柿和胡萝卜？我也喜欢吃这两样！西红柿和胡萝卜都是红的，我好想去你的嘴里看一看，看看你的牙齿有没有变红呀？让我进去看看吧！"

手偶拿着牙刷进到宝宝嘴里，这儿看看，那儿看看，顺便赶快刷一刷牙。最后感叹一句："呀，你的嘴里真干净，牙齿好白呀！我下次还想去你嘴里看看！"

▌牙齿怪物和牙齿精灵▐

宝宝听不进干巴巴的道理，那就编个牙齿怪物的故事吧：刷牙可以保护牙齿不受到牙齿怪物的侵袭。不刷牙的话，牙齿怪物会来袭击牙齿，甚至在上面钻洞！后果是：牙齿疼了再也不能吃自己喜欢吃的零食了！

或者再来个牙齿精灵的故事：牙齿里面住着精灵，如果不刷牙就去睡觉，那牙齿上面粘着的脏脏的东西会在你睡着的时候伤害牙齿精灵，她会在你熟睡的时候疼得直哭。如果你把牙齿刷干净了再去睡觉，牙齿精灵也会很高兴，因为这样她就能舒服地睡个好觉啦。一般听到这儿，孩子就会乖乖去刷牙了。

▌牙齿虫虫▐

和牙齿怪物类似，同样是自己编故事，不过这次虫虫是满嘴跳。刷牙时间到了，向宝宝提议道："牙齿虫虫最喜欢住在脏脏的牙齿上面，我们来找找你嘴里有没有牙齿虫虫？"

"张开嘴让妈妈看一看。呀，上门牙正坐着一只，赶快用力刷一刷，把虫虫赶走。呀，它又跳到下面去了……我来刷走它！"

▌ 对着镜子刷 ▌

每个儿童房都应该有一面镜子，放在孩子不需要大人抱起，自己就能看到的高度。我女儿所在的德国幼儿园里每个班级都有一面落地镜。刷牙的时候，让孩子照着镜子，然后一边刷一边看着自己的嘴巴，再把上面的手偶游戏，或者捉牙齿虫虫的游戏运用起来，会让孩子玩得很开心。妈妈们的演技一定要到位哦！

▌ 设置定时器 ▌

家里备一个沙漏或者酷炫的定时器，告诉孩子当沙子漏完的时候牙就刷完了。这是一箭双雕的做法，既转移了孩子的注意力（如果定时器是个玩具，那效果就更好了），又养成刷满 2 ~ 3 分钟的好习惯。

▌ 比赛看谁刷的时间长 ▌

对于大一点能自己刷牙的孩子，我们还可以和孩子比赛看谁能在吐泡沫之前刷得更久！这么做既把刷牙变成有趣的亲子游戏，又能通过游戏让孩子刷得更久一点。

▌ 让孩子自己选择牙刷 ▌

如今的儿童牙刷很多都做得很可爱，各种各样的可爱造型，让孩子在商店亲自选购自己喜欢的牙刷，会让他更有动力使用牙刷刷牙。买回去后，还可以鼓励孩子展示一下自己选购的牙刷："你给奶奶和姨妈看了你的新牙刷没？今天就可以用它刷牙了哦！刷起来一定感觉很棒！"

▌ 读刷牙绘本 ▌

绘本是帮助孩子理解世界的很好途径。许多良好生活习惯都可以通过绘本来渗透。以刷牙为主题的绘本很多,《牙医怕怕，鳄鱼怕怕》《牙齿大街的新鲜事》《大家来刷牙》等都不错。

让孩子从小就开始坚持每天刷牙，养成好习惯非常重要。切忌把刷牙当成一件可有可无的事，心情好的时候刷，困了累了心情不好的时候就不刷。如此下去，刷牙只会变得越来越难执行。任何一个规则和习惯的建立都需要不断地重复和坚持，这需要时间，父母的坚持可能会很累。可是一旦孩子养成了好习惯，以后就会越来越轻松，也会让孩子受益无穷。

在使用安抚奶嘴这件事上，
德国父母几乎没有纠结

吮吸是小婴儿的本能

在德国，安抚奶嘴几乎是宝宝们的标配。经常看到德国妈妈把奶嘴塞进号啕大哭的宝宝嘴里，宝宝秒变天使，安静愉快地吸起来。

我曾经带几个月大的女儿去儿童医院体检，儿科医生给她的腹部做 B 超检查，她哭泣不止，医生问："你们有奶嘴吗？"我说："没有。"结果医生竟建议我把自己的小拇指塞进女儿嘴里让她吸。这建议让我觉得难以接受，我的小拇指当时洗都没洗，要我放孩子嘴里？多脏啊！德国人就是心大！不过，为了让体检顺利进行，我还是听从了医生的指示，乖乖地把小拇指放进女儿嘴里，她马上用力吮吸起来，医生也得以在安静之中顺利完成 B 超检查。

在使用安抚奶嘴这件事上，德国父母几乎没有纠结。大多数人都会选择顺应孩子的天性，满足孩子的基本生理需求。

每个新生宝宝都有天生的吮吸反应，吮吸是一种本能需要。有孕妇产检的 3D 超声波照片拍到，一些宝宝在妈妈肚子里时就开始吮吸大拇指了。在德国人看来，要和宝宝对抗这种本能反应，压制他们与生俱来的需求，是非常不人道，也不科学的。

吮吸动作本身对宝宝有很多好处，它不仅是让孩子身心感到愉悦的一项活动，还可以安抚和舒缓宝宝的焦虑情绪，帮助宝宝入睡，让宝宝有安全感。

安抚奶嘴有利也有弊

当然，任何事物都有两面性，安抚奶嘴也避免不了。最终是否决定用，应该是父母在权衡利弊之后做出的理性决定。有得就有失，重点需衡量一下是得到的多，还是失去的多。

安抚奶嘴的好处：

· 安抚婴儿情绪，或者缓解孩子与妈妈分离产生的分离焦虑。

· 缓解肠绞痛。

· 吮吸是孩子的本能，安抚奶嘴可以满足孩子的生理需求，产生安全感。

· 对于早产儿，有利于锻炼吮吸和吞咽的条件反射。

· 有助于宝宝入睡，尤其是自主入睡。每次入睡都使用安抚奶嘴，可以有效降低婴儿猝死的发生概率。

安抚奶嘴的坏处：

· 容易混淆宝宝发出的饥饿信号。

· 过量使用，会降低吮吸乳头的频率，导致奶量减少。

· 使用安抚奶嘴时，舌头的摆放位置是非自然的，会对牙齿有一定影响。不过大家不必过于担心，如果能在 3 岁前戒掉，奶嘴引起的牙齿问题是会自动恢复的。

· 过长时间使用会增加感染中耳炎的风险，但主要是在 1 岁以后。

· 3 岁后若仍过度使用，会影响学习说话。

安抚奶嘴的正确使用方法

正因为安抚奶嘴会对吃奶有影响，德国儿科医生建议，要尽可能在宝宝出生4～6周之后，再开始引入安抚奶嘴——也就是说，最好等到宝宝学会规律喝奶和妈妈的母乳产量稳定之后再用。**同时，安抚奶嘴应只用于短时间安抚，不建议长时间使用。**能做到这两点，安抚奶嘴的前两条坏处可基本避免。

为了防止过于依赖安抚奶嘴，应尽量减少安抚奶嘴的使用频率和时间，能不用就尽量不用。切忌宝宝一哭就马上塞奶嘴，这可能导致孩子哭泣背后的真正原因被忽略。最好是控制在入睡时使用。依赖安抚奶嘴入睡的宝宝在睡眠中醒来时，如果能及时找到奶嘴，可以及时帮助宝宝自己接觉，保证睡眠质量，让妈妈和宝宝都更舒服。

是吮吸大拇指还是奶嘴

每个宝宝的吮吸需求水平不同，有的宝宝靠吃奶就能满足，而有的则是高吮吸需求，吃完奶还想不停吸。遇到高吮吸需求的宝宝，除了顺应天性让他吸，几乎没有人道的办法可以阻止宝宝对吮吸的渴望。要知道，即使我们不给孩子吮吸奶嘴，他们也会吮吸大拇指。

妈妈们之所以对安抚奶嘴有使用顾虑，主要是因为担心孩子上瘾，用了以后难以戒掉。这样的顾虑不无道理，但是殊不知，安抚奶嘴与大拇指相比最明显优势就在于，奶嘴更容易戒掉。孩子大了以后，只需拿走奶嘴就可以戒掉；而大拇指长在孩子身上，随时随地可用，想要戒掉需要付出更多的努力。如果你家宝宝是高吮吸需求的类型，出生不久已出现喜欢吮吸大拇指的迹象，不妨给他准备一个安抚奶嘴。

此外，与吮吸大拇指相比，安抚奶嘴对牙齿的伤害更小，自然也就更容易恢复。

如何戒掉安抚奶嘴

一般来说，越早开始戒越容易。宝宝生命的前 6 个月是吮吸需求最高的时期；6 个月以后，可逐渐开始减少使用安抚奶嘴的频率和时间；一岁以内会比两三岁时容易戒掉，但也要考虑宝宝的个体情况。

大部分德国孩子是在两三岁时才开始戒，有的四五岁还在用。不过不用特别担心，德国牙医给的最晚界限是，6 岁左右换牙前一定要戒掉。

和很多小孩子需要学会的事情一样，戒奶嘴也是一个循序渐进的过程，考验的是家长的耐心与智慧。而不是到了一个时间节点就立刻切断奶嘴与孩子的联系。

让宝宝戒掉奶嘴，我们可以尝试以下几种方式：

·有意识地减少奶嘴的使用时间。当宝宝需要奶嘴或者哭闹的时候，想一想，他是真的需要吗？如果宝宝是因为太无聊才想起吸奶嘴，我们就需想办法帮宝宝找到比吮吸奶嘴更有趣的活动，有事可做就不会无聊到想吸奶嘴了。

·使用绘本向孩子传达"你已经长大，不再是小宝宝"的观念。鼓励孩子把戒掉奶嘴（此处也适用于奶瓶、尿不湿、母乳等）看作变成大孩子的里程碑，尽量渲染得有仪式感一些，让孩子充满成就感。

·给奶嘴涂上难吃的食物。宝宝讨厌吃什么，就涂什么。

·引入奖励机制。戒掉奶嘴确实不是件容易的事，在遇到特大困难时，适当的奖励可以帮助孩子更容易克服困难。比如，如果做到超过半天时间不用奶嘴，就可以在晚饭后得到一颗巧克力和妈妈的拥抱。然后逐渐延长时间，如果能做到两天不用奶嘴，周末就可以去动物园玩等，以此类推。

当然，使用奖励机制也是有讲究的。执行的时候，需要肯定和强调的是孩子的内在进步，为克服困难所做出的努力。奖励只是在父母看到这些进步和努力之后的一种爱的表达，而不是最终目的。如此操作，外部奖励才不会削弱孩子的内在动机。

安抚奶嘴究竟能不能用，答案是肯定的。在利与弊之间做出权衡，用了不后悔；不用，也有自己坚持的理由。这件事上不需要和别人比较，毕竟每个宝宝和妈妈的战斗力是不一样的！找到让自己和宝宝都舒服的点是最重要的。

一岁之前不要用枕头

目前德国乃至欧美权威机构均明确建议宝宝1岁之前一定不要使用枕头。原因很简单：一是不需要，用不着；二是会增加婴儿猝死的发生概率。

有家长觉得睡觉不用枕头很不舒服，于是想当然地认为宝宝也需要枕头才能睡得香。事实是，婴儿头身的比例远大于成人，平躺时后脑勺和背在同一水平线上，没有成人颈椎的自然弯曲，根本不需要枕头。不用枕头的婴儿能睡得更好，相反，过早用枕头可能会过度拉伸颈椎，造成颈椎问题。

1岁前不应使用枕头的更重要原因是，睡枕头容易导致婴儿呼吸不畅，严重的甚至会发生窒息死亡。欧美国家根据多年调查推测，导致婴儿无声无息地在睡梦中死去（即婴儿猝死）的主要外界原因有窒息、太热（穿太多、盖太多）和被烟熏等。而像枕头、被子、床围、大体积的毛绒娃娃这些东西都是可能导致婴儿睡觉时发生窒息的高危物品。安全起见，婴儿床上最好什么都不要放，只穿着睡袋睡就好了。

何时开始用枕头

目前还没有定论，有的德国专家说 1 岁后可以开始用（不是必须要用），有的说最好两岁之后再开始。普遍建议等孩子睡无床栏的儿童床后再开始使用，因为在有床栏的床上放置枕头容易发生窒息。

具体何时开始应根据宝宝的个人情况来判断。有这么一个判断标准，如果孩子主动表现出拿着毛绒娃娃或其他软软的物体垫在头下面，喜欢睡你的枕头，或者不睡枕头就觉得不舒服，那可以考虑给孩子准备一个枕头。引入枕头的主要目的是为了让宝宝睡得舒服，如果孩子没有出现睡眠不佳的迹象，也没有主动要求要睡枕头，那么晚点引入枕头也不迟。再说了，遇到那种睡觉满床打滚的宝宝，其实枕头的作用也不大，因为宝宝大部分时间都没有枕枕头啊！

选择怎样的枕头更好

宝宝的第一个枕头，应该选择尺寸大小、高低都合适的儿童枕，不能用成人枕头代替。太大、太厚的枕头有致窒息的危险，应选择薄薄平平的，切忌选中间凹下去的。

枕头的选择应考虑 5 个因素

▌舒适度和支撑度的平衡 ▌

软的睡着舒服，硬一点能为颈部提供更好的支撑，选择时需要在软硬之间做一个平衡。选枕头时可以做这样一个实验：用手按一下枕头中间，如果枕头能很快恢复原形，那么它的软硬度是适中的；如果按下去就起不来了，说明太软，这样的枕头宝宝枕下去整个头都会陷下去，容易发生窒息，不符合安全标准。如果按下去要过好久才恢复原形，那说明枕头过硬，舒适度不够。

填充物材料

儿童枕芯的材料多种多样，分为合成与天然材料两大类，各有优势。最常见、最推荐使用的要数涤纶和纯棉。

涤纶

由于是人造材料，优势在于防过敏、防尘螨和各种微生物生长，耐用、不变形，可以机洗。

纯棉

纯棉枕头是最理想的，柔软但又软硬适中，透气性强。缺点是不如涤纶耐用，某些宝宝可能对棉花过敏。如果决定选择纯棉材质，那么最好选择认证过的有机棉，比普通棉更安全，可避免纺织品生产过程中残留的有害物质。

羊毛、鸭绒或羽毛

这类枕头非常软，不太推荐宝宝使用，有窒息危险。而且在宝宝流口水出汗后容易滋生微生物和尘螨，不宜机洗，还可能引发过敏。

记忆泡沫

是一种不错的选择。能对颈椎和脊柱提供良好支撑，对睡姿有矫正作用。不过由于是人造材料，生产处理过程中容易残留有害物质，大家要注意选择值得信赖的品牌。

荞麦、蚕砂等

不建议使用这类枕头，因为它们在宝宝移动头部时容易发出声音，易打搅宝宝的睡眠。

是否有防敏处理

如果宝宝有过敏问题，就需要格外留心这一条。防敏处理的枕头使用的是能减少皮肤刺激和防止过敏的材料，对灰尘、皮屑和花粉等形成一道天然防线。

▌是否好洗▐

宝宝的枕头难免会脏，偶尔流个口水出个汗，不可能不洗。为了减轻妈妈们的手洗工作量和保证卫生，推荐考虑能够使用 60 度的水温进行机洗的枕头。

▌枕套▐

宝宝的枕头最好配一个枕套，以有机全棉为佳。如果对枕芯材料不够放心，套上一层枕套也算是多了一层隔离保护，清洗的时候也更方便。

定型枕对矫正头型有用吗

以前的人很多都是扁头，有的地区有睡平头的传统，有的则是家长没有这方面意识，经常让初生婴儿平躺着，一不小心就睡成扁头了。但是我们这一代人中，越来越多的父母认为圆头更好看，希望宝宝有一个圆圆的脑袋。于是，商家抓住了父母的心理需要，"定型枕"应运而生！不得不说，有很多企业发明的婴儿产品的确让我们的带娃生活变得简单许多，比如尿不湿和背带，但也有一些产品的发明完全是多余的、没用的，甚至是有害的！定型枕就是其中之一。

目前世界上没有任何权威科学机构建议使用"定型枕"来预防宝宝扁头，也没有大量证据显示定型枕真的对预防扁头有用。相反，定型枕的设计本身就违背了安全原理，中间有凹坑的设计极容易导致宝宝在侧身时堵住鼻子，发生窒息，已有很多这样的悲剧发生。再次强调，1 岁之前不要用枕头！

如何预防睡扁头、睡偏头

为了减少婴儿猝死的发生，德国专家在 20 世纪 90 年代提出了婴儿应平躺仰睡以避免窒息的发生。诚然，仰睡的做法将婴儿猝死的发生率降低了40%，但这一举措也令德国宝宝的睡扁头、睡偏头发生率上升了好几番。

那怎么在保持仰睡的情况下，预防睡扁（偏）头呢？方法概括起来就是**尽量少让宝宝保持同一个姿势和方向躺着**，睡觉时平躺、脸朝左右两边侧睡轮流来（注意此处不是侧躺，只是侧脸而已，侧躺也容易发生窒息），醒着的时候多趴着玩，父母竖立抱宝宝。

很多宝宝睡觉或躺着的时候喜欢脸朝同一个方向，实际可能是受环境因素的影响。比如，若床是靠墙放置的，宝宝会偏爱朝着墙的另一侧，即门所在的方向睡；又或者宝宝躺着的时候总喜欢盯着一侧的窗户看，这种情况家长可以经常给宝宝的头脚调一调头，相当于给头换了边。

经常让宝宝趴着玩，每天至少3次。虽然宝宝一开始可能会表现出抗拒，甚至哭闹挣扎，但趴着玩对宝宝的益处多多，父母需要对宝宝进行适当引导，将趴着玩变成一项有趣的体验，宝宝习惯后就不会抗拒了。趴着玩不仅能预防扁头、偏头，还能增强宝宝颈部、肩膀和手臂的肌肉力度，促进宝宝的大运动发展。

除此以外，宝宝醒着的时候多竖立抱他，不仅减轻后脑勺遭受压力，更能促进颈部和肩部的活动，有助于宝宝与你的互动。白天时应尽量避免让宝宝长时间躺或坐在婴儿睡篮或婴儿车里，这类产品虽然不是平躺，但对后脑勺仍有压力，不利于保护宝宝的圆头。

总之，要预防睡扁头或偏头，就要让宝宝尽量多换姿势，营造丰富的探索环境，避免宝宝一直以同一个姿势躺着。睡扁头对健康和脑部发育没有影响，不太严重的情况会随着头颅的生长慢慢自动恢复，大家无须过于担心。实在很严重的就需要去医院治疗了，但那只是极少数极端情况，绝大部分宝宝都不需要。

如厕训练?
德国儿科医生说：我们对此不感兴趣

如厕训练的趋势

在过去的几十年，欧美有个很有意思的趋势，那就是孩子们脱掉尿布的时间越来越晚了。

20 世纪 50 年代以前，大部分孩子在 2 岁前就完成了如厕训练，到 3 岁，晚上也不再穿尿布。 在 1957 年，人们多在 1 岁之前就开始进行如厕训练了，90% 的孩子可以在 2 岁时做到白天不尿裤子。

到 2002 年，父母认为孩子开始表现出如厕兴趣的平均年龄为 24 ～ 25 个月，实现摆脱尿布、白天不尿裤子的平均年龄为 3 岁。而夜间尿床到五六岁都被认为是正常的。

有相当一部分父母把训练孩子如厕当成一个很大的项目，觉得孩子比别人早停用尿布，是发展快和成功育儿的表现。

照这个逻辑，岂不是 20 世纪 50 年代以前的孩子发展更快，父母在教育上更成功？真相是那个时代的父母奉行的教育风格更多是下级必须服从上级的专制型，训练孩子如厕就像马戏团工作人员训练动物表演一样，成效当然是有的，但鲜有对孩子的尊重。

何时脱掉尿布和地区文化有很大关系。非洲孩子是世界上最早脱掉尿布的民族之一，非洲部落的孩子 1 岁就不穿尿布了，自己如厕。逆天了！难道非洲孩子的发展领先世界啦？真相是，非洲人可能压根儿就不知道纸尿裤的存在，很多地方电和自来水都是奢侈品，连传统尿布也没条件使用，只能早早进行如厕训练，自力更生。

德国儿科医生一语惊人

我曾在德国著名育儿杂志《父母》上看过一篇对德国儿科医生的采访，医生卡斯佩斯说："有些家长很在乎如厕训练，花了大力气和大把时间在上面，还在我面前夸耀他们的孩子在 ×× 岁前就彻底不需要使尿布了。不过他们要失望了，我们儿科医生根本就不关心孩子停用尿布的时间点，从现代医学的角度看，我们对此信息不感兴趣，这和智商一点关系都没有。"

德国专家的意见在这方面很一致：现代医学研究发现，孩子成功自主如厕的先决条件是，对肛门括约肌和膀胱的控制足够成熟。控制肛门要比控制膀胱容易一点，所以控制大便比小便要容易。对于大多数孩子来说，能够完全有意识地控制自己的膀胱要等到 3 岁以后，80% 的孩子可在 4 ~ 5 岁做到夜间不尿床，言下之意是还有 20% 的孩子会在 5 岁后仍尿床，这依然是正常的。

事实上，我们应该把白天不尿裤子和夜间不尿床分成两件事来看待，它们并不是同时发生的，反而中间可能有很长的时间间隔。白天不尿裤子不代表晚上就不会尿床，有的孩子白天训练得很顺利，晚上却还是总尿床。

在孩子膀胱和肛门括约肌发育成熟之前按照大人的意愿去进行如厕训练，这样的期望既不切实际，也违背孩子的成长规律，结果事倍功半——父母花费大量精力说教，反复换洗裤子和床单，生气又泄气，最后把气撒在孩子头上，彼此都筋疲力竭。其实孩子做不到，不是要故意气大人，也不是不听话，而是真的还控制不好自己的膀胱和肛门括约肌啊！我们干吗要跟孩子的膀胱和肛门括约肌较劲呢?

研究显示,在如厕方面,通常晚开始训练的孩子比早开始训练的孩子学得更快更轻松,所需时间更短,效果更好。把屎把尿、揠苗助长的家长要小心,强迫进行的如厕训练给孩子带来的心理压力可能引发一系列生理或心理问题,如导致孩子便秘或尿失禁。

对于幼儿发展,提前学抢跑具有三个共同点:

· 提前学需要花费巨大精力和时间才能换取比别人领先一点的优势;

· 这个优势往往持续时间不长,甚至容易被没提前学的人赶超;

· 优势没了不说,还可能有负面作用。

学龄前时间很宝贵,每个时间段都有孩子该重点发展的相应能力,父母们一定要把有限的时间和精力都用在刀刃上。

我周围的德国父母对如厕训练是真的很淡定。多半是 2 岁半后才开始尝试不用尿不湿,过了 3 岁还在穿也不稀奇,但一旦开始训练,很快就有效果(当然前期已经做了很多铺垫工作),顺其自然,水到渠成,大人小孩都轻松。一般最晚的在 3 岁 3 个月至 3 岁半间摆脱尿布,自主如厕。

到底该如何训练

▌榜样的力量▌

孩子都喜欢模仿大人和大孩子。如果我们上厕所的时候孩子想看,那就让他看看吧,这是让孩子对自主如厕产生兴趣的最好方法。很多孩子因为看到别的孩子坐马桶了,自己也会萌生尝试坐马桶的念头。榜样的力量如此强大,所以通常二宝都会比大宝学得快。铺垫性的工作,只要孩子感兴趣,任何时候开始都不算早。等到孩子大一些,可以在他见证整个如厕的过程中,和他解释在马桶上如厕的意义和重要性,学习正确擦屁屁的方式(女孩从前往后),养成良好的如厕习惯。还可以给孩子讲绘本，通过绘本中的人物激发孩子对自主如厕的兴趣和欲望。

█ 关注孩子发出的信号 █

每个孩子发育节奏不同，少数孩子 18 个月时膀胱就发育到足够成熟的程度，有些则要等到 3 岁以后。正因为个体的差异那么大，医学上并没有一个统一的时间点去要求每个孩子必须在 ×× 岁前实现完全自主如厕。

判断从何时开始训练，不是与别人比较，而是关注孩子发出的信号。

·孩子能在大小便前提前说吗？或者做出面部表情和身体动作上的提示？如踩脚、摸尿布等。

·孩子自己会穿脱裤子吗？会擦屁屁吗？

·对卫生间感兴趣吗？想去卫生间大小便吗？对穿内裤有兴趣吗？

·尿量达到一定程度了吗？

·尿间隔时间达到一定程度了吗？间隔两小时是膀胱发育足够成熟的标志。

·对坐便盆或马桶抵触吗？

·表达过想脱掉尿布的意愿吗？

上面这些信号并不需要全部满足才能开始训练，总体把握两个趋势：其一，孩子萌发独立意识，有意愿自己做事情；其二，明白如厕的意思就是和大人一样在马桶上大小便。在出现这些信号之前就贸然进行如厕训练，意义不大，并不是越早开始就能越早完成。相反，在孩子未准备好前即开始训练，可能花费的时间更长，所以就别跟自己和孩子过不去了吧。

█ 选择合适的工具 █

目前市场上有三种常见的选择：便盆、带梯子的马桶椅、儿童马桶圈，每种都有自己的优势、劣势，根据自家情况选择适合的即可。

如选择便盆，要注意从一开始就把便盆放在卫生间里，让孩子养成去卫生间上厕所的习惯。便盆的优点是最方便孩子使用，但清洁起来有点麻烦。

如果选择儿童马桶圈，需要再配一个小凳子，让孩子能自主爬到马桶上，否则每次都要家长帮忙抱上去，很容易打消孩子的积极性。

马桶椅孩子虽能自己上下，但每次使用前仍需要大人安装，适合有多个马桶的家庭。

当孩子做到自己去卫生间如厕了，一定不要忘了及时表扬哦！能够提前意识到尿意，并告诉家人，然后将排尿与卫生间建立连接，是一个很大的成就。

养成坐马桶（便盆）的习惯

穿习惯了尿布的孩子刚开始脱掉尿布时，可能会常常忘记上厕所这件事，特别是玩得太投入了的时候，大人可多鼓励和用言语提醒孩子："要不要去厕所？有没有尿意？""马上要去睡觉了，现在去上个厕所吧？"大便如果很有规律，也可以在预测的时间段陪孩子一起坐在马桶上，鼓励他使用马桶。孩子可能没有耐心在马桶上坐超过 1 分钟，一看没有便便出来，马上就起身了。这时需要家长多一点耐心陪同孩子，鼓励孩子多坐一会儿（至少 1 ～ 2 分钟），一起等待尿尿或便便的降临。

区分白天和夜间

就算白天不尿裤子了，也别急着把尿布都送人。其实，如厕训练才完成了一半，另一半——夜间完全不尿床，有可能还需几个月，甚至几年之久才能实现。

孩子夜间尿床是不由自主的，并不是孩子的错，因此，如果你的孩子还做不到夜间不尿床，那就给他穿上尿布吧。很多孩子的身体还没有发育成熟到可以在夜间准确及时地叫醒自己去如厕，时而发生的尿床可能要持续到小学一二年级。当然，我们可以鼓励孩子晚上睡觉时如果感觉到尿意，起床去上厕所，需要帮助就叫爸爸妈妈，也可以把便盆放在床边，这样随时能用。

夜间能连续两周保持尿布干燥，是可以脱掉尿不湿的信号。不过保险起见，建议脱掉尿布的初期在床单下面垫上防水垫，以防损坏床垫。

▌接受挫折，尿湿了不可怕▐

如厕训练不是件容易的事，快的几天，慢的持续数月，考验的是父母的耐心和知识储备。孩子尿裤子其实很正常，没必要大动干戈，少批评多鼓励。要知道，这是每个孩子迟早都能学会的事，早一点晚一点又有什么关系？为这点小事和孩子闹得不愉快太不值了。反正和智商没关系，过程快乐最重要。

原本已经训练好的孩子，当面对压力或一些调整时（如搬家、入园、换新老师、新保姆、妈妈出差等），会出现一些反弹。出现反弹别急着纠正，那只是孩子情绪或心理出现问题的信号而已，请先关注孩子的情绪和心理，把根源问题解决了，尿裤子现象也会随之消失。

如厕训练就是一个孩子身体成熟加独立意识萌发后水到渠成的结果。德国育儿专家大部分是在告诉父母不要做什么，而不是要做什么。很多时候少即是多，用力过猛反而适得其反。

如果训练了很久，孩子就是不会怎么办？答案是，那就先不训练了，穿上尿布，过几个月等孩子大一点再看看吧。

德国儿科医生不止一次地
提醒我光脚丫的好处

　　我带女儿去德国儿科医生那里做第 7 次常规体检时，曾向医生咨询："为什么悠悠有时候跑步时膝盖不是朝前，而是向内弯曲的，是否有什么问题，需不需要矫正？"

　　德国医生很淡定地回答："走路跑步时腿向内或向外翻都是儿童时期的常见现象，孩子正处于探索自己身体的时期，无须担心。弯曲的走路姿势和腿型会随着年龄的增长自己慢慢调整过来。"然后医生又接着说，**"在温度和环境允许的情况下，尽可能多让孩子光脚丫玩耍运动，可以帮助调整腿型和走路跑步的姿势。"**

　　关于光脚丫的建议，悠悠的儿科医生不止一次地提醒过我。医生建议我在女儿学会走路之前不要给她穿鞋子，冬天外出散步穿保暖袜和包脚袋即可。在家条件允许的话，尽量光脚丫。即使孩子学会走路以后，一直穿着鞋子对孩子的足部与腿部发育也是不利的。

穿鞋子有哪些害处

　　2007 年发表于足病学期刊《足部》上的研究表明，相比于光脚丫时足部得到的自由发展空间，长时间穿鞋的足部由于不得不顺应鞋子的形状和遭受空间限制，会导致足部结构和功能发生变化。孩子的年龄越小，遭受这种损害的可能性就越大。

还不会走路的宝宝不需要穿鞋，是因为鞋子对他们没有任何用处。反而不合适的鞋子会伤害宝宝脚丫的生长；会爬不会走的孩子就更不该穿鞋了，穿鞋会极大地妨碍宝宝的爬行探索。刚开始学走路的孩子在家也不应穿鞋，因为在光脚情况下孩子的双脚能更好地判断地面情况，光脚更能促进脚趾抓力和身体平衡感，从而使宝宝在学步中做出更佳的身体调整。以前很多人以为，穿上鞋子能帮助宝宝更快学会走路。事实却恰恰相反，研究证明，光脚练习能比穿鞋子更快学会走路。

光脚走路有哪些好处

光脚不但让孩子感到自由，它同时也能锻炼、增强和促进孩子足部、韧带、脚踝、腿部、膝盖以及臀部的健康发育。一项对大量时间处于光脚生活的儿童的跟踪研究显示：他们的脚趾长得更直并在走路时有更强的伸缩能力，足部具有更大的屈伸强度和更紧密的脚底肌肉，更宽范围的臀部运动，腿筋和臀肌具有更高的灵活性——而这些都是形成自然美观的腿型与走路姿势的影响因素。这也意味着，多光脚走路可以帮助形成良好的腿型、走路姿势和仪态。

此外，对有赤脚生活习惯的儿童群体研究显示：这些儿童都具有很强的足弓与脚踝，无人是平足。平足在初生婴儿和学步儿童中属正常现象，因为此时足弓还未发展出来。然而，**儿童时期是足弓形成的关键时期，这段时期多让孩子光脚走路，能够增强足弓的力量，降低将来患扁平足的概率。**

事实上，欧美足科医生建议，在环境与温度允许的情况下，赤脚应该是孩子日常生活的重要组成部分。赤脚就像一个感官，在走路和玩耍的时候时刻感受着脚下所经之地的细微变化，每迈出一步脚丫子都在不断进行无数的小调整。而这些微妙的调整实际上帮助我们每个人形成影响一生的平衡感、运动能力和仪态。

不仅仅是孩子，成人也应适时释放自己的双脚，在家里脱掉鞋子和袜子。光脚走路对成人也一样大有好处。

要不要穿袜子

小宝宝比大人更怕热，炎热夏天正是适合光脚丫的时候，不需要穿袜子。天凉了，在室内适合穿大小和厚度适宜的防滑袜。相较于鞋子，防滑袜能给孩子足部和腿部更多自由的发展空间。德国孩子们在幼儿园和早教班室内区域从来不穿鞋子，只穿防滑袜。家里如果有地暖，冬天偶尔让孩子光着脚丫玩耍也未尝不可。

60% 德国儿童所穿鞋子都太小！
你的孩子穿对了吗

　　研究显示，98% 的宝宝在出生时都拥有健康完美的足型，而 80% 的成年人有一定程度的足部畸形。维也纳医科大学的研究数据显示，69% 的奥地利儿童所穿外出鞋都太小，而在居家鞋方面，这一数据甚至惊人的高达 88%！也就是说 88% 的奥地利儿童在家中穿的居家鞋都太小。德国蒂宾根大学附属医院的研究结果也显示，60% 的 2 ~ 14 岁德国儿童所穿的鞋子太小。

　　下图是该奥地利维也纳医科大学的部分研究结果，显示了奥地利幼儿园儿童足型的分布情况。98% 的婴儿出生时都拥有第一种健康足型——即五根脚指头都是直的，尤其是大脚趾，应与足部边缘保持在同一条直线上。

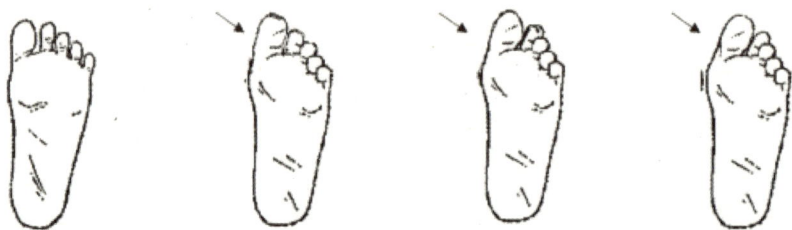

完美足型	1~5 度（大脚趾外翻）	6~10 度（大脚趾外翻）	10 度以上（严重型大脚趾外翻
22.9%	34.7%	32.7%	9.7%

然而，由于穿鞋不当，幼儿园时期，只有22.9%的孩子仍然保持着完美足型，34.7%的孩子已有1～5度的大脚趾外翻，32.7%有6～10度的大脚趾外翻，9.7%有10度以上的严重性大脚趾外翻。原因是儿童时期不当的穿鞋方式（最常见的是鞋子大小与形状不合适）导致儿童的健康足型逐渐变成畸形足。

购买大小合适的鞋子为什么那么难

德国与奥地利的数据令人咋舌，看起来不可思议。其实不仅仅是德国和奥地利，许多发达国家的调查数据都显示，一半以上的儿童穿着过小的鞋子。为什么会这样？难道都是父母的粗心大意造成的？没有那么简单。

首先，孩子的足部肌肉、关节、韧带及骨骼都非常灵活柔软，一般要发展到16岁左右才会硬化定型。在此之前，孩子的双脚可以穿进任何鞋子，哪怕鞋子比他们脚丫的实际尺寸要小两码之多！而且，孩子的足部会本能地去适应鞋子的形状并慢慢改变足型。

其次，由于孩子的足部神经还没有发育完全，足部的感知能力非常有限，年幼的孩子根本感觉不出来鞋子小不小，脚丫有没有受到挤压！如果父母单凭孩子的回答来判断鞋子大小是否合适，那就大错特错了。

最后，孩子天生倾向于适应一切他们经受的体验。给他一双过小、过窄、过硬的鞋子，他都可能将其视为常态并渐渐适应，并不会主动告诉父母鞋子穿着不舒服。

因此，**为孩子挑选鞋子时，一定不能指望孩子的感受，而要根据专业标准来决定。**

购买儿童鞋时应遵循哪些专业标准

▌鞋子长度应留有9～15毫米的空隙 ▌

儿童鞋子的尺寸选择与成年人不同，相比成年人，儿童的鞋子内部应为足部活动留有更大的空间。**最长的大脚趾与鞋子内部前端之间必须留有 9 ~ 15 毫米的空隙，学步期最普遍的推荐值为 10 ~ 12 毫米。**

孩子绝大多数时间都处于非静止状态。人类在运动或行走时足底会受到一股推力，致使足部向前倾斜和挪移。留的这段 9 ~ 15 毫米的空隙一是为足部在运动中发生向前挪移而预留的，二是考虑到孩子足部的快速生长。如果没有这段空隙，孩子在运动或走路时脚趾（一般是最长的大脚趾）将直接频繁地与鞋顶摩擦，受到鞋子挤压，极易发生大脚趾外翻。

很多父母会用一个"大拇指"原则去试探孩子鞋子前端的空隙。但是要注意了，当父母用大拇指去按压孩子的鞋头时，孩子的大脚趾会本能地向后收缩，让父母误以为鞋子里有足够的空隙。正确方法是在伸手试探之前，告诉孩子伸展一下他的大脚趾，因为这能使脚趾处于拉伸状态。

不仅鞋子过小对足部不利，过大也同样对足部有伤害。儿童鞋应对儿童的足部起到足够的支撑和保护作用。过大的鞋子不仅起不到支撑作用，还会干扰孩子走路或运动时的正常足部弯曲活动，孩子为了防滑防脱会倾向于攥紧脚趾抓住鞋底，同时还增加了绊脚摔倒的风险。因此，儿童鞋前方的空隙不宜超过 15 毫米，学步期不宜超过 12 毫米。

▌ 买鞋不仅要考虑长度，还应考虑宽度 ▌

每个人足部宽度不同，儿童也不例外。每双鞋子的设计宽度也各有差异，有宽有窄。在宽度上，**鞋内宽与足部实际宽度之间左右加起来应留有 10 毫米的余地**。鞋子过窄或过宽都对孩子的足部发育不利。

在德国和奥地利，好的鞋子品牌一般在宽度及鞋型设计上遵循 WMS 标准。拥有 WMS 标准的儿童鞋是品质的象征。W 代表宽，M 代表中，S 代表小。有 WMS 认证的鞋子每一个尺码都有宽、中、小三种宽度可供选择。天生脚明显很窄的儿童应选择 S，脚明显很宽的选择 W，正常的选 M。同时，WMS 标准甚至对鞋子的高度和比例有严格要求。其设计宗旨是为孩子制作最贴合足型的鞋子，让他们穿上鞋子感觉就跟没穿一样贴合，帮助柔软稚嫩的脚丫实现最健康的自然生长。

更换鞋子尺码的频率

孩子的足部生长非常快速。在 1 ~ 2 岁之间，平均每 3 ~ 4 个月就应更换鞋子尺码。2 ~ 6 岁之间，平均每 4 ~ 6 个月需要更换一次尺码。不过，足部的增长与身高一样，并不是呈线性的，有时快，有时慢。父母应多留意观察孩子的足部生长情况，定期测量双脚的尺寸，以免出现鞋子过小的情况。

足部生长与身高遵循这样的比例：身高每增长 3 厘米，脚长增加 5 毫米——也就是该给孩子换大一码鞋子的时候了。

如何确定鞋子的鞋码

商家标注的鞋码极不可靠，即使是在发达国家。不光是不同品牌之间同一尺码的鞋子大小差异巨大，哪怕是同一品牌下的不同款式尺码标准也不尽相同。更为严重的是，很多鞋码标注的其实是外长，而其实际内长要比标注的鞋码小一至两码。请切忌只根据商家标注的鞋码来购买儿童鞋。

想要有 100% 把握确定鞋子大小是否合适，需先明确孩子脚丫的大小。所以，在购买鞋子之前，我们要做的第一件事是测量孩子的脚丫。

测量注意事项：

·首先要强调的是，一定要测量双脚，而不是一只脚。因为两只脚大小可能不同。

·尺码以较大的那只脚为准。

·测量时间应为买鞋前的某一天晚上。注意：一定要是晚上，因为晚上的脚比白天大。

·一定要在孩子站立时测量，而非坐着或躺着。人类在坐着、站立和运动时，足部大小差异惊人。坐着测量的尺寸不适用于站立和行走的情况。

鞋码确定方法：

为了解决上述鞋码不规范的问题，德国专家提出了下面的测量方案。

让孩子光脚站立在一块硬纸板上，用笔分别沿着两只脚画出孩子的脚型。然后在最长的大脚趾前面再添加 12 毫米，宽度两边各添加 5 毫米，画好后剪下该模型。买鞋的时候带上该模型，把模型伸进看中的鞋子里，左右两只都要试一试，如果适合，那就是正确的尺码。

嫌上面的太麻烦？还有更简单的方法：如果你看中的鞋子里面刚好有可抽出的鞋垫，那么把鞋垫抽出来，让孩子站在鞋垫上。遇上形状合适，大脚趾前方还多出 12 毫米的距离，宽度左右也各有 5 毫米的余地，那么恭喜你找到了合适的鞋码。

袜子的大小也很重要

袜子对孩子脚骨骼的影响同样不容小觑，穿上大小形状不合适的袜子能使孩子的脚趾骨骼发生弯曲，甚至脚趾外翻。因此，在袜子的尺寸选择上也请父母们务必重视。

长期穿着不当的鞋子会阻碍足底肌肉的发育、足弓的形成，还会引发足关节疼痛、腿型不直、盆骨倾斜、脊椎弯曲，严重的甚至会导致神经损伤引发的持续性头痛，有些严重的影响会一直持续到成年。到了成年期后需要克服极大的困难才有微小的可能治好上述部分毛病。所以，预防上述症状的发生是我们作为父母的责任。

给孩子选好鞋，不要让孩子的健康毁在了鞋子上。

如何给孩子选择
人生中的第一双鞋

为孩子挑选合适的鞋子是一门大学问，父母在鞋子问题上绝对不能随便了事，更不能将就。穿鞋不当将导致畸形足、奇怪的腿型以及走路姿态，后果相当严重。很多家长往往对孩子的鞋子挑选不够重视，也没有意识到穿鞋不当对儿童足部、腿部乃至整个仪态的伤害。很多时候，当我们注意到问题的出现时，为时已晚，造成的伤害已不可逆转。

看到市面上出售的漂亮童鞋，想象着宝宝穿上它们的可爱模样，瞬间感觉整个人都要融化了，有几个人能抵挡得住这种萌化人的诱惑？然而，挑选鞋子可不能光看外表，很多漂亮的鞋子都是好看不中用。

从什么时候起开始穿鞋

▌软皮鞋——由爬到走的过渡▌

在孩子已经会通过外界的帮助（如沙发、茶几等）自己站起来，并扶着家具走动的时候，在需要的情况下可考虑给孩子穿上软皮学步鞋。此时，鞋子的唯一作用是保护宝宝的脚丫不受外界伤害。这意味着，这个时期给宝宝穿鞋的前提是有来自外界的潜在伤害。比如，秋冬天过于冰冷的地板或宝宝尝试在室外坚硬的路面上行走。如果这些危险不存在，那么软皮鞋也就没有必要穿，软皮鞋的保护作用也可用防滑袜代替。

软皮鞋只有一个选择标准：长度宽度合适，超软超薄，真皮为佳。之所以要超软，鞋底要超薄，是因为正在学走路的宝宝需要感知足部与地面的接触，才能更好地控制身体平衡，更快地学会走路。所以，在排除了外界伤害的情况下，最好还是让宝宝光脚探索。

而如果在宝宝学会走路之前就过早地给宝宝穿上硬鞋底的鞋子，剥夺宝宝双脚感知地面的机会，反而会干扰宝宝学习走路的正常节奏。此外，还没有完全学会走路的宝宝仍处于时走时爬的状态，穿上鞋子（即使是软皮鞋）反而会妨碍他们爬行。

学步鞋——真正的第一双鞋

德国专家建议，至少要等宝宝能完全独立走路之后，他才有必要穿人生中的第一双鞋——拥有定型鞋底的学步鞋。

德国的学步鞋与国内的定义不太一样。国内把第一次穿的软皮鞋叫学步鞋，而在德国，学步鞋分为两种，既包括上述的软皮鞋（也叫爬爬鞋），也包括宝宝会走路之后穿的鞋子。后一种学步鞋与软皮鞋相比，相对来说有更硬、更厚的鞋底，为已经会走路的宝宝在室外活动时提供更多保护与支撑。

学走路是一个非常漫长的过程，不是宝宝会自己独立行走之后就算大功告成了，他们仍然在边走边不断探索身体的各种可能性，这种探索调整一直持续到青少年时期，这也是为什么很多儿童都有O形、X形腿或踮脚走路的现象。这些都是身体处于探索阶段的自然表现，一般情况下腿型会在青少年时期（6～14岁）自然伸直，而多运动和光脚能帮助纠正。这也是为什么德国将30码之前的鞋子都称为学步鞋。

好的学步鞋有哪些判断标准

▌鞋底有弹性、易弯曲、水平防滑 ▌

最重要的是，鞋子要轻便柔软，鞋底必须既坚固又富有弹性、易弯曲。

有弹性的鞋底能支持孩子足部在运动时发生的自然弯曲，促进足底肌肉与肌腱的发育。刚会走路的孩子足部弯曲动作还没有达到熟练自如的程度，过硬、过重的鞋底会阻碍他们的双脚学习弯曲动作。一个简单的判断方法是用大拇指和食指（或中指）挤压鞋子的两端，若能很轻松地使鞋子发生弯曲，那么鞋底的弹性与柔软度是达标的。

同时，不同于软皮鞋的超薄光滑鞋底，学步鞋鞋底应具有防滑纹路，鞋底厚度以 1 ～ 1.5 厘米为最佳，最多不超过 2 厘米。绝对不能带高跟。对于特别爱运动的孩子，可选择鞋跟处稍有加固的（并非加厚或高跟）学步鞋，能为足部提供更多支撑。鞋尖轻微上扬的设计能防止绊倒并促进双脚学习足部弯曲动作。

▌鞋垫可抽出、轻便柔软、呈水平形状 ▌

好的鞋子内置鞋垫应可抽出，既方便晾晒干燥，也为孩子试鞋提供便利。鞋垫轻便柔软，呈水平形状，而非曲线形。

对于拥有健康双脚的儿童来说，鞋子内置的鞋垫已足够，无须再添加任何额外的鞋垫。水平形状的内置鞋垫最利于足部的健康发育。这是因为在水平的鞋垫上，儿童的足底肌肉有机会得到更自然更好的锻炼，促进健康足型的形成。曲线形的鞋垫为足底提供了过多的不必要的支撑，反而弱化了足底肌肉的发育。只有足部发育遇到问题的儿童才需使用特殊的曲线形鞋垫来帮助纠正，应遵医嘱。

▌鞋面面料透气、易干燥、前软后硬 ▌

鞋面选用透气、易干燥、柔软、具有延展性的材料，首选真皮，其次为帆布等人工合成布料。

儿童的运动量大，脚易出汗。用料好、质量好的鞋子可帮助鞋内湿气快速向外扩散，同时还有助于调节鞋内温度，让双脚保持在适宜的温度，从而减少汗量及脚气的发生。脚背区（即鞋头）材料应柔软有弹性，易弯曲；同时后踝区材料又具有适当的硬度，为脚跟提供必要的支撑。

为了提高儿童鞋的防水透气性能，不少高质量的儿童鞋都采用真皮与人工合成材料的混用。广泛运用于制鞋业的常见材料有戈尔特斯材料。戈尔特斯材料是三个美国人在1976年共同发明的防水透气性布料。在制鞋中，将戈尔特斯材料填充于表面皮革与内面皮革之间，形成一道既透气又防水的戈尔特斯膜，不但可以阻止外界雨水进入鞋内，同时还可以吸收鞋内产生的水蒸气（汗气），将汗液排出鞋外，保持脚丫的干燥。戈尔特斯材料在运动鞋和冬季防寒防雨靴中尤为常见。

▍鞋形匹配、松紧可调节 ▍

鞋子的形状要与足部曲线相匹配，大小适宜；带有鞋带或魔术粘的设计可用于调节松紧。

有的孩子脚宽，有的脚窄；有的孩子脚背高，有的脚背低——足型完全因人而异。在选择适宜大小和鞋形的同时，还要注意，**童鞋一定要带有鞋带或魔术粘**。因为鞋带或魔术粘可用以调节鞋子的宽度和松紧度，还能让足部与鞋子尽量贴合，防止鞋子脱落——在为足部活动留出足够空间的同时，又为足部提供了所需的支撑。

在家穿什么鞋

在家的时候能让孩子光脚就尽量光脚。如果担心受凉，可以穿上防滑袜或者软皮鞋（适合两岁以下的宝宝）。孩子由于运动量大，脚丫极易出汗，如果在家还穿着室外鞋，脚丫一整天都泡在充满汗液的同一双鞋子里，得不到释放和干燥，易患上脚气和感染真菌。因此，建议穿了一天的鞋应在晚上把内置鞋垫抽出，晾晒一天，隔天再穿。为了避免患上脚气，孩子应至少拥有两双鞋轮换着穿。

不适合儿童穿的几种"童鞋"

▍尖头鞋——脚趾区过窄 ▍

儿童鞋鞋头不宜设计得太尖，尖头鞋极易对儿童的脚趾产生挤压，造成脚趾畸形。为了孩子的健康，最好给孩子穿脚尖处有足够活动范围的圆头鞋或方头鞋。

▍拖鞋——支撑不够 ▍

拖鞋非常不适合儿童。不论是人字拖，还是正常拖鞋，都对孩子的双脚，尤其是脚踝处提供的支撑太少了。穿着拖鞋的孩子在走路时倾向于绷紧足底肌肉，脚趾攥紧鞋面以防止拖鞋掉落。经常穿这种脚踝缺少支撑的鞋子会阻碍孩子走路时的正常足部弯曲动作，不利于足部发育和良好走路姿势的形成，同时还增加了绊倒的风险。

其实，任何没有包脚踝的鞋子都不适合儿童。凉鞋一定要选带有环绕脚踝，可调节宽度与松紧的款式。凉拖鞋不适合儿童穿。

▍一脚蹬鞋——缺乏松紧调节系统，支撑不够 ▍

很多一脚蹬鞋设计得非常美，让妈妈们忍不住剁手。但鞋子光有颜值是不够的。与拖鞋类似，一脚蹬鞋对孩子的足部支撑不够。同时，由于缺少鞋带或魔术粘这样的调节系统，无法为不同的脚型提供因人而异的宽度与松紧度调节。

▍洞洞鞋——有害物质、支撑不够 ▍

与拖鞋同理，洞洞鞋为足部提供的支撑非常有限。虽然后跟处有带子，但过于宽松且无法调节。此外，德国的权威质检机构《有机测试》(《Öko-Test》) 通过测试发现，洞洞鞋中含有大量致癌致畸物质多环芳香烃，它可以被皮肤吸收进入人体。即使是高价位的洞洞鞋材质在《Öko-Test》的测评中也难以用"良好"来形容，顶多与合格擦边。因此，德国的专家建议，最好不要穿洞洞鞋，实在要穿也得穿上袜子后再穿。

█ 高跟鞋——影响健康、增加受伤风险 █

如今，高跟童鞋已经成为一块诸多时尚品牌力争的巨大潜力市场，越来越多的时尚品牌推出漂亮诱人的高跟童鞋，也有越来越多的父母抵挡不住时尚潮流的诱惑，为孩子挑选符合成人审美的高跟鞋。

其实这种做法非常不利于儿童足部的健康发育，甚至会影响孩子的站姿和走姿，还会引起背部问题。同时，穿上高跟鞋也会增加孩子摔倒、扭伤挫伤的风险，更别提高跟鞋的"性暗示"对孩子心理健康的影响了。明智的家长要为孩子把好关，儿童鞋鞋底必须是平的，厚度不应超过 2 厘米。

宝宝腹泻怎么办？
来自德国儿科医生的建议

　　小儿腹泻是除感冒排名第二的最常见的儿童病症，每个孩子都会经历，只要父母应对得当，对孩子的身体并无影响。

引发腹泻的原因

　　90% 的小儿腹泻是由胃肠道感染引起，和感冒一样，它对身体没什么伤害，是人体免疫系统对抗病毒病菌的工作方式，通过腹泻将体内毒素快速排出身体。一般无须吃药，2 ~ 4 天就能自行恢复。

　　最常见的感染源是病毒，包括轮状病毒、诺如病毒等；较少见的是细菌类感染源，如食物中残留的大肠杆菌、沙门氏菌、金黄色葡萄球菌、李斯特菌等。

　　还有一些食物过敏引起的腹泻，如麸质不耐受（表现为吃燕麦会腹泻）、乳糖不耐受（表现为一喝牛奶就拉肚子）。一次性摄入大量高糖食物也会出现腹泻，如喝大量纯果汁、吃蛋糕等。最后，某些抗生素也有引发腹泻的副作用。

如何判断是否是腹泻

孩子的腹泻并不能单纯从排便次数来断定，个体之间排便的频率和"便相"都相差极大，**1 岁前宝宝一天 10 次大便到两周一次都属于正常范畴，尤其是母乳宝宝在未添加辅食前大便呈稀状也是正常的。**因此，判断宝宝腹泻有三个关键因素：

· 与平时相比，突然增加排便频率。

· 便相呈水状，比平时的便便要稀很多。

· 持续发生。如果只是出现一两次水状大便，那大可不必担心，很可能是由于进食某些食物而引起的肠胃刺激反应。

在家有哪些应对措施

▌注意补水▐

普通胃肠道感染引起的腹泻虽然危害不大，但是家长尤其要小心的是腹泻导致的脱水。婴幼儿身体的含水量比成人高，腹泻和常常伴随而来的呕吐使身体在短时间内流失大量水分，非常容易将婴幼儿置于脱水的境地，严重的时候可能出现生命危险！

· 母乳宝宝应该继续喂母乳，并且增加喂奶频率。

· 配方奶粉宝宝喂冲淡一些的牛奶，增加水分摄入，少吃多餐。

· 不想喝奶的话，也要多喝水，大一点的孩子可使用吸管来增加饮水量。

▌补充微量元素▐

与大量水分一同流失的还有水中的微量元素。腹泻时，如果孩子食欲不佳，腹泻频率又特别高（每两个小时一次），德国儿医推荐服用非处方的电解质液，里面含有人体所需的各种微量元素，口味是小孩子喜欢的水果味，粉末状用水一冲，既补水，又补充了人体所需营养。

这种普通药店就能买到的电解质液是德国人家中的常备药，出国旅游的时候更是随身携带，孩子在外一不小心拉肚子了，先来一包电解质液，安全保险。

▌多吃能锁住水分的食物 ▌

如果孩子的食欲还不错，愿意进食，那是好事。腹泻期间不需要禁食。相反，吃一些有营养的、能锁住水分的易消化食物，可以帮助缓解腹泻症状，缩短腹泻痊愈的时间。

所谓能锁住水分，是指高膳食纤维的碳水化合物型食物。下面列出的是德国儿医推荐的适合腹泻期间食用的食物：

- 苹果泥、梨泥。
- 香蕉泥。
- 胡萝卜泥。
- 南瓜粥。
- 米粉、燕麦粉。
- 面条。
- 冻干水果。
- 磨牙干面包。
- 少量低脂肪的肉类和鱼类。

在腹泻期间应避免进食：
- 牛奶及奶制品（母乳和一岁前的配方奶粉除外）。
- 高脂肪食物。
- 高糖食物、饮料。

- 纯果汁。
- 柑橘类水果，如橙子、柚子、柠檬、橘子。
- 油炸、辛辣食物。

油脂和糖分都会加重肠道内水分的流失！

之所以禁食牛奶和奶制品，主要是因为由病毒或细菌感染引起的腹泻，肠道内会出现暂时性乳糖酶缺乏，所以在腹泻期间难以消化牛奶中含有的乳糖，摄取奶制品的话，可能会再次加重腹泻，延迟痊愈。

当然，也有研究指出，酸奶中的活性菌可以帮助肠道菌落恢复，加速痊愈。但这种方法目前只适用于由服用抗生素引起的腹泻。对于普通胃肠道感染引起的腹泻，德国儿科医生建议，在腹泻初期不要食用牛奶以及奶制品（包括酸奶），病情好转的情况下，可以开始正常进食。

▌臀部护理▌

腹泻期间很容易发生红屁屁，记得要勤换尿布，保持臀部皮肤干燥。如果已经发生红屁屁的话，多涂一些治疗红屁屁的护肤霜。

什么情况下要去医院

当孩子出现以下症状时，家长们就要警惕了：
- 脱水症状，如尿液颜色深、哭起来没有眼泪、嘴唇干燥、皮肤变黄变灰等。
- 大便带血或黏液、黑色大便。
- 持续呕吐、恶心。
- 发烧超过 39 度。
- 强烈的腹部绞痛、痉挛。
- 明显精神不佳，反应迟钝。

· 食物中毒引起的腹泻（家庭其他成员也出现相同症状）。

· 远途旅行回来后发生的腹泻。

· 腹泻超过两三天未见好转。

除此以外：

· 1 岁以下婴儿 24 小时内超过 4 次水状大便。

· 6 岁以下儿童 24 小时内超过 6 次水状大便。

· 6 岁以上儿童 24 小时内超过 8 次水状大便。

安全起见，出现以上症状都建议及时就医。这并不意味着宝宝一定患了严重的病，只是希望通过医生的专业判断来确保万无一失。万一有什么其他隐藏问题，去看医生至少能保证不会错过黄金治疗时间。

6 个月以下的宝宝特别容易脱水，腹泻五六个小时，如不干预补水，就可能脱水到危及生命！因此，如果腹泻次数多于每两小时一次，且宝宝不愿意增加摄取液体（水或奶），家里又没有电解质液的情况下，建议去医院让医生帮忙补水。

腹泻需要吃药吗

我也曾因出现上述症状带女儿去看过德国儿医，结果医生除了开了一盒电解质液，其他什么也没开。没做任何检查，仅凭我的语言描述就判断是无害的病毒感染。还特别嘱咐我们，普通肠道感染引起的腹泻"无药可治"，该排出的都排出了，自然就会痊愈。

腹泻是身体排出毒素的自我防御机制，通过服用止泻药强行停止腹泻，反而会迫使毒素留在体内。因此，止泻药不能随便给孩子吃，必须遵医嘱。

一般情况下，由感染引起的腹泻也不需要服用抗生素，身体可以自愈，只是时间问题。只有少数情况如伤寒、霍乱或者寄生虫病引发的腹泻才需用到抗生素。

如何预防腹泻

我也曾为女儿的腹泻自责过，小声问德国儿医，是不是因为昨天给她吃东西前忘了让她洗手导致的。医生安慰我，病毒细菌是无处不在的，防不胜防，很难100% 避免，每个人都可能被感染。所以，妈妈们遇到宝宝生病也不要太自责，小时候多病几次并不是坏事，反倒可以帮助免疫系统强大起来。

若想减少腹泻的发生概率，可以从以下三个方面着手：

1. 增强抵抗力。母乳喂养是增强抵抗力、奠定孩子健康的基石。
2. 注意卫生。病从口入，饭前便后勤洗手，一定要养成习惯。
3. 接种轮状病毒疫苗。轮状病毒是引发小儿腹泻的最常见原因，被德国疫苗常务委员会列在推荐疫苗计划之内，婴儿出生后 6 个星期就开始接种。

腹泻和感冒发烧一样，是孩子成长过程中最常见的病。大多数情况下孩子的身体有能力自愈。父母在保持淡定的同时，要密切关注孩子的身体与精神状态变化，腹泻来了并没有那么可怕。

有关婴幼儿便秘，
你该知道的都在这里

你的孩子真的便秘了吗

宝宝便秘是困扰不少妈妈的一个难题。经常听到有妈妈问："宝宝7个月了，三四天才拉一次便便，好担心，有什么办法治便秘？"还好总有聪明的妈妈跳出来安慰："两三天很正常啊！只要吃饭香精神好，不用担心！"经这么一说，焦虑的妈妈马上就解愁了。

诚然，便秘在儿童中属常见现象，产生原因也有很多种。但在讲治疗方法之前，我们先来看看，如何正确判断孩子是否真的便秘了。毕竟，先确定了症状才能对症下药。

先看看宝宝出生第一周的排便频率：宝宝出生头3天是每天至少1次，第4到第6天是每天至少3～5次。基本上，母乳宝宝在出生的头六周每天都会排便多次。但是，尤其值得注意的是，六周以后每天3～5次乃至更多，以及7～10天才排一次便都属于正常范围。

再看一组0～3岁的排便频率平均值：

·0～3个月宝宝，分母乳和奶粉喂养两种情况：母乳宝宝平均每天2.9次，每周 5 ~ 40 次；奶粉宝宝排便次数相对较少，平均每天 2 次，每周 5 ~ 28 次。

・6 ~ 12 个月宝宝，每周 5 ~ 28 次。

・1 ~ 3 岁，每周 4 ~ 21 次。

・3 岁以上 3 ~ 14 次。

只要宝宝的排便次数在这个平均值范围内，如无其他不适症状，妈妈们大可放心。

但也会有一些特例情况，比如，有的母乳宝宝可能在头 3 个月发生一天排便 10 次的情况；而有的则偶尔 10 ~ 14 天才排一次便——只要孩子精神良好，排尿次数保持在 6 ~ 8 次，便便是软的，这些频率波动在德国儿医看来也属于正常范畴。

在德国，1 岁前宝宝超过 14 天不排便，1 岁以上断奶后每周少于 3 次才会认为可能需要药物干预。而在使用药物之前，我们完全可以先在家采取一些措施。

判断是否便秘的标准

排便次数范围之所以跨度这么大，是由于不同个体在饮食结构、环境、运动量、喝水量、消化能力等各种变量上的巨大差异而造成的。在判断是否便秘上，并没有一个绝对的数值界限。上文提到的排便次数只是一个初步参考，我们很难单纯根据排便次数来判断某个个体是否出现便秘，还需要结合其他症状才能下结论。

如果孩子有以下症状，说明他受到了便秘的困扰：

・排便频率明显比以前减少。

・孩子抱怨肚子疼，腹部摸起来很硬。

・拉便便的时候整个人表现出不舒服，甚至哭泣，不愿意上厕所。

- 便便特别干硬，气味极难闻，甚至含血，排便时抱怨屁屁疼。
- 胀气，放屁极难闻，食欲下降。
- 出现少量干硬便便拉在裤子里的情况。

产生便秘的原因

孩子产生便秘，95% 的情况下都不是病理性的，最常见的原因有：

- 运动量太小。
- 饮食不够均衡，膳食纤维含量太少。
- 喝水太少。
- 补钙或补铁过多。
- 牛奶和奶酪摄入过多。
- 服用药物引起的副作用，破坏了肠道菌落的平衡。
- 过渡情况。

其中过渡情况包括：

- 对于某些婴儿来说，引入辅食初期会引发突然连续几天不排便。
- 在接受如厕训练的孩子，从尿不湿过渡到自主排便期间，也可能因为来自外界环境及内心的压力而导致害怕上厕所，从而在潜意识中减少排便频率。

一旦孩子因为害怕如厕而发生便秘，就容易产生恶性循环——越怕越不想拉——越不想拉越会便秘——便秘后更难拉出来——那就更不想拉了。所以，我建议家长在对待孩子如厕这事上，一定要顺其自然，切忌把这件成长中自然的小事当成大事来训练，万一给孩子造成心理压力，后续会产生很多不必要的麻烦。

- 进入新环境（幼儿园、搬家、旅游），家庭发生重大变故等突变情况，也可能会引起便秘。

孩子产生便秘，器质性的原因较少见，只占约5%，包括：先天性疾病需要做手术，但这种情况通常会在一出生时就发生便秘症状，而不是之后才出现。其他肠道方面的疾病需要医生检查才能确诊，但很少见，妈妈们不要一开始就往坏的方面想。育儿中保持乐观的心态很重要。

如何治疗便秘

缓解便秘的办法可分为两种：一种是家庭疗法，一种是使用药物。在确定没有器质性病变的情况下，德国医生一般首推家庭疗法。只有在尝试家庭疗法无效，或孩子表现出非常痛苦，已经影响到正常生活的时候，再考虑使用药物。

家庭疗法

改变饮食

多食用对缓解便秘有帮助的食物：

·高膳食纤维水果：首推西梅、杏桃、梨、桃子、莓类（包括树莓、蓝莓、黑莓、草莓）。此外，水果干作为健康零食，也是很好的选择，西梅干、黄桃干、葡萄干、无花果干都富含膳食纤维。

·酸奶：首选含有益生菌的品种，帮助肠道有益菌群建设，促进消化。非母乳喂养的宝宝可选择含有益生元的配方奶。大约1～2周后，宝宝的便便会得到软化。

·全麦食物：食物太精细膳纤含量就会比较低，主食经常换着吃为最佳。便秘期间多吃粗粮，少吃精白米面。

·蔬菜与豆类：西蓝花、豌豆和豆角膳纤尤高。

·亚麻籽和麦麸：可帮助软化便便。适合1岁以上孩子食用。一天3茶匙亚麻籽或2茶匙麦麸；4岁以上，6茶匙亚麻籽或4茶匙麦麸。分多次食用，并且需要增加饮水量才能达到效果。

·乳糖：乳糖也能促进肠道蠕动及有益菌落的生长，帮助软化大便。母乳中含有乳糖，配方奶中一般也会含有，无须额外添加。1岁以后，可以每天喂1茶匙，效果不明显的话可增加至2茶匙。如果服用后，宝宝出现胀气或腹泻，那说明量给太多了。

·多喝水：早上起床空腹喝一杯温水有助于缓解便秘。保证一天至少6～8次小便。

便秘期间，应尽量少吃的食物：

·香蕉。很多人认为香蕉可以缓解便秘，事实是恰恰相反的。香蕉会导致和加重便秘，排便不够通畅的宝宝要少吃，如果已经出现了便秘症状建议暂时忌口。

·土豆。

·牛奶和奶酪要控制量，尤其奶酪，便秘期间最好忌口。

·精米面。

·烹饪过的胡萝卜。

·果汁、甜食类、垃圾食品。

多运动

运动能增加消化系统的血液循环，从而促进肠道蠕动。肠道多蠕动，便便更容易排出来。

营造轻松的如厕氛围

不要让孩子在上厕所这件小事儿上感到有心理压力，顺其自然最好。

培养良好的如厕习惯

尤其是对有便秘的孩子，家长们可在饭后适当提醒孩子去马桶上坐5～10

分钟，因为便秘的孩子肠道感觉容易变迟钝，可能会发生明明便便已满，却感受不到便意。如果发现孩子因玩得太投入而出现憋便便的迹象，要提醒孩子，想上厕所的时候就赶快去，不要憋着，大便会越憋越干，最后形成恶性循环。拉便便的时候，也要一次性拉完再起身，不要因为急着去玩，还没完全拉完就不拉了。

▌给孩子做腹部按摩▐

在肚子上画圈，帮助肠道蠕动。

药物治疗

假如在试过上述家庭疗法之后便秘未得到缓解，且孩子在排便时遇到极大困难或痛苦时，可求助于药物解决短期问题。**但儿童用药请谨慎，强烈建议遵医嘱。**

▌泻药▐

适合孩子用的常见成分有聚乙二醇和乳果糖。乳果糖是具有泻药性质的合成糖，由葡萄糖和果糖单元组成的二糖。目的在于先疏通被干硬大便积压的肠道，减轻孩子的痛苦。

▌开塞露▐

塞入肛门软化大便，促进排便，目的也是解脱孩子一时的痛苦。

▌镇痛软膏▐

被便秘困扰的孩子常常会出现肛门干裂流血的症状，由于疼痛孩子可能会更加抗拒排便，形成恶性循环。在排便之前，可给孩子涂上镇痛软膏。

对于便秘，使用药物只能解一时之需，治标不治本。长远来看，真正的应对手段还是从根本上铲除造成便秘的原因，预防比治疗更重要。在饮食上引导孩子多吃膳纤含量丰富的蔬菜水果，多喝水，多运动。如果是心理原因造成的排便困难，则父母要检讨自己是否在孩子的如厕问题上给了他们太多不必要的压力？过于关注孩子的排便？也许是时候给自己和孩子松绑了。

如何增强宝宝的抵抗力？
答案也许和你想象的不一样

我女儿 1 岁半刚入园时，那生病的频率，堪称恐怖。

2015 年 12 月悠悠在德国入园，入园之前一年半的时间里，她总共只感冒过两次，从没服用过抗生素，而入园之后的那两个月，几乎是每隔两三周就要生病一次，还经常发烧，一发烧就不能去幼儿园（德国幼儿园有规定），一请假就是一个星期。那个冬天女儿有一半的时间都是在家里度过的，晚上发烧咳嗽睡不好，我和老公被她的频繁生病弄得筋疲力竭。

幼儿园的其他小朋友也都一样，孩子之间互相传染，一个病了其他人也跟着生病，已经分不清谁传给谁，请假成为常态。连去看儿医都能碰到同班同学，症状一模一样，也都用了人生的第一次抗生素。妈妈们碰到一起谈起孩子又生病了都是摇头叹气，无力吐槽。最严重的时候，班上只有两个孩子上学，其余 10 个全部请假了。

2016 年冬天，我女儿入园的第二个冬天，孩子们两岁多了，我很担心同样的情况又会发生。结果跟想象的完全不一样，孩子们生病的频率大幅下降，就算有人请病假也只是个别情况，再没有出现全班只有两个人出勤的情景。悠悠也只请过两次病假，没有像 1 岁时那般三天两头地发烧了。

2017 年我们升到了楼上的 3 岁以上大班，班里生病最频繁的是两个 3 岁以前没有上过幼儿园的孩子，而那些从楼下小班升上来的孩子已经练就了一副钢筋铁骨，生病频率明显比没有上过幼儿园的孩子低很多。看来等孩子大点再上幼儿园能减少生病这种说法是不成立的。

免疫系统通过学习获得免疫力

人类自带免疫系统来到世界，若将婴儿的身体比喻成刚出厂的电脑，那免疫系统就是电脑里的操作系统，光有操作系统还不够，电脑要工作，还需要安装软件程序。软件程序正是真正能让免疫系统发挥作用的免疫力。只有不断往身体里安装软件程序，免疫系统才能逐渐成熟和强大起来。

如何获得免疫力呢？答案是与病原体接触。

人体的免疫系统具备"记忆"功能，每一次与病毒、细菌和真菌的作战经历，都让免疫系统对被它打败过的病原体产生免疫记忆，即免疫力，确保我们不会被同样的病原体感染两次。免疫记忆有的持续几年，有的则可持续一辈子。这也是为什么有的病我们只要得过一次以后就不会再得了，如水痘。

疫苗也同样利用了免疫记忆功能，让人体免疫系统与灭活的病原体作战，对它们产生记忆，下次再遇到时，就不怕它们了。

只有在免疫系统有活儿可干时，我们才有可能获得免疫力。这听起来有些不合逻辑，但事实是疾病加强了免疫系统，孩子小时候多生病并不一定是坏事。在德国，一直到学龄前，儿童每年有 10 ~ 12 次生病感染都被认为是完全正常的。

一些过度保护的父母倾向于让宝宝生活在极端卫生的环境里，家里所有东西都消毒，一天吸尘几次，不让宝宝将任何没有消过毒的东西往嘴里放。殊不知，这么做反而剥夺了免疫系统的训练机会，人体少了与病毒、细菌和真菌接触的机会，就无法学习如何抵御它们。我们不可能将宝宝永远保护在"真空"环境里。

老话"不干不净，吃了不生病"有其道理。在我们生活的环境中，细菌是无处不在的，它们通常是无害的。一个健康的免疫系统能迅速将入侵者打败。每天接触细菌有助于免疫系统的学习。当然，一定程度的卫生和清洁还是重要的。但父母不用过于紧张，一点杂乱和灰尘不会伤害孩子。相反，太多的清洁使孩子更容易感染，并会增加过敏的概率。这也是为什么发达国家的人经常会对很多东西过敏，因为环境太干净了！现在中国经济发展也跟上来了，而过敏的孩子也比原来多了。

如何帮助孩子增强抵抗力？

▎尽早让孩子与小朋友、灰尘和沙子接触 ▎

德国一项研究显示，前民主德国入读托儿所的孩子，在柏林墙倒塌之后，相比当时联邦德国四五岁才进入幼儿园的孩子，哮喘和过敏症的发生率较低。 这意味着，**孩子在生命早期经历的许多次生病，对免疫系统都是有意义的训练，能够减少过敏的发生。**

当孩子们一起玩耍的时候，他们也促进了彼此的免疫系统。幼儿在和其他孩子一起玩沙时，细菌得到了交换，免疫系统也有机会处理病菌。当然，这不是鼓励孩子故意去接触病原体。如果遇到很危险棘手的传染病，仍然要小心，没有必要故意让孩子生病。

别总是阻止孩子将玩具等物品放入嘴里。孩子放入嘴里的东西只要保证无毒即可，但不需要是无菌的。对于父母来说，这也意味着：无须使用消毒剂。 温和的普通清洁剂足够保持家和玩具的清洁。

▎母乳喂养 ▎

母亲可以为宝宝的免疫系统做的最好的事情就是母乳喂养。特别是出生后头36 个小时内形成的初乳，含有超高比例的抗体，这为初生婴儿提供了来自母体的最初保护。所以，一般情况下，出生头几个月的婴儿其实是较少生病的。

最重要的是，母乳中的抗体特别针对喜欢感染黏膜的微生物。人体70%的免疫细胞都存在于肠道中，而母乳的成分确保了宝宝的肠道黏膜被有益的双歧杆菌定殖。这些有益细菌能反过来保护人体免受胃肠道感染。由于这些原因，专家建议母乳喂养至少到6个月再断奶。

▎营养均衡 ▎

微量元素铁、锌、硒和各种维生素都对免疫系统的正常工作有着至关重要的影响。保证营养对于免疫力训练是必不可少的。

铁促进红细胞的形成，还支持吞噬细胞抵御病原体，因此铁加强了身体的第一个防护罩。铁主要存在于肉类中，但也存在于谷物、甜菜根、西兰花和豆类中。

锌有助于身体产生抗体，主要来源是鱼、肉和全谷物。

硒帮助免疫系统分解重金属和污染物，金枪鱼和谷物产品中含有较多。

多种维生素都对免疫系统的工作有帮助，而不仅仅是维生素C，添加辅食后，除了谷物和肉类，也别忘了让宝宝多吃蔬菜和水果。

▎户外运动 ▎

每天保证一定的运动量和呼吸新鲜空气，对免疫系统有很大好处。走路、跑步、骑车、跳跃、游泳等都可以。不过要注意不能过量，超负荷的运动量会伤害免疫系统。

▎疫苗 ▎

接种疫苗能促进免疫系统变得强大。接种疫苗会模拟轻微感染，使免疫系统保持繁忙，对感染进行攻克。疫苗引起的反应比真正患病时的症状要轻很多，严重的疾病不会比疫苗更好地训练免疫系统。

哪些对免疫系统有损害

▋细小颗粒物和香烟烟雾▋

细小的雾霾或香烟烟雾可能渗入肺泡并导致炎症。如果吸入过多的烟雾，细菌向外界的黏液运输就无法正常工作，导致更容易发生肺部感染。因此，至少在家里和车里不应该抽烟，在空气好的时候尽量多通风。

同样，家里的霉菌也会影响健康。吸入霉菌孢子会损伤肺部，对免疫系统有间接伤害。

▋心理压力▋

有研究发现，经常换保姆的孩子更容易生病，这主要是由于主要照料人的频繁更换导致孩子的安全感受伤，总去适应新的照料人让孩子承受了过高的心理压力，而压力会让身体释放应激激素皮质醇（又名压力荷尔蒙），该激素会降低免疫系统的战斗力。

当然，不仅限于换保姆，承受过多任何形式的心理压力，都对人体的免疫系统不利。

▋睡眠不足▋

人体处于睡眠状态时，免疫系统能更好地工作。长期睡眠不足和睡眠质量不佳会导致免疫力的下降。

▋慎用抗生素▋

在必要时使用抗生素对免疫系统是有利的，但切忌滥用。在身体可以自愈的情况下，比如，普通小感冒发烧，要尽量给予免疫系统机会和时间去战胜病菌，而不是为了让孩子"好得快"就急着用药。滥用抗生素将削弱人体本身的免疫力，使病菌对抗生素形成耐药性，以后不得不使用更高、更强、更新一代的抗生素才能治愈。

人体的免疫系统是典型的越挫越勇的代表，让孩子正常接触周围的人和环境，给免疫系统用武的机会，就是对免疫系统最好的训练。

part 2

德式喂养和睡眠引导

——没有不听话的孩子，只有不会带的大人

辅食的正确添加顺序
和科学搭配

　　宝宝出生 4 个月至半年后，母乳的营养不再能够完全满足身体快速生长的需求，到该引入辅食的时候了。辅食的引入既不是越早越好，也不是越晚越好，最早不得早于满 4 个月前，最晚不得晚于半岁。由于辅食添加需要一段适应过程，一般持续 4 ~ 6 周，因此建议可以从 5 个月后开始尝试添加辅食，这样到宝宝半岁后辅食的进食就能进入正轨了。

辅食的引入应遵循循序渐进的步骤：

　　1. 给宝宝学习和适应用勺子吃固体食物的时间。

　　2. 最好一次只引入一种新食物，连续吃 3 天到一个星期，再换别的食物，以观察宝宝对某一特定食物的反应（是否喜欢、是否消化、是否过敏等）。

辅食怎么添加

▍5 个月后，从午餐开始添加第一口辅食 ▍

德国专家建议，宝宝的第一口辅食最好从根茎类蔬菜开始，首推胡萝卜，因为胡萝卜自带淡淡的甜味，非常符合宝宝们的口味。过 3 天到一周后再引入南瓜、土豆或米粉，一次一种单一食物。两星期后开始两种食物结合，比如，胡萝卜和土豆，南瓜和土豆，胡萝卜和米粉，等等。等到宝宝适应了蔬菜和米粉一至两星期后，再引入肉类。最晚宝宝满 7 个月后，蔬菜——主食——肉类的搭配应成为午餐的标配。

午餐的基本科学配方：

- 50 g 主食（土豆、大米、面食可轮换着吃）。
- 100 g 蔬菜。
- 25 g 肉类（每周 3 ~ 5 次，牛肉最佳）。
- 30 ml 苹果汁或橙汁。
- 8 ~ 10 ml 植物油（油菜籽油最佳）。
- 适量水。

烹饪方法：

把肉稍微冲洗一下，去掉肉皮、肉筋、肥肉等部分，只留纯瘦肉，切小块。锅内加入少许水，盖上锅盖用小火蒸 5 ~ 10 分钟。

将切好的蔬菜和土豆（或其他谷物、面食）加入锅内，再加适量水，继续用小火蒸 10 ~ 15 分钟。

炖好后，加入果汁和植物油，全部一起用搅拌机打碎后即可食用。可一次做多份，放入小盒子或袋子里冰冻。

添加肉是为了补铁，等宝宝适应后，也可以每周吃一次鱼。添加果汁是为了补充维生素 C，促进铁的吸收。添加植物油是为了提高脂溶性维生素的吸收率和对不饱和脂肪酸欧米伽 3 的摄取。

晚餐添加牛奶—谷物—水果

在宝宝开始添加午餐辅食的一个月后，开始引入牛奶——谷物——水果组合作为晚餐。在德国，超市卖的新鲜全脂牛奶煮开即可作为辅食材料（但 1 岁前不能单独饮用鲜奶），当然也可以用配方奶粉代替鲜奶。辅食谷物最好选择全麦（包括米粉，即糙米做的米粉），无糖，多种谷物轮换着吃。

第一周为适应期，应将牛奶与水以 1:1 的比例调兑（如用配方奶粉则可省略这一步），搭配谷物。宝宝适应后再用纯牛奶（或配方奶粉），无须再稀释牛奶。牛奶液体与谷物的比重为 10:1。水果的添加也要循序渐进，首选苹果、梨、香蕉和瓜类，开始阶段只添加 10g，逐步增加至 50g。

晚餐的基本科学配方：

· 200ml 全脂牛奶（或配方奶）。

· 20g 全麦谷物粉（小米、燕麦、小麦、大米、玉米都可）。

· 50g 水果泥（适应期逐渐增加量）。

准备方法：

一般的婴儿谷物粉都是速溶的，因此只需煮开牛奶或冲兑好配方奶粉，待牛奶降温到 50 摄氏度左右时，加入谷物粉，搅匀即可。具体到每种谷物粉的使用方法需要根据产品的不同进行调整，请遵守包装盒上的食用方法说明。最后一步添加水果泥。

▎下午添加水果—谷物 ▎

在开始添加晚餐辅食的一个月后，继续在下午时间引入下午餐。如果你孩子的儿科医生建议不要过早接触牛奶，也可以把这一步和上一步掉换过来：即先引入水果—谷物餐，再引入上一步中提到的牛奶—谷物—水果。

下午餐的基本科学配方：

· 20g 谷物。

· 90 ～ 150g 水（视谷物种类而定）。

· 100g 水果泥。

· 5 ~ 8g 植物油（胖宝宝少加，瘦宝宝多加）。

准备方法：

水和谷物一起加入锅中，开小火不停搅拌，煮开后，立即将锅拿下炉灶。待谷物糊冷却到食用温度时，加入水果泥和植物油。

▎从 8 个月起引入团块状食物 ▎

德国宝宝基本在满 8 个月的时候三餐辅食已全部进入正轨，这样的辅食营养配方至少得保持至宝宝 1 岁。但是，辅食的颗粒度可以逐步增加。从满 8 个月起，辅食不再需要是严格的泥糊状，可以开始引入一些细小块状的食物，让宝宝练习咀嚼动作，如细小的煮熟的土豆、苹果碎等。每一餐的食用量也可能从 220g 增加到 250g。

▎从 10 ~ 12 个月起过渡到家庭餐 ▎

宝宝 10 ~ 12 个月时，可以在大人用餐时适当递给宝宝一些可咀嚼的食物（也叫手指食物，意即可以拿在手上吃的食物），让宝宝渐渐适应正常的固体食物，如面包、黄瓜条、胡萝卜条、草莓等。这个过程要视各家情况而定，每个宝宝和家庭的饮食习惯不同，长牙快慢也不同，不必急着过渡。

关键是要让宝宝有机会多练习咀嚼（1 岁还没长牙的另当别论）。如果一直给宝宝吃泥糊状食物，没有机会用牙齿咀嚼，那宝宝就失去学习咀嚼的动力啦！咀嚼本身对牙齿和口腔肌肉都有促进。其实学习用杯子喝水也是一个道理，宝宝半岁后在家可以试着拿杯子给他喝水，喝得多了自然就学会了。如果一直只用奶瓶喝水，很可能 1 岁多还不会用杯子。

特别提醒：

· 母乳或配方奶粉在添加辅食后仍然可作为间餐按需给予，早餐以母乳或配方奶粉为主，辅食从中午才开始吃。若辅食吃完后宝宝仍想喝奶，应满足他的需求。

·如购买瓶装辅食，应注意合理搭配。大家买得最多、最普遍的瓶装辅食一般是蔬菜——主食——肉类组合，可以作为午餐吃，但是下午和晚上的辅食还是要以谷物——水果——牛奶为主。这个做起来不难，10分钟就能搞定。

中国妈妈更应该注意，
主食多样化更健康

为什么不建议主食只吃米粉

　　由于饮食习惯的原因，中国妈妈倾向于让宝宝以米粉为主食。走在德国超市的婴儿辅食货架前，我却常常被主食谷物的众多选择弄得眼花缭乱——米粉、小麦粉、小米粉、燕麦粉、玉米粉、3种谷物混合粉、7种谷物混合粉……德国专家建议宝宝的主食选择应尽量多样化，每一餐换着不同的谷物吃，从各种谷物中汲取营养，避免只吃米粉，以防砷超标。**大米中砷含量超标现在在全世界范围内都引起了注意，是科学家和食品加工业正在努力攻克的难题。**这一点特别值得中国父母重视。

　　欧盟对食物中含砷的问题已研究多年，2015年欧盟对欧盟境内上架的大米与米制品中的最高砷含量提出了比以往更严格的标准，该标准于2016年1月1日开始生效。

　　·对于磨制过的精米：砷含量不得超过0.20mg/kg。

　　·对于糙米：砷含量不得超过0.25mg/kg。

　　·对于米制品，如米饼、年糕等：砷含量不得超过0.30mg/kg。

　　·对于专为婴幼儿生产的米粉和米制品：砷含量不得超过0.10mg/kg。

　　2016年年初，美国食品与药物管理局FDA也提出要控制孕妇与婴幼儿食品中大米和米制品的比重，理由是米粉中含无机砷，需要用其他谷物来平衡。

为什么大米会含砷

砷是一种半金属，并且是地壳的天然成分。当人类熔炼矿石或燃烧煤等天然燃料时，砷会被释放到空气中，然后又伴随着降雨进入水体和土壤，所以可以说砷是无处不在的。在砷存在的多种形式中，无机砷毒性最大，也就是我们常说的砒霜，长期低剂量摄入会增加患癌风险。

砷会出现在粮食中，尤其是大米，这与水稻的特殊种植方式有关。砷通常通过植物的根部吸收进入果实。由于水稻的种植方式是将根部淹没在水里，导致水中更多的砷有机会被水稻根部吸收进入米粒，并且被吸收的砷大部分是毒性最大的无机砷。虽然很多作物都无可避免地含砷，但大米的砷含量远超其他作物10倍之多，这个现象在全世界广泛存在。作为以大米为主食的群体，特别是以米粉为主要辅食的小宝宝，受到的危害最大。

现有研究结果显示，米制品如米粉、米饼等，比纯大米含有更高的砷含量，这与食品的加工方式有关。具体原因和机制目前尚不完全清楚，仍然在进一步研究中。与此同时，欧盟在向食品生产商不断施压，要求他们进一步降低大米和米制品中的砷含量。世界卫生组织也正在制定指导方针，旨在从大米的种植和生产加工两方面降低大米和米制品的砷含量。

长期低剂量摄入砷对人体有哪些危害

无机砷已被世界卫生组织下属的国际癌症研究中心明确列为致癌物。除此以外，它还可引起皮肤损害、血管和神经损伤、促发心血管疾病和生殖毒性（胎儿致畸）。从现有的研究来看，无机砷没有所谓的安全摄入上限，也就是说，每多摄入一点，对身体的危害就增加一点。因此对无机砷的摄入应遵循"在合理可行的情况下，摄入越少越好"的原则。

如何降低砷对宝宝的伤害

不必过于恐慌，其实大米含砷的问题已存在多年，只是近几年才在国际上引起重视。在以大米为主食的国度，我们没有必要完全放弃大米，不过为了减少砷的摄入量，我们可以让主食多样化起来，不以米饭为单一主食。这一点对抵抗力较低的小宝宝尤其重要。其实，即便大米没有砷的问题，食用多种谷物，均衡膳食，也对我们的健康更加有利。

除了米粉，主食还能吃什么

5个月以上的宝宝可以食用小米、小麦、燕麦、玉米和土豆。土豆虽然不是谷物，不过在德国也相当于主食的地位。在中国，土豆被当成蔬菜食用，而在德国的餐桌上，土豆是主食，相当于大米在中国的地位。德国瓶装辅食中经常能见到土豆作为主食的身影。6个月以上的宝宝可以开始食用多种谷物混合。9个月以上可以引入面食，最好是全麦。

挑选手指食物和零食时，请尽量选择非米制品。因为米饼等米制品的砷含量比纯大米还高，对于已经天天吃米粉或米饭的中国宝宝来说，应尽量少吃。可用其他谷物制成的饼干或硬面包代替。

其实，不仅仅是小宝宝，幼儿、成人也应养成主食多样化的健康饮食习惯，五谷杂粮、面食、土豆都应成为我们餐桌上的常客。为了给宝宝更好的未来，家长们也要多多保重自己的身体。

0 ~ 6 岁该喝多少奶？
过量饮奶危害多

1 岁前要喝多少奶

1 岁前宝宝每天推荐的喝奶量取决于他的体重和胃口，并没有统一标准，个体之间的差异很大。

将下面的数字乘以宝宝的体重（kg）可计算出每天的推荐喝奶总量。

- 第 1 天：50 ~ 70 ml/kg 体重
- 第 2 天：70 ~ 90 ml/kg 体重
- 第 3 天：80 ~ 100 ml/kg 体重
- 第 4 天：100 ~ 120 ml/kg 体重
- 第 5 天：100 ~ 140 ml/kg 体重
- 1 ~ 6 个月：160 ~ 180 ml/Kg 体重（**但不建议超过 900ml**）

总量应平均分配到多次喂奶。出生第一周一般一次 45 ~ 60ml，第一周过后一次 60 ~ 90ml，3 ~ 4 个小时一次。等宝宝满月时，他一次的喝奶量会增至更多（110ml），但是频率可能减少到一天 5 ~ 6 次。到半岁时，喝奶次数平均会降到

4 ～ 5 次，一次 170 ～ 240ml。

半岁以后添加了辅食，喝奶量自然会相应减少，属于正常现象。具体喝多少取决于每个宝宝的胃口和辅食进食情况，不存在一刀切的标准。**只要宝宝健康生长，身高体重都正常，辅食吃得好，精神状态也好，不用太纠结宝宝的奶量。**尤其体重轻的宝宝，比别人少喝一两百毫升也属正常。德国有个基本规律，健康宝宝的体重一般会在 4 ～ 5 个月时翻倍，1 岁时达到出生体重的 3 倍。如果你的宝宝达到了，说明他的生长就是健康的，没达到也可能是健康的，但最好让医生检查一下。

1 岁后要喝多少奶

1 岁以后，德国权威机构的普遍建议是每天 350 ～ 500ml 奶足够了，不要超过 500ml。如果喝的是配方奶，德国专家强烈建议按照包装上所写的每日推荐量来饮用，勿喝超量。

这主要是因为，过量摄取牛奶至少有三点弊端：

1. 牛奶中含有大量蛋白质，过量摄取蛋白质会增加代谢和肾脏负担

目前国际上多项研究显示，**年幼时期高蛋白的饮食习惯对成年后超重（即肥胖）有着至关重要的影响。**德国儿童营养研究院的长时间跟踪研究显示，高蛋白饮食的 1 岁孩子会在 7 岁时有更高的身体质量指数（身体质量指数越高，身材越胖）。

2. 超量饮奶会影响铁的吸收

钙和铁的吸收是互相竞争的关系，钙摄取多了，身体对铁的吸收就会下降，因此要控制好量。

3. 由于偏食奶（或牛奶）而导致营养不良

1 岁以后，一日三餐已形成规律，牛奶或母乳不再是孩子的主要食物。这时孩子的主要营养来源于三餐，并且正餐中的丰富营养是牛奶或母乳无法取代的。

钙源也不再局限于喝奶，奶制品和高钙食物如酸奶、豆腐、芝麻、豆类、西兰花等，都应该成为宝宝摄取钙的来源，保证均衡膳食。牛奶是高能量食物，要警惕因喝太多奶填饱了肚子而对正餐的食欲有所下降的偏食行为，这可能会导致营养不良。

如何科学地断奶

母乳喂养对很多妈妈和宝宝来说是一段美好又亲密的特殊时光，母乳不仅仅是婴儿的口粮，还是连接妈妈和宝宝的最初纽带。母乳为幼小的宝宝带来愉悦、亲密、满足和安全感。然而，随着宝宝的长大，总有一天我们不得不和母乳喂养说再见。

什么时候适合断奶

德国医生建议，在最差的情况下，母亲至少要坚持全母乳喂养到 4 个月；世界卫生组织建议半岁之前最好全母乳喂养；国际母乳协会则建议喂养到两岁。但说到底，何时断奶其实是个很私人的决定，没有标准答案，应该由妈妈和宝宝根据自己的情况和条件来决定，轮不到其他人指手画脚。

在坊间，我听过各种各样的说法。

有反对母乳喂养的：

"母乳过了 6 个月就没有营养了，要换喂奶粉了。"

"都两岁半了，还在喂母乳？羞不羞啊！"

也有支持母乳喂养的：

"母乳是对孩子最好的，喂奶粉的妈妈自私，不负责任，完全是亏待了孩子！"

从科学角度来说，母乳的确优于奶粉，哪怕是世界上最好最贵的奶粉也比不上母乳。所以，像"母乳过了 6 个月就没有营养了，要换成奶粉"这种违反科学的论断，纯属谣言。

母乳不是过了 6 个月就没有营养，而是宝宝最迟满了 6 个月之后必须添加辅食，从辅食中摄取母乳无法完全满足的营养和能量，比如，铁和维生素，以及能量来源碳水化合物。也就是说，营养和能量不足的问题并不是从母乳换成奶粉就能解决的，重点在于引入辅食。

在做断奶决定之前，妈妈们有必要了解母乳喂养的好处：

· 母乳中含有奶粉没有的抗体，所以母乳宝宝抵抗力更强，更少生病。

· 母乳喂养 6 个月以上的儿童患某些疾病（如糖尿病或中耳炎）的概率更小。

· 母乳喂养时间越长，母亲患乳腺癌或卵巢癌的风险就越低。

· 母亲患骨质疏松症的风险降低。

在了解了上面这些科学知识后，何时断奶应该是在尊重科学的基础上做出的理性决定。

总有一些妈妈因为个人、工作或疾病的原因做不到母乳喂养或者必须提前断奶，那是妈妈思量和权衡之后的决定，其他人无须用道德绑架放弃母乳喂养的妈妈。**母乳喂养的前提本该是妈妈和宝宝都很享受，妈妈若是被迫为之，那反而会得不偿失。**

喜欢母乳喂养的妈妈也可以随心喂下去，只要妈妈和宝宝双方都享受其中。支持母乳喂养的科学证据那么多，何乐而不为？

更多的时候，断奶是一个自然而然的过程——随着宝宝的长大，他对母乳的需求会逐渐降低。宝宝开始坐在餐桌上和大人一起用餐了，食谱在不断丰富，变得越来越独立，慢慢地就不再迷恋母乳了。这是宝宝发出的信号："妈妈，我长大了，我可以断奶了。"

虽然断奶对于很多母乳喂养的妈妈来说是忧伤的，但正如养孩子就是一场与孩子越来越远的分离，虽然忧伤，也要学会放手。

如何断奶

如何断奶？答案是：慢慢来。

"慢"是自然断奶的要领。科学育儿非常反对以前那种妈妈消失一个星期给孩子断奶的做法！这对妈妈和宝宝都是一种伤害，且是心理和生理上的双重伤害。和育儿中很多事情一样，断奶也需要循序渐进。**德国儿医说，断奶的过程越慢，对妈妈和宝宝都会越容易**。最好能准备 3 个月时间。

殊不知，断奶从添加辅食的那一刻起就开始了。母乳一餐一餐逐渐被辅食替代，宝宝慢慢适应母乳减少的变化。

德国宝宝在 8 ~ 9 个月的时候，基本已经形成一日三餐辅食的饮食规律。这时候母乳在宝宝饮食中占的分量已经降到比较低，最常见的是在早上和晚上喂两次。当然，如果宝宝很喜欢喝母乳，也可以在吃完辅食后再补充母乳。

自然断奶的步骤：

1. 只有当宝宝明确示意要喝奶时才喂。

如果宝宝表现出对喝母乳兴趣不大，或喝奶时分心，只喝几秒钟就不喝了，这是开始断奶的信号。 这时可以跳过一顿母乳，用其他食物来取代，等待看看会发生什么。

2. 减少喂母乳时长。

一般情况下，如果宝宝要喝 5 分钟，那就试着缩短到 3 分钟。逐渐减少喂奶频率和喂奶时长，让宝宝适应新的食物，淡化对母乳的依赖。

如何减轻乳房痛苦

宝宝对乳房的吮吸越少，乳房分泌的母乳也会越少。道理虽然是这样，但在完全断奶的头几天，乳房还是会因为涨奶而疼痛不已。

德国专家推荐喝鼠尾草茶或者薄荷茶，这两种叶子都有助于抑制母乳分泌。穿紧身胸罩，或者在乳房上面紧紧包一层薄毛巾，可以抑制血液循环，从而降低母乳分泌。还可以使用冰袋冷敷来抑制母乳分泌，不过这一招多数人只有夏天才敢用吧。

实在涨得难受，别强忍着，挤一些出来，防止堵塞引起乳腺炎。但注意只需挤到乳房可以忍受的程度就好，挤多了乳房又会继续产乳。我当初也是疼了好几天，涨得不行。但最后忍过来了，奶不知不觉就退了。

如果因为疾病等特殊原因，必须在几天之内快速断奶的，可以求助医生，医院有专门抑制母乳分泌的药可以服用。

如何回奶

回奶其实很容易，孩子对乳头的吮吸会向女性大脑发出泌乳的信号。看着怀里的孩子母性大发，也可以刺激身体泌乳。想回奶，抱着孩子让他多吸吸，吸着吸着奶就会回来了，哪怕你已经断奶好几年。

在非洲，由于战乱、贫困以及极差的医疗条件，母亲的死亡率很高。为了让失去母亲的婴儿存活，村子里的任何女性都可以为婴儿喂奶，既可以是从来没有生过孩子的大姐姐或女性邻居，也可以是多年没有喂过奶的五六十岁高龄祖母。母亲以外的人给婴儿喂母乳，这在非洲是很常见的。

我已经尝试断奶好几个月了，可宝宝就是不愿意怎么办

断奶是一个自然过程，最好是由妈妈和宝宝共同来决定。宝宝是否准备好断奶，妈妈心里最清楚。

如果循序渐进的方法对你行不通，那可能是断奶的时机还未成熟。不妨想一想。

· 你最近是不是刚刚与宝宝分离，重回职场了？宝宝需要时间先适应妈妈的离开，这时候断奶是雪上加霜。

· 宝宝最近是不是生病了？生病的宝宝最希望得到悉心照料和关怀，而母乳是最好的安抚。

· 最近是不是搬家了？

· 换保姆了？

· 进托儿所或幼儿园了？

· 宝宝的安全感是否充足？他是否在把母乳当成安全感的来源？

断奶要选择宝宝最有安全感的时候进行，当环境的突变对宝宝的心理已经造成冲击，在缺乏安全感的时候实施断奶只会越断越断不掉。条件允许的话，不妨听从宝宝的心声，继续再喂一段时间。当孩子准备好了，放心，他一定会让你知道的。

从德国宝宝的睡眠训练
看德国人的计划性和严谨态度

　　德国父母对宝宝的睡眠习惯有很高的期待，这和德国文化有关。德国父母与孩子之间界限清晰，宝宝一出生就有自己的儿童房，父母有尽早让宝宝独立入睡的强烈意愿，所以德国宝宝的睡眠训练从一出生就开始有意识地进行。德国孩子基本在 1 ～ 2 岁能做到在自己的房间独立入睡，不需要陪睡、奶睡、抱睡。每晚7 点，关上灯，道一声"晚安"，妈妈即关门出去，孩子自己安然入睡。

　　当今德国父母的睡眠训练并不是让宝宝一个人哭个够，哭累了自己睡过去。曾经被追捧的哭声免疫法在德国已遭到大部分父母的摒弃，及时回应婴儿的需求才能建立起亲子之间的信任关系和给予宝宝足够安全感。**长时间任由婴儿哭泣，对他的呐喊置之不理，会伤害宝宝的身心发展。**

婴儿的睡眠规律

　　初生婴儿在头几周每天需要 16 ～ 18 个小时的睡眠，之后会慢慢降至 15 个小时。新生儿的睡眠周期比成人要短，不论白天还是黑夜，一次连续睡眠时间少则半小时到 45 分钟，最多不超过 3 ～ 4 个小时。这是因为快速动眼期在 0 ～ 3 个月婴儿的睡眠周期中占据了 50% 的时间，而快速动眼期属于浅睡眠，稍不留神就会醒过来。好在 3 个月后会降至 40%，半岁后降至 30%，成年人睡眠中的快速动眼期只占 30% 以下。

快速动眼期是一个睡眠周期的最后一个阶段：浅睡眠——深睡眠——浅睡眠——快速动眼期。人一个晚上要经历几个睡眠周期。做梦通常发生在快速动眼期，在此睡眠阶段大脑的神经元活动与清醒的时候相同，同时伴随眼球的快速移动，因此得名快速动眼期。新生宝宝之所以快速动眼期占据睡眠的 50%，是因为他们的大脑需要处理大量白天接受到的刺激，神经元在迅速发育建立联结，属于正常发育现象。

此外，考虑到新生儿胃很小，平均 3 个小时就要喂一次奶，0 ~ 6 个月的宝宝睡眠短，夜醒三四次非常正常，新手父母需要做好心理准备。这是每个婴儿必经的阶段，接受了这一事实，我们才能淡定地看待宝宝的各种夜醒行为。满 6 个月后，宝宝的身体逐渐成熟到具备"睡整觉"的生理条件。不过，婴儿的睡整觉定义有别于成人。很多人觉得连续睡 10 ~ 12 个小时才算整觉，其实不然。对于刚满半岁的婴儿，起初一夜能连续睡 6 个小时就算整觉，这意味着宝宝跳过了一餐奶，是很大的进步。

6 ~ 9 个月的宝宝连续睡 7 个小时即算整觉，晚上只需要喂 1 ~ 2 次奶即可满足胃的需求；9 个月以上的宝宝已经形成一日三餐的规律辅食，此时白天进食、夜晚睡觉的生物钟已经形成，具备连续睡 8 个小时以上不需要喝奶的生理条件，此阶段的宝宝若依然频繁夜醒，肚子饿肯定不是主要原因，需要从培养好的睡眠习惯着手调整。

培养正确的习惯

睡眠训练并不一定是冷酷的，它可以在规则和爱中同时进行。与养成其他习惯一样，最好的方法是从一开始就帮助宝宝培养正确的习惯，预防问题行为的发生，而不是等到坏习惯出现后再想着怎么救火。前者可能需要在最初付出更多时间和努力，但好处是长期的，且培养好习惯往往比纠正坏习惯要容易得多。

从小分床睡

德国睡眠专家建议，从出生起就让孩子睡自己的婴儿床，这一点至关重要。 首先，这么做孩子会自然而然地视婴儿床为自己睡觉的地方，省去了以后分床睡这一步骤。一旦孩子习惯了与爸爸妈妈同睡一张床，再想让他睡自己的小床，分离过程是极其艰难的。其次，婴儿与大人分床睡可以防止被大人挤压而发生窒息意外的风险。为了宝宝的安全着想，我们也应该选择分床睡。

初生宝宝夜醒频繁，非常需要妈妈的安抚和肌肤接触，德国父母选择将婴儿床放在大床的旁边，并且拆掉靠大床一边的围栏，这样宝宝虽然睡在自己的婴儿床上，却能时时刻刻感受到妈妈的陪伴。宝宝需要妈妈的时候，妈妈能随时用手安抚。夜里宝宝要喝奶，妈妈只需轻轻挪动一下宝宝就能实现。但为了形成分床睡的好习惯，喂完奶后一定会把宝宝再放回他自己的小床，不为了图一时的方便而造成长久的困扰，这杆秤理性的德国人拎得很清。

找到作息规律

初生婴儿的睡眠没有规律，想睡就睡，不分白天黑夜。但随着时间的推移和对每日作息安排的适应，宝宝必然会发展出一些睡眠和饮食规律。这个规律不是某一方单方面的决定，而需要我们与宝宝在生活的磨合中共同去建立，具体作息规律因家庭而异。在头3个月帮助宝宝建立起有规律的作息时间，对宝宝的健康成长非常有益处，同时也能让育儿变得轻松。

教给宝宝白天和黑夜的区别

刚生下来的宝宝无法分辨白天和黑夜的区别，有些宝宝还可能以为白天是用来睡觉，晚上才是用来活动的呢！这不是宝宝在故意跟我们作对，实在是因为我们没有认真教过他们白天和黑夜分别是干吗的。出生头几天宝宝大部分时间都在睡觉，我们能做的不多。但从两周以后，我们就可以开始有意识地教宝宝区分白天和晚上，营造两种不同的氛围，帮助宝宝建立白天是游戏时间，晚上是睡觉时间的概念。

白天醒着时：

早上起床给宝宝换上白天穿的衣服，这标志着新的一天的开始。拉开窗帘让阳光照进来，多陪宝宝玩，放音乐听，喂奶时和他说话，如果宝宝喝奶的时候眼看着想睡觉了，轻轻叫醒他。之所以要在喂奶时和宝宝说话，防止宝宝喝奶时睡着，是为了不让宝宝养成奶睡的习惯。

晚上入睡前：

睡前给宝宝换尿布、换上睡衣，穿上睡袋，这标志着一天的结束。调暗灯光、关掉电视机等声音，不要对宝宝说太多话，使用语言或歌声安抚时，也尽量低声。

宝宝夜里哼唧时，尽量避免开灯和说话，这会让宝宝误以为该起床玩游戏了，一不小心彻底清醒就难办了。夜间保持安静，趁宝宝将醒未醒时，及时提供抚摸、喂奶（如觉得到喂奶时间了）或安抚奶嘴，实在要说话请用轻声，这些信号都是在提醒宝宝，现在是晚上睡觉时间，还没有到起床的时候，帮助宝宝快速进入下一个睡眠周期。

学习自主入睡

新手父母可能会觉得睡觉应该是一种本能，哪还需要学习？困了就闭上眼睛自己睡啊。事实真没有这么简单。宝宝是一种神奇的生物，他们明明很困了可就是喜欢死撑着不睡。在网上随便一搜就能搜出很多宝宝欲睡不睡的视频——困得不行，眼皮打架，脑袋摇摇晃晃，却一次又一次用尽最后的力气睁开眼睛！搞笑的画面总能引人捧腹大笑，但同时也令我们不解，宝宝们又不用熬夜加班，他们干吗死撑着不睡呢？答案是因为他们还没有学会自己入睡，养成自己入睡的习惯。

父母如果希望宝宝培养良好的睡眠习惯，那么第一步就是帮助孩子学会独立入睡。从抱睡、奶睡中解脱出来，每天可以节省很多时间。

学会识别睡意迹象，及早安排孩子入睡

及时入睡，是夜间睡眠质量和时长的最大保证。**德国睡眠专家常提到一定要在宝宝表现出犯困迹象的初期就及时安排他入睡**，否则过了那个临界点，宝宝就会进入下一个叫作过于疲劳的状态。与我们想象的不同，宝宝并不是越困越想睡，一旦过于疲劳，宝宝会表现出兴奋过度、精神倍加的状态，还可能会"无缘由"地大哭大闹，弄得人莫名其妙。总之，进入过于疲劳状态后入睡反而变得愈加困难了。

头几周的婴儿连续醒着的时间一般不会超过 1 ~ 2 个小时，作为父母我们要第一时间捕捉到宝宝犯困的迹象。

识别宝宝的犯困迹象也是新手父母需要学习的地方：
· 揉眼睛。
· 用手擦耳朵。
· 眼睛下面有黑眼圈。
· 小题大做，一点小事就大闹。
· 发呆、目光呆滞。
· 打哈欠、频繁踢腿。

- 对人脸和玩具失去兴趣。

- 变安静，不怎么说话了。

- 把脸往妈妈怀里蹭，回避周围的动静。

当注意到上面的迹象之一时，就是时候把宝宝放到他的小床里了。一开始我们的判断可能不够准确，宝宝的睡眠也不够有规律，但用不了多久我们就能发展出对宝宝睡眠规律的第六感，凭直觉知道宝宝什么时候想睡了。不过要注意，睡眠规律并非一成不变，生病、快速生长期等都可能改变宝宝的睡眠规律，我们要保持灵活并密切关注宝宝发出的睡眠信号。

学会在床上入睡，而不是在人身上入睡

无法自主入睡的宝宝通常夜间也会频繁夜醒，无法睡整觉。自主入睡和睡整觉这两者之间是关联的。虽说孩子晚上夜醒，是非常正常的现象，但无法自主入睡的孩子在夜间通常会更频繁夜醒和哭泣，他们需要父母的帮助（抱或喂奶）才能再次入睡，这给父母造成了极大的负担和困扰。而那些能自主入睡的孩子，通常能睡整觉，即使夜间醒来，也能自己接觉。

很多父母到了宝宝该睡觉的时候，喜欢给他们喂奶或者抱着摇，0 ~ 3 个月的宝宝喜欢在人身上入睡（抱睡或奶睡）还算正常，但从 3 ~ 4 个月起，我们就要有意识地开始向宝宝温柔地传授，他不需要外界帮助也能自己入睡。**德国专家建议不要让宝宝在吃奶或者在被抱着的时候进入睡眠状态**，这可能导致宝宝养成奶睡或抱睡的习惯，而如果宝宝从睡眠中短暂醒来，发现现在的睡眠环境与入睡时不同，将难以自己接觉。恶性循环下去，奶睡和抱睡会越来越严重。喂奶或抱着摇本身都有助于宝宝入睡，这并没有错，只是要注意趁宝宝将睡未睡（快要睡但仍然醒着）的时候，及时将他放到婴儿床上，让宝宝明白床才是他入睡的地方，这有助于宝宝学习自主入睡。如此一来，宝宝中途醒来由于环境未发生变化，也更容易接觉。

如果宝宝哭了，不用立即抱起他，也不要丢下他一个人，而是尽量在床边安抚。试着放一段舒缓的音乐、轻抚宝宝的身体、小声唱一首歌、给宝宝一个安抚物、用包巾把宝宝裹起来——尽量让宝宝将舒服的小床与睡觉联系到一起。一开始安抚需要的时间可能要半小时以上，但随着时间的推移和习惯的形成，会越来越容易。如果宝宝情绪非常激动，先抱起来安抚，等情绪稳定后再放下。

在床边陪睡对于 1 岁以上需要分床睡的宝宝也适用。刚开始训练两岁的女儿在自己小床上入睡时，我就是在做完一整套睡眠程序后，关上灯，什么也不说，手放在她肚子上，安静地陪在她的床边，一坐就是 20 分钟。好在她只要知道我在旁边，就能安稳入睡。等到她适应了在自己的小床入睡后，我开始引进**"渐退法"**。陪了一会儿后，找个借口出去一下："宝贝，妈妈口渴了出去喝口水啊。"出去两分钟，马上就回来，看她状态稳定，过一会儿又找个借口："我要上厕所了，你困了就自己睡啊，不用专门等我，我马上就回来。"增加每次出去的时间，但又都信守承诺回到孩子身边，这么做能让孩子感到妈妈不会离开的安全感，减轻分离焦虑。有一次我告诉悠悠我要出去刷牙，刷完牙就回来陪她，结果等我 10 分钟后回去看她时，她已经睡着了。

给孩子独立入睡的机会，多次的锻炼会让他们认识到独立入睡并没有想象中那么恐惧，原来自己一个人也可以做到。宝宝的习惯是通过我们的行为塑造的，如果我们每次都用抱睡、奶睡来快速解决入睡问题，那宝宝自然会继续期待这种模式。

建立睡眠程序

想让自主入睡变得容易，建立一套固定的睡眠程序是最行之有效的方法。每个家庭的睡眠程序不尽相同，**最关键的是在睡前这段时间给予宝宝充分的爱、关注和亲密接触**。孩子得到足够多的"正能量"滋润，幼小脆弱的心灵被满满的安全感包裹，是他们愿意在自己的小床上自主入睡的强大保证。

睡眠程序举例：

· 安静的游戏（避免疯闹、剧烈运动）。

· 洗漱或洗澡。

· 擦身体乳，顺便做一些按摩，多点肌肤亲密接触。

· 换上睡衣和睡袋。

· 讲睡前故事。

· 唱一首催眠曲。

· 抱抱，亲吻，道晚安。

· 关灯或点小夜灯。

睡眠程序之所以称之为程序，是因为它必须按照固定的顺序和时间来执行，一旦确定，就请每天都遵循同样的顺序和时间，即使周末也不例外。

孩子需要稳定的生活规律和稳定的环境，通过"可预见性的活动"来建立内在秩序。每天重复固定的睡眠程序，可以帮助孩子预见睡觉时间即将到来，同时在睡眠程序进行中就开始在大脑中调整状态，放松身体，做好入睡的心理和生理准备。

建立有规律的作息时间

德国人非常提倡计划性，做任何事情都要有计划，孩子的每日作息也不例外。计划的确有它的好处，能大幅提升时间的使用效率，让育儿变得更轻松。头3个月是父母和宝宝找到共同生活节奏的磨合期，互相适应彼此的到来。一般3个月时间父母应该摸清了宝宝的吃玩睡规律，也是时候引入每日固定的睡眠时间了，包括白天和晚上的入睡时间及时长，这能帮助宝宝形成健康有节律的睡眠习惯。

当然，固定的睡眠时间只是一个框架，在框架内可以根据当前情况和随着宝宝的年龄增长来进行适当的灵活变更。若宝宝提前发出犯困的信号，没有必要一定让他撑到点再睡，以防进入过于疲劳状态。

德国宝宝晚上一般在 7 ~ 8 点之间入睡，有的 6 点半就上床了。由于德国父母下班早，他们每天的亲子活动都安排在放学后晚饭前的这段时间。晚饭后不安排任何活动，直接进入睡眠程序，这么做留给了德国父母晚上相当多的自由时间，德语里专门有个词来形容这段时间叫 "Feierabend"，直译为 "庆祝的晚上"，可见德国人多么看重晚饭后那一段属于自己的闲暇时光。在德国，晚上 7 点以后，街上是几乎看不到小孩的。

有必要时叫醒宝宝

为了给宝宝建立健康有规律的作息时间，必要的时候我们需要打断宝宝的睡眠，叫醒宝宝，将生物钟调整到更佳的轨道上来。**每天早上在同一时间起床，晚上同一时间入睡，对宝宝形成有规律的作息起到决定性作用。**对宝宝和父母都有好处，宝宝到时间会更容易入睡，而父母能更好计划自己的时间。

很多宝宝晚上难以准时入睡，是由于下午的午睡时间拉得太长了，这就需要家长控制孩子的午睡时间。如果希望将晚上的入睡时间固定，那么午睡不管几点睡，到了该起床的时间就得把孩子叫醒。女儿的幼儿园里有几个德国妈妈都是这么嘱咐老师的，她们希望老师在下午 3 点前叫醒孩子，不要让孩子睡太长时间，保证孩子回家后能在 7 点准时入睡。早上起床也如此，到了起床时间就叫醒。我身边的德国父母为了维持孩子好不容易建立起来的作息规律，连周末也不睡懒觉，六七点就早早起床。

其实，很多时候宝宝突然容易夜醒，究其原因是由于作息规律被打乱了，生物钟混乱，身体有种找不到北的感觉，晚上就会睡不好。帮助宝宝建立固定作息时间，有助于提升睡眠质量。当然，孩子生病的话就得另当别论了，只有等痊愈后再重新恢复作息规律。

　　睡眠训练和帮助宝宝养成良好睡眠习惯，更多考验的是我们父母自己。所有的习惯都可以通过时间和耐心来建立，一时行不通也不必沮丧，慢慢来。睡眠问题不会永远存在，所有的宝宝最终都会学会自己入睡和睡整觉。

中国宝宝的缺铁恐慌症

从匮乏年代走过来，担心缺营养成了中国人的集体恐慌。有些专家把宝宝缺铁的形势形容得无比严峻，仿佛这年头，哪个宝宝要是不吃强化铁米粉，不补铁，势必会缺铁，智商发育必定会受到影响。而在德国却完全是另一番景象。

我女儿从出生起，一直在德国做体检，从 6 个月开始，她的体重就开始低于生长曲线。与一般孩子比起来，女儿的食量非常小，这一点和我小时候非常像，我自己小时候也非常不爱吃饭，瘦得像根筷子一样。但她的精神非常好，运动量大，除了体重偏轻，其他发育指标都是超前。为了排查体重偏轻和不爱吃饭的原因，我们在德国做了非常多的检查。7 个月的时候抽过一次静脉血，铁含量在临界值，不过医生说 7 个月刚刚引入辅食不久，体内铁含量低是正常现象，不需要补。

1 岁的时候，我们又做了大便检查，B 超检查了所有器官，做了乳糖耐受测试，都没有发现问题。还约见了营养师，一个小时 65 欧元的咨询费，试图从饮食结构上找出原因。可事实是，我给女儿做的辅食也是完全符合科学配方的。

在我们做了所有这些努力之后，德国儿科医生也释然了。医生看了看我，再看看悠悠，说："你女儿和你一样啊，你这么瘦，她和你一样的体质。这个世界上有 4% 的人，只需要吃很少的食物就能维持健康。你和你女儿都属于这 4%。把一群人扔到荒岛上求生，最后活下来的就是你们这类人，因为你们只需要吃一点点，就能活很久，哪怕不吃也比别人撑的时间长……"

自那以后，在女儿每年的常规体检上，体重还是一如既往地低于生长曲线，德国医生早已觉得没有必要再做更多检查。

然而，每年回国我都会被国内的亲戚朋友说："悠悠是不是缺钙缺铁啊。"经常被人这么说，再看看国内小区里的宝宝都长得那么好，我怎么也淡定不起来了。一回到德国，第一件事就是给悠悠的儿科医生打电话，希望再次确认要不要给女儿补铁。

我："医生，我女儿是不是缺铁啊？她肉吃得不多啊。"

医生："你女儿一看就不缺铁，她精神这么好，这么爱动。"

我："可是，你不检查怎么知道？要不再给她抽血查一下吧？"

医生："以前不是查过吗？上次查了不缺铁，那现在又有什么理由会缺？"

在德国，不论是儿科诊所还是儿童医院的医生，都拒绝给悠悠查血，他们都说，孩子如果缺铁的话，通过外表症状就能看出来，根本不需要做抽血检查。

缺铁的典型症状：

·脸发白

·无精打采，容易疲劳，嗜睡

·容易感染和生病，免疫力低下

·注意力不集中，记忆力差

而悠悠上面一项都没有，不仅体力很好，而且生病少，医生说一看就不像缺铁的。看来想在德国做抽血检查还真不容易，并不是我们想做就能随便做的。

药店也不随便卖铁剂

那我就自己去买点补铁的给女儿吃吧！可是去几个大超市找了一圈，除维生素 D 和混合维生素适合小孩吃的营养补充剂什么也没找到。

我又去了药店。德国药店的药剂师都非常专业，有专业资质，对药店销售的每一种药都了如指掌。

药剂师问："你为什么想给孩子补铁？"

我："孩子特别瘦，吃肉吃得少，我觉得她缺铁。小孩子不是很容易缺铁吗？"

药剂师："正常孩子都不会缺的。铁剂我不能随便卖给你的，你需要有医生的证明。"

我："可是医生没给我女儿做检查，就说她不缺啊……"

药剂师："那她就是不缺。铁剂不能随便吃，你女儿不缺干吗要给她补？回去给孩子多吃几个苹果吧！苹果很有营养。"

我："呃……"

去药店买铁剂的尝试也没有成功，在德国是彻底没法给悠悠补铁了。在德国，想买 6 岁以下孩子吃的补品，绝对不是件容易的事。饮食正常的孩子不需要额外吃补品。德国父母在这方面没有心理需求，生产商自然就不会去生产。

但由于女儿的食量小，我始终无法放心。为了验证德国医生的判断，回国后我带悠悠去查了血常规。拿结果之前，我还有点忐忑不安，生怕有问题，结果是全部正常！不贫血也不缺铁，我一颗悬着的心总算放下了。

宝宝是否需要补铁

从我自己的经历来看，是否需要给宝宝补铁，不能凭感觉，而要到医院查血，根据查血结果，由医生来决定。

以我女儿为例，和普通孩子比，她吃得那么少，若是严格按照食物摄入量来计算营养的话，她肯定没有摄入足够的营养。可她为什么不缺呢？德国医生和营养师就此疑问向我耐心地解释过："人体是一个很神奇的存在，对营养的摄入并不能用吃进去多少克食物、含有多少克营养、吸收率多少这样简单的乘法来计算。人体的运转机制不像电脑程序那么有可预见性。营养吸收是个复杂而庞大的过程，受到多种因素共同影响。"**人体具有自动调节功能。吃进去的铁少了，身体就会提高吸收率；吃进去多了，吸收率就会下降**。均衡膳食更能促进各种营养元素的吸收。

早就有很多研究显示，过量的铁对婴儿有害，过度补铁的宝宝易患感染性疾病，体内过多的铁会促进病原微生物在肠道的生长，对婴儿的肠道菌群形成有不利影响。有益乳酸菌只有在不存在铁的环境中才能增殖，这也是为什么母乳中几乎不含铁的原因。人类进化了这么多年形成的母乳配方是有道理的。

如果孩子已经出现了缺铁性贫血，需遵医嘱吃铁剂。不过铁剂一般只需要短期服用，不能当成饭吃。最重要的还是从饮食结构上改变，科学平衡膳食，从源头预防缺铁的发生。

如何预防缺铁

预防缺铁需要做到以下关键 4 点，也是国内家长们最容易忽略的。

半岁后开始添加肉类辅食

很多中国老人对辅食的概念仅限于米粉和苹果，然后每天一个蒸蛋，一个蒸蛋就当一餐饭了，觉得这样再加上母乳，营养就够了。事实上，宝宝的辅食和成人一样，需要均衡搭配，主食谷物、肉类、蔬菜水果和油，样样都不能少。铁的主要来源是肉类，尤其是红肉（牛肉）和动物肝脏，其次是谷物和蔬菜。

由于母乳中含铁非常少，母乳喂养到 6 个月的宝宝体内铁存量达到出生后的最低点，这时候必须靠外界营养来补充铁。吃肉是最高效的自然补铁方式，因此德国医生建议在宝宝 6 个月以后的辅食中添加肉类。我先生曾反对我给半岁的悠悠吃肉，而德国儿科医生放话了："如果不想给孩子吃肉，那就得吃铁剂。"

▌注意辅食多样化 ▌

大米是几乎所有谷物中铁含量最低的，与高铁谷物小米和燕麦相差了 5 ~ 10 倍之多，是中国宝宝容易缺铁的重要原因。事实上，小米、燕麦和麦子等谷物天然富含铁，是铁的重要来源。如果能做到主食多样化，不仅限于米粉，那么天然食物中的铁就能满足宝宝的生长需要，无须额外添加。德国所有的婴儿米粉和谷物粉中都没有添加铁，正是此理。中国宝宝若以米粉为单一主食，则需要吃强化铁的米粉。但是，再好的强化铁米粉也不如直接吃小米和燕麦来得有效，**人体对天然食物中所含铁的吸收效率要远高于人工添加的铁。**

当然，在选择强化铁的婴儿食品时应小心谨慎铁摄入超标。半岁至 7 岁的儿童每日大约所需铁 10mg。购买强化铁食物时家长应注意铁的添加量，根据自家宝宝的饮食结构作出相应决策。超高铁含量的米粉只适合在刚开始添加辅食的时候食用，一天吃两三勺即可，不适合作为适应期过后的常规辅食食用。

▌搭配维生素 C，促进铁吸收 ▌

维生素 C 可以促进铁的吸收，在吃肉的同时应搭配高维 C 食物。德国的辅食科学配方里会往含肉类的辅食里加少量橙汁或苹果汁，目的就在于利用果汁中的维生素 C 促进铁的吸收。缺乏维生素 C，铁的吸收率会大打折扣。

▌避免过量补钙 ▌

钙和铁的吸收是互相排斥的，钙摄入多了，身体对铁的吸收率就会下降。钙绝对不是多补点儿也没坏处，牛奶不是喝得越多越好。

总结

　　对于营养的吸收，吃得对，比吃得多更重要。吃得对是指合理搭配：吃肉后，多点青菜和橙子有助于铁的吸收；吃完肉后不要马上喝牛奶，因为肉里的铁和牛奶中的钙会互相排斥，肉和奶一起吃，钙和铁的吸收率都会下降。一餐饭里谷物、肉类、蔬菜和油都有，才能促进各种营养的吸收。米粉吃再多，那也只是碳水化合物，宝宝还需要其他营养来平衡。

你中了补钙的圈套吗？
盲目补钙是个坑

宝宝需要补钙吗

我们先来看看导致 1 岁前宝宝可能缺钙的常见原因：

· 分娩期间宝宝发生缺氧。

· 怀孕时患有孕妇糖尿病，可能导致孩子体内的钙水平降低。

· 某些药物如庆大霉素可降低孩子体内钙水平，甚至导致低钙血症。

· 如果宝宝喝的配方奶或牛奶中含有丰富的磷，有可能导致低钙血症。

· 染色体缺陷等罕见病因引起的低钙血症。

· 先天性甲状腺功能低下可能导致低钙血症。

· 早产儿往往容易患低钙血症。

· 母乳喂养的妈妈如缺乏维生素 D 或缺钙，宝宝可能受到影响。

· 缺乏维生素 D，摄入体内的钙不被吸收。

没有一个原因指向正常宝宝的钙摄取不足。事实上，1 岁前的婴儿只需要每日摄取 200 ～ 260mg 的钙（一杯牛奶的含钙量）就能满足生长需要。钙的最主要来源是奶和奶制品，**而 1 岁前的婴儿主要食物是母乳或配方奶，他们是最不容易缺钙的人群。**在奶量摄入正常的情况下，缺钙的可能性极小，没有额外补充钙剂的需要。尽管配方奶喂养的宝宝体内钙水平平均高于母乳宝宝，但是并没有研究证据显示，高出的钙水平对配方宝宝有任何优势。

1岁以后人体对钙的需求有所升高，1～3岁的宝宝每日钙推荐摄取量为700mg，4～8岁为1000mg。一杯牛奶（230ml左右）含有300mg的钙，按照每天350～500ml的推荐奶量换算，早晚各喝一杯，再加上吃酸奶或者奶酪（一杯酸奶也有300mg的钙，或者30g奶酪），也很容易满足1～3岁宝宝一天700mg的需求。此外，蔬菜、豆类、坚果和种子也能贡献20%～30%的钙源。

真正容易缺钙的人群是9～18岁的青少年，尤其是女孩儿。因为这个年龄段正处于孩子生长的第二个高峰期，而很多孩子在9岁以后对奶制品的摄入不如以前那么多，但身体对钙的需求量却有所增加。在此阶段，若孩子实在不愿意喝奶和吃奶制品，才有必要考虑补钙。国外绝大部分对钙补充剂效果的研究，都是针对9岁以后的人群进行。对于9岁前需要补钙的案例少之又少。

德国医生拒绝开钙片

很多人对补钙的想法是，宁多毋缺，反正多吃点钙也没坏处，那就补点吧。事实是，怎么可能没坏处？**任何营养元素补充过量都是有害的。**

我不得不承认，大的育儿环境对父母的影响真的很大。每年回国都不断有人对我说："孩子这么瘦啊，给她补点钙吧！"当周围的人都在谈论缺钙、都在补钙的时候，连一向坚持科学育儿的我也有点动摇了。回到德国后，我立刻给女儿的儿科医生打电话，请医生给我们开点钙片，理由是娃不爱喝奶，身高也偏矮。

德国医生立刻问我："悠悠每天喝多少奶？"

我："很少，就早晚一杯。"

医生："那够了，不用补钙。"

我马上补充："有时候也没喝到两杯，只喝了一杯。"

医生："不用天天喝两杯，偶尔一天不喝也是可以的！有吃酸奶和奶酪吗？"

我："有吧，偶尔吃，但不是每天吃。"

医生："那够了啊，悠悠不用补钙。"一副斩钉截铁的语气。

我又去问了几个在德国的中国妈妈，大家也纷纷表示德国医生不随便给幼儿开钙片。抱着打破砂锅问到底的精神，我去德国最大的日用品连锁超市DM逛了一圈，通常婴幼儿的食品和日用品，以及市面上常见的补品都能在DM买到。我在琳琅满目的货架前足足找了10分钟，看花了眼也没有找到一款给4岁以下孩子吃的钙片！还是不服气，我又去找来了超市的工作人员，问他们到底有没有卖给4岁以下孩子吃的钙片。对方听到我要买给幼儿吃的钙片，露出一头雾水的表情。为了确认，她又去问了她的经理，得到的答案是一样的！就是没有！最后我失望而归。

药品类的钙补充剂需要在医生确认孩子缺钙，只有在孩子因偏食（不爱喝奶、不吃奶制品）或特殊疾病而导致无法从食物中获取足够钙源的情况下，才会让给孩子服用，且只能作为短期的应急措施。长期的目标仍然是调节饮食，培养健康均衡的饮食习惯，从食物中获取营养。

要知道，与摄取营养同等重要的是身体对营养的吸收。如果体内缺乏其他营养元素，消化系统不够健康，也会影响到钙的整体吸收率。**只有均衡膳食才能保证各种营养元素被最大化吸收。**

补钙过量的危害

现在有一种怪现象，很多人觉得补品比食物还有营养。食物吃再多，可究竟吃进去了多少营养很难计算，到底够不够心里没谱；但补品是实实在在的数量标在包装上的，将一颗含有××mg营养素的补品吃进肚子里，心里觉得特别踏实。

事实上，还是那句老话道出了真理：**药补不如食补，是药三分毒。**

·摄取过多的钙会增加肾脏的负担，因为多余的钙不能被人体吸收，需要通过尿液排出。过量摄取钙会增加今后患肾结石的风险。

· 过量补钙会抑制人体对铁、镁、锌的吸收，导致这些微量元素的缺乏。

· 过量补钙还会导致便秘。

· 近年来，欧美越来越多的研究显示长期服用钙补充剂的中老年人比不吃钙补充剂的同龄人群患突发性心脏病和中风的风险至少要高出 20%。

这是因为一次性服用大量钙剂会瞬间增加血液中钙的含量，而不被吸收的多余钙会沉积在动脉血管和心脏瓣膜中，而不是如大家想象的沉积在骨头里，从而引起心血管疾病。相比之下，若从食物中摄取钙质，则没有这样的问题。因为食物中的钙分布更广泛，不会出现一次性摄取大量钙的情况，且被人体吸收需要一个缓慢的过程，不会出现瞬间血液钙含量陡增的情况。

最佳钙源是丰富均衡的食物，而不是一颗颗的钙片。

你不是缺钙，而是缺维生素 D

很多人的"缺钙"其实是由缺乏维生素 D 引起的。 维生素 D 的作用是促进钙的吸收，体内若缺乏维生素 D，喝再多的奶，补再多的钙也无济于事。然而，维生素 D 是天然食物中唯一含量有限的营养素，仅靠食补往往是不够的。它的唯一主要食物来源是海鱼。但人体可以通过晒太阳，依靠皮肤接触紫外线来合成维生素 D。很多人，包括成人和中老年人，看起来"缺钙"，其实真正缺的是维生素 D。

德国对维生素 D 的推荐量与国际上一致，从出生到 1 岁，每日 400 ~ 500 个国际单位，1 岁后每天 600 个国际单位，过量无益。

1 岁前的孩子皮肤不适合接受阳光的直射，身体利用紫外线合成维生素 D 的比例很小，而母乳中维生素 D 含量又有限，因此建议服用维生素 D 滴剂来确保宝宝对钙的吸收和骨骼的健康成长（导致佝偻病的主要原因是缺乏维生素 D）。如果宝宝喝的是配方奶，则要留意配方奶里本身添加的维 D 含量，避免重复过量补充。

维生素 D 要补到什么时候，与年龄没有关系，而要根据生活中我们有多少机会与阳光接触，有多少机会吃海鱼来决定。从 1 岁之后一直到老年，只要海鱼吃得少，又没有太多机会出门晒太阳，那么隔三岔五地吃一片维生素 D 很有必要。生活在高纬度地区的人们由于太阳斜射角度低，缺乏维生素 D 的可能性更大。孕妇尤其要注意补充。

补钙真的能长高吗

补钙能长高的传说在民间流传很久了，也是大家喜闻乐见的传说，只不过在世界范围内的学术界，目前还没有证据可以证实这个传说的正确性。科学家们为了证明补钙对长高的作用，做了不少对照组实验，结果却没有我们想象中的乐观：对于健康的孩子来说（即不缺乏营养和钙的孩子），继续补钙与长高之间没有显著联系。对于长期缺钙的孩子来说，短期补钙的效果也和没补差不多。

大家之所以认为补钙可以长高，主要是因为喝牛奶可以帮助长高，这是普遍观察到的现象，而牛奶的主要营养意义在于钙。然而，研究人员发现，之所以喝牛奶能长高，并不光是钙的功劳，还要归功于牛奶里面的许多其他营养物质，正是这些物质对骨骼的综合作用实现了长高。所以，**想长高光靠补钙是没用的，多喝牛奶更靠谱**。

事实上，当人体摄取的钙量已经达到所需值时，继续摄取没有任何意义，多余的钙不会被吸收，反而对身体有害。人体对钙的吸收率具备自我调节功能，过量摄入只会降低吸收率，同时增加身体的代谢负担。

补钙能增加骨密度吗

当满足了身体的正常需求后，即不缺钙的情况下，继续补钙的效果是微乎其微的。

结论

1. 正常情况下，如果不是有先天性缺陷或特殊疾病，喝奶和食用奶制品就是补钙的最佳方式，食补完全能够满足人体需要，没有必要额外补充钙剂。

2. 重视维生素 D 的补充，吃进身体里的钙需要在维生素 D 的帮助下才能被吸收。

3. 保证营养充足有利于长高，但是营养过剩对长高的意义却不大。再好的营养，吃过了头对人体都是有害的。有些负面作用要等到成年后才会显现出来，如肥胖症、肾结石等。对于不缺钙的孩子，靠补钙来增高、增加骨密度，希望渺小，害处倒是很明显，可谓得不偿失。

part 3

德式家庭教育

——用生活完成教育，润物细无声

用生活完成教育，
润物细无声

　　我女儿1岁半在德国进入幼儿园时，读的是小小班，专门接收1～3岁的孩子。每天早上送她上幼儿园，碰到二胎妈妈的时候，她们总是先从车里提出睡着小宝宝的安全提篮放在地上，再把老大从车里抱出来，一只手拎着安全提篮，另一只手牵着老大往教室里走。一开始我还纳闷儿过，为什么每天送老大上幼儿园的时候要带着老二一起呢，多累啊！原来，这是我潜意识里的中国惯性思维在作怪，总觉得家里应该有人帮忙。后来才想通，德国人家里没老人，也没保姆帮忙，爸爸白天要上班，妈妈当然不管去哪里都得把孩子带在身边。

　　到了教室，德国妈妈把睡有小宝宝的提篮放在地上，班里的小朋友都跑过来围观。两三岁正是对小婴儿感兴趣的年龄，看到比自己更小的小人儿，他们充满了好奇，摸一摸小婴儿的手、小脚丫，摇身一变成了大哥哥大姐姐，照顾小宝宝的情绪油然而生。而小宝宝从小就有大量接触其他孩子，观察其他孩子玩耍的机会，社交生活从一出生就开始了。班里两三岁的孩子们也对朋友的弟弟妹妹产生了兴趣，以为这是一种常态，不仅不排斥比自己年龄小的婴儿，反而很喜欢。

　　德国的早教班都安排在工作日，有了二胎的妈妈也只好把二宝带着一起去。早教老师会贴心地专门另辟一个角落铺一块软垫在地上，供二胎宝宝活动，妈妈们一边陪大宝上课，一边还要顾着一旁的二宝，一点也不轻松。如果正在忙着照顾大宝，二宝又哭了，别的妈妈见状也会过来帮忙，甚至几个带了二宝的妈妈会轮流待在二宝身边照看。早教课上的孩子们也对新来的小宝宝充满了兴趣，他们时不时跑过去观察小宝宝在干吗，和小宝宝互动。虽然偶尔动作有点大，但总体气氛是温馨有爱的。小宝宝则从小跟着大哥哥大姐姐们一起免费蹭课，有很多机会与家人以外的人接触，社交生活丰富，见世面，熏陶浸润，早教的精髓不就是这样吗？

有妈妈问我："宝宝醒着时，我一般都是和她唱歌、聊天、散步，但白天那么长，感觉她还是好无聊，请问还可以做些什么让她充实一点？"这是很有代表性的一个问题。如今大家都提倡高质量陪娃，可这又给妈妈们多添了一份焦虑：我的陪伴到底够不够高质量？

很多人误以为，高质量陪娃就是要安排一系列早教游戏，手指谣、讲故事、涂鸦、创意游戏、表演、运动、逗笑等项目马不停蹄地一个接一个送到娃面前，仿佛一停下来，孩子就无聊了，父母的陪伴质量就低了，错失了早教良机。其实，高强度的"人为早教"是没有必要的，也是不现实的。父母对自己设定这样的目标，是累了自己，也苦了宝宝。这就好比我们看一部两个小时惊心动魄的电影会觉得很爽，但如果让你一部接一部地看一整天，刺激过度，也会觉得累，也会有看不下去的感觉，不是吗？

生活就是最好的早教。最好的早教不在早教班，而在生活的耳濡目染里。高质量陪伴，既不需要一整天都围着孩子转，也不应以牺牲自己的生活为代价。父母过好自己的生活，活出精彩，孩子自然会吸收和效仿——这一点，德国父母每天都在身体力行地做着。

购物

在德国超市，常常能看到爸爸或妈妈把宝宝背在胸前，一边逛超市，一边自言自语地向宝宝描述手上正在做的事。超市其实是很好的早教场所，带孩子一起逛超市，认识和挑选食物，算账，最后由孩子来付款，都是宝贵的生活实践。

做饭

我曾经和德国妈妈抱怨，一个人在家又带娃又做饭时，悠悠总是抱着我大腿哭，不愿意一个人玩。我本以为我家孩子属于特难带的，会得到她们的同情，没想到德国妈妈的反应却很一致："那当然了，你在做饭，孩子想看你在做什么，这很正常啊！"原来，德国妈妈在做饭的时候，喜欢把孩子放在旁边的餐椅上，让孩子能够看到妈妈手头上正在做的事情，切菜时一会儿递一块蔬菜给孩子尝尝，一会儿和孩子互动一下，随时随地对孩子进行语言输入。

家务

哪有妈妈是不需要做家务的？收拾整理房间，洗衣服晾衣服，家里永远有做不完的活，但我们根本不需要等到把家务做完了再来陪娃。因为，**做家务本身就是很好的早教机会**！在孩子眼里家务就是游戏，不如把做家务这件事和高质量陪玩结合起来。

出游

国内家长的看法多是，孩子太小，少带出去点儿好，等大了再带出去。德国家长不这么看，去哪儿都把宝宝带着，不因为小宝的出生而限制父母的活动范围，更不觉得把孩子带出去是件坏事。

11 月，幼儿园组织圣马丁灯笼节巡游活动，傍晚阴雨绵绵，冷风飕飕，全体家庭撑着伞，穿着雨衣，拎着灯笼在街上巡游，而那些生了二胎的家庭也都推着小宝宝举家参加巡游，没有一个家庭把二宝留在家里。我隔着婴儿推车的雨罩一看，才 4 个星期大的宝宝，眼睛睁得大大的，手舞足蹈，虽然他不清楚周围在发生什么，不过人声鼎沸的巡游活动令宝宝看上去很激动。

冬天，我们约了几个家庭一起带孩子去山上滑雪橇，其中也有一个二胎家庭。到了雪地，他们把小宝放在提篮里面，然后把提篮搁在闲置的雪橇上。父母轮流陪在小宝身边，另一个人则带着大宝愉快地去滑雪了。白雪茫茫，天地不分，3 个月大的宝宝就在我们的笑声、尖叫声中进入了梦乡。

健身

当了妈，想恢复和保持好身材，却苦于没有时间健身？推着婴儿车也可以健身！这项运动还有一个很时髦的名字，叫推车健身，专门为生了孩子的妈妈而设计，利用每天推娃出去散步的时间跑步和健身，在德国妈妈中很流行。多花几百块大洋，买辆好点的推车，约上三两好友，一起带娃去公园散步健身吧。

这么做的好处太多了。第一，带孩子出去散步看看花花草草，鸟语花香，蓝天白云，本身就是一种全方位的感官刺激，而早教最重要的就是在环境中提供丰富的感官刺激。第二，孩子通过观察和模仿来学习，妈妈之间的聊天和社交行为对孩子也是一种良好的身教示范，同时为孩子营造了多元的社交氛围，有与同龄人接触的机会，无形中促进了社交能力的发展。第三，妈妈健身是对健康和仪表的注重，对生活品质有追求的体现，孩子在潜移默化中被妈妈的积极人生态度感染，很自然地会将这种价值观内化为自己的一部分。

除了推车健身，也可以和孩子一起做瑜伽，德国流行母婴瑜伽，妈妈带着宝宝一起上。我们也可以自己在家跟着视频做，一样能达到目的。重点不是要上多么贵的早教班，而是当了妈也不放弃追求自己的生活。我们完全可以想办法把自己的爱好和带娃结合起来，这比整天只围着孩子转效果好多了。

会友

有了孩子后，把朋友的邀约都拒绝了，因为要带娃，没时间？可以带着孩子一起去会友啊！如果朋友也有孩子，那更是一举两得，还能让孩子跟同龄人玩，连大人陪玩的力气都省了。德国人有了孩子，社交聚会是一样也不落下，把孩子带在身边，孩子常常跟着父母出去见世面，从小出入各种社交场合和派对，长大后遇到社交场合一点也不怯场，因为早就习以为常。

工作

更夸张的是，德国人连工作都能带上孩子。我去纽伦堡参加展会的时候，发现有不少出差参加展会的职场妈妈是带着孩子一起来的，她们有的把小婴儿背在胸前，有的推着推车逛展会。展会本身也有针对 3 岁以上孩子的托管中心，可以把大孩子暂放在那里。

我在电脑前工作的时候，悠悠常常会问我："妈妈，你在干什么呀？"

"我在工作呀！"

她跑过来在我电脑上乱敲一通，说："我也想工作。"

"行呀！"然后我把打好的邮件调出来，鼠标放在发送键上，告诉女儿："你按一下鼠标，就可以帮妈妈发邮件了！"我表扬她帮妈妈完成了工作，发送了一封邮件。小孩子虽然都不知道邮件是什么，但还是很自豪她可以像妈妈一样在电脑上工作呢。

总结

高质量陪娃的形式是多种多样的，专注地给孩子讲绘本、唱歌、陪玩玩具是一种，陪娃上早教班也是一种，能做到这些固然好，但这些明显的益智活动永远不可能占据孩子生活的全部，甚至由于我们时间和精力有限，可能只是生活的一小部分，这才是生活的正常状态。

生活才是真正的大课堂，孩子其实无时无刻不在生活中吸收和学习。我们不管和孩子一起做什么，都不是浪费时间，尤其像情商、社交能力这些软实力，更是只能通过生活体验来习得！**抓住生活中点点滴滴的机会，允许孩子参与到我们的生活中来，也是拓宽孩子的眼界和丰富体验的一种方法——这就是高质量的陪伴。**

别忘了我们只是普通人，普通人有家务要做，有生活要过，还想有一点自己的追求。千万别以为有了孩子后追求自己的生活就是自私的表现。实际上，父母所做的一切，孩子都看在眼里，行为上在效仿。把自己的生活过好了，同时还能尽量让孩子参与进来，就是最好的早教和陪伴。用生活完成教育，润物细无声。

德国婆婆的七宗"罪"，让我不得不服

　　我婆婆是个非常典型的德国人，她从小在严格的家教下长大，待人处事都非常严谨，追求精致完美的生活，家里时时刻刻保持窗明几净，餐桌和茶几上永远摆着鲜花，不管出不出门都会喷香水，出门必化妆。退休前，婆婆是德国中学的社工，为有心理问题或暴力倾向等问题行为的学生提供心理咨询和辅助家庭治疗，是一名教育工作者。

　　我们一家三口和公公婆婆住在同一幢房子里，地下室至二楼属于他们，三楼属于我们。虽然大家在同一个屋檐下，但是我们和公公婆婆除了共用一楼的大门，其余都是隔开的。婆婆和我们保持着应有的距离，每天不在一起吃饭，也不像中国老人那样退休后24小时帮助照顾孙辈。有时候忙起来我们一个星期才见着一面。

第一宗罪：看奶奶得先预约

　　其实，在悠悠出生前两个月，我婆婆就退休了。我们住得这么近，还以为她会给我们帮忙，没想到婆婆明确告诉我们："别指望我帮你们带孩子，那是你们自己的责任。"

在孩子刚出生的头一年，我和老公在没有月嫂、保姆、钟点工、清洁工以及老人帮忙的情况下，几乎天天都累到筋疲力尽，上气不接下气。每每向婆婆抱怨带孩子太累时，她都会用两句话回应我们："我养大了三个孩子，比你们累多了，你们这一个孩子算什么。我当然知道带孩子累，就是因为以前太累了，现在我不想再带孩子了。""又不是我要你们生孩子的，是你们自己想生的。孩子是你们的，要自己承担责任。"

纵使我和老公心里有百般无助，面对婆婆的话，我们却无言以对。

当然，我婆婆也不是个冷血的人，她有时也会主动推着孙女出去散步，让我有时间洗澡；有时也会做了晚饭，邀请我们下楼一起用餐。但时间都很短，时间超过一个小时，婆婆就会按门铃让我去把悠悠接回来。

后来悠悠大了，会自己下楼梯了，想奶奶的时候她会不经我们同意自己溜下楼去找奶奶，一开始婆婆看到小孙女自己来敲门还很热情地接待。不过随着悠悠不请自来的次数越来越多，婆婆不淡定了，她向我们发出了约法三章的通知：以后悠悠要下楼造访，必须先跟他们预约时间。有时候他们也会明确发出禁令：今天我们要休息、烤蛋糕、大扫除、健身等，不准让悠悠下来！在约法三章之后，悠悠不经我们同意溜下去，经常是失望而归。她说："没人在家。"其实我和她爸都清楚，奶奶在家，只是悠悠去的时间不对，奶奶不想开门。

这对于一个中国人来说，恐怕是无法想象的。中国老人哪一个不是迫切希望抱孙子？很多时候爷爷奶奶、外公外婆还为了抢着照顾孙子而吃醋。而德国老人却会严格控制与孙辈相处的时间，一旦超出他们的承受范围，就会毫不留情地说"不"。

不过，我倒发现，即使是这样，悠悠依然特别喜欢奶奶，每次接她回家时，她都要大哭一场，撕心裂肺地喊奶奶，不愿离开。挖掘一下原因，我婆婆虽陪悠悠的总时间不多，但悠悠的每次造访，她都会全神贯注地陪她玩，陪玩质量极高，而不是一会儿看手机，一会儿又打电话。我在楼上常常能听到婆婆和悠悠的歌声笑声，她放音乐和悠悠一起唱歌跳舞做运动；她拿出乐高得宝的情景积木，陪悠悠边搭积木边投入地扮演角色；她给悠悠讲故事；她带着悠悠在花园里玩沙玩水，即使弄得满地是沙，也无怨言；她陪着悠悠画画，教她打鸡蛋，做饼干……这么一个小时下来，就跟上了一节早教班似的，确实婆婆也挺累的，需要休息一下。

德国婆婆看重的是陪孙辈的质量，而不是时间长短。孩子来了就一定要做到全身心陪伴，如果这一刻做不到，还不如干脆不接待，绝不能降低陪伴的质量。所以，即使奶奶陪悠悠的时间不多，但每一次见面都玩得很开心，导致悠悠总挂念着奶奶，喜欢和奶奶待在一起。

第二宗罪：不给孩子喂饭

作为中国人，我们普遍最担心的是孩子没吃饱，所以家里经常出现几个老人追着孩子喂饭的画面。悠悠是个从小就不爱吃的孩子，为此我伤透了脑筋，可是比这更让我痛苦的是，我是我们家唯一一个担心悠悠不吃饭的人。她爸爸不担心，她爷爷奶奶姑姑也都不担心。孩子饭量小得可怜，就在我想方设法让孩子多吃一点的时候，却发现没人跟我站在同一条战线上，我完全是在孤军奋战。

有一次妈妈来德国，我们一起在婆婆家吃饭。正好悠悠的姑姑也来了，她给悠悠专门做了辅食。我们满怀期待地以为悠悠会多吃点，结果只吃了几口她就像往常一样不吃了。我和妈妈开始使出中国人的绝招，拿起勺子喂她，好说歹说，她才张开嘴吃了一小口。我妈妈使出浑身解数逗她笑，转移她的注意力，然后趁她嘴巴张开的时候我赶紧塞一勺子进去。正在我们为自己的功绩感到自豪，想要邀功时，我发现对面的几位德国家人脸色都不对劲儿了。我问他们："你们要不要也来喂一喂，真的很有效哦！"他们忙推辞："不不不，我们才不喂呢！"一副不赞同的语气。我不解地说："为什么只有我一个人关心孩子吃了多少？为什么你们都觉得孩子吃多吃少跟你们没关系？"

我的德国家人的回复是："我们不应该逼着孩子吃，她既然已经表现出不想吃了，那就应该立刻停止。孩子是否吃饱她自己心里最清楚，难不成孩子会傻到自己把自己给饿死吗？"

事实上，不止我公公婆婆一家这样。在孩子吃饭的问题上，德国人还真是普遍持有这样的想法。我从来没见过哪个德国人苦口婆心地劝孩子多吃点，孩子不想吃了，那就随他的便吧。德国人认为，孩子从小应该学会对自己负责，包括饮食。把自己喂饱是每个人自己的责任，不好好吃饭就会挨饿也是孩子自己应承担的后果。作为父母，我们应该给予孩子为自己负责的机会，总是替孩子做决定，孩子永远也学不会担当，永远也无法体会"承担自己行为的后果"意味着什么。

第三宗罪：我给孩子穿衣服，她给孩子脱衣服

我是那种从小被我妈妈穿很多衣服的人，虽然我知道穿太多不好，也有意识给悠悠减少穿衣量，但由于我从小被裹多了，比较怕冷，所以即使我已经尽力给悠悠少穿衣了，但在不怕冷的婆婆看来，我还是给悠悠穿太多了。

每次去婆婆那里接悠悠，我都会发现，不管我之前给悠悠穿了多少，到最后总是被婆婆脱得只剩一件T恤，即使是大冬天。而冬天以外的季节，悠悠到奶奶家后，她奶奶做的第一件事就是脱袜子，婆婆说光着脚对孩子最好。一开始我不服气，咨询了两位儿科医生，了解了光脚丫的好处之后，我对婆婆是一个大写的"服"！每次天气有一点升温，婆婆就会第一时间提醒我，明天少穿点。那感觉挺滑稽的，因为我的父母从小到大都是在降温的时候提醒我多穿点。

婆婆这种做法的直接结果就是：打造了悠悠的钢筋铁骨，很少生病。这也让我切身体会到，衣服穿得少并不会增加生病的概率。

第四宗罪：别把脏孩子扔给我

我婆婆的讲究，不仅体现在对自己有要求，对我们也有要求。有时候周末早

上悠悠要下去看奶奶，我想也就十几分钟的事，抱着还没梳头洗脸的她就下去了，反正都是自家人。结果婆婆一开门看到悠悠蓬头垢面的，马上要我回去把孩子梳洗干净再下来。

为此，婆婆也专门和我约法三章，送到她那里的悠悠，一定要：

· 头发梳整洁、脸洗干净。

· 衣服干净得体。

· 刚换上新尿布，没有屎尿屁味儿。

· 肚子吃饱了，觉睡足了。

德国奶奶的任务就是陪玩，不负责给孩子当保姆。

第五宗罪：你是妈妈你做主

在育儿上我是很乐意听我婆婆的建议的，一是因为她本来就是教育学专业毕业，退休前又从事教育方面的工作；二是我作为一个生活在德国的外国人，很多地方需要她作为本地人的经验指导。不过，婆婆在给我带娃方面的建议时，倒总是小心翼翼的，毫不越界，不管她提了什么建议，结尾处总要加上一句："这只是我的看法，你是孩子的妈妈，你做最后决定。你不需要按照我说的做。"

还记得，刚来德国的时候，我的德语不够好，对和德国人交流很没信心，不管是去儿医诊所体检，还是去参观德国幼儿园，经常都是我婆婆陪着我一起去。但她总是告诉我："你把想要问的问题事先准备一下，最好是写在纸上，我陪同你只是帮你翻译你没听懂的地方，对话主导者应该还是你自己，因为你才是孩子的妈妈。我不希望让别人觉得我是个强势的婆婆，什么都替你做主。"

婆婆的这段话让我感触很深，对于当时德语还很烂的我来说，我完全不介意婆婆替我把问题都问了，我热切希望对话由她主导。可是婆婆却不断跟我强调我这个妈妈的重要性，我的地位无可取代。在很多场合她即使有能力帮我，也不会都替我包办，希望我挑起妈妈这根大梁。

被婆婆赶鸭子上架的我，只能硬着头皮和德国人对话，用蹩脚的德语打电话预约，而我的德语水平也在一次次锻炼中迅速得到了提高。

第六宗罪：你的是你的，我的是我的

相信大家都听说过欧美人喜欢 AA 制，出国 8 年了，这对我来说一点也不稀奇。但我们家有比 AA 制更夸张的事情。在家里的地下室，有个房间是专门的洗衣房，洗衣机、烘干机都放在里面。我们刚搬进来不久，婆婆就督促我们买洗衣机。

我觉得奇怪："你们不是有洗衣机吗，容量还挺大的，我们不能共用？"

"不行。"答案斩钉截铁。婆婆说一台洗衣机哪够那么多人用？

买就买吧！我告诉婆婆，我一般只在周末洗衣服，我们的洗衣机平时只要是空的，她都可以随便使用。但是婆婆对我就没那么大方了，她天天洗衣服，天天都要用洗衣机，又没有固定时间，随时可能要用，所以我被告知，在用他们的洗衣机之前，必须先询问她，征求同意后才能用他们的洗衣机。

我婆婆在这件事上又将德国人的死板发挥得淋漓尽致。不就是早洗或晚洗一两个小时的事吗，有必要和自家人搞这么严格？在德国人看来还真有必要——这是我的洗衣机，我理所当然有权先用，才不跟你讲客气。

第七宗罪：给孩子吃硬食、喝冷水

悠悠刚刚添加辅食不久，也就是半岁后，我婆婆就开始把面包给她啃。德国面包有多硬，只有吃过的人才知道，外层硬得堪比石头。我妈妈来德国的时候吃德国面包，连称牙齿都要咬掉。德国人家里切面包的机器锋利到可以瞬间削掉手指头。就是这么硬的面包悠悠却啃得津津有味，虽然她才长了几颗牙。

不仅给吃硬面包，半岁以后，我婆婆就开始让悠悠用杯子喝水，她没有特意训练悠悠的意思，只是在她自己喝水的时候，顺便也给悠悠倒一杯。小孩子都喜欢模仿大人，很快悠悠就喜欢上了用杯子喝水。喝的水不用说，都是适温的。在德国要说喝热白开水，所有人都会像看外星人一样看你。悠悠从小习惯了喝凉水，也未出现过不适的征兆。到了中国，我妈妈给她喝热水，她还要一脸诧异地问一句："怎么是热的呀？"我妈妈每次看到悠悠喝冷水，都会怀疑地问一句："喝凉水肚子不会疼吗？"

有了婆婆这么早就启动的咀嚼训练，1岁以后我们再也没有给悠悠单独做过辅食，越硬的食物，她越喜欢吃，令我好生佩服。

德国孩子一两岁
就能独立愉快地玩耍半小时

老外们多是既玩得转派对，又有一个人独处自娱自乐的能力。很多看起来非常外向的老外，却态度极其坚定地表示，无法忍受与别人分享同一间房，哪怕是最好的朋友也不行，就喜欢一个人待在家的感觉。看到外向的朋友说出这样的话，我感到有些不可思议。

反观我自己和我周围的中国留学生朋友，大家平时多是窝在一起，一起去图书馆自习，一群人一起做饭吃饭，哪怕是窝在一间房各玩各的，也比各回各家，面对空空如也的房间要好。总之，就是不喜欢一个人待着的感觉。一个人做饭吃觉得没胃口，一个人看电影也不如两个人一起看有兴致。而身边的欧洲同学们，明明也都是一个人住，却能把生活过得有滋有味。我这才发现，我们缺乏的是独处能力，与自己愉快相处，自娱自乐的能力。

从社交生活和亲情友情爱情中获得人际交往的温暖，固然是我们所有人追求的幸福。然而，不可否认的是，所有人都需要独处能力。生活中不可能时时有人陪，拥有独处能力的人，可以在没有他人陪伴的情况下，一个人照样把日子过得有模有样。

不依附于他人，自己给自己制造快乐，才是最彪悍的幸福能力。德国人很明白这一点，所以他们很注重从小培养孩子的独处能力，体现在鼓励和训练孩子独立玩耍上。德国孩子们一两岁就能自己玩上 20 分钟到半小时，令人羡慕不已。

不要怕孩子"无聊"

如今的父母很怕孩子无聊，生怕孩子没事儿干或者发呆了，就不是高质量陪伴，耽误了孩子的大脑发育。于是，很多父母在看到孩子无所事事的时候，急于去拿玩具陪孩子玩，还有父母把孩子一天的时间安排满各种活动，把娱乐孩子视为自己最大的任务。

这样看起来"很会陪娃"的父母，到头来可能会发现，陪了孩子那么多，给足了安全感，可孩子却变得不愿意自己玩了，甚至完全不会自己玩，不管玩什么，总要拉个人陪着，否则就根本不玩，没人陪的时候只会看电视——物极必反。

德国儿童心理学家专门做过一个名为"孩子无聊后会发生什么"的实验，结果令人大吃一惊：原来，"无聊"可以激发孩子的想象力和创造力！实验中，研究人员把几个孩子留在一间空空的房间，里面只有桌子、椅子等少许日常物品，没有任何真正的玩具，然后告诉孩子们工作人员稍后会回来。

一开始孩子们也表现出了无聊的状态，他们以为工作人员很快会回来，结果等啊等，一直没等到。无聊的孩子们灵机一动，开始玩起了游戏。他们把手边的日常物品想象成故事中的各种道具，桌子椅子变成了城堡和船，在小小的房间里玩起了角色扮演，上演了一出令研究人员惊叹的自导自演戏。

该结果在独处的孩子身上也同样能观察到。**一个人的时候，孩子不会"无聊"太久，他会被独处"逼迫"着去自发娱乐自己，自己找乐子，找游戏点子。**我每次在家看到女儿躺在地上无聊，而我又忙于工作或家务时，我就会情不自禁地叫她爸爸去陪她玩，可她爸爸却理直气壮地说："孩子不需要一直有人陪玩，要培养她一个人玩的能力。她又没叫我们，让她自己发会儿呆，探寻一个人玩的乐趣。"过了一会儿，先生又蹭了蹭我胳膊，眼神示意我女儿正在一个人玩。我看到，在没人陪的时候，两三岁的悠悠经常会一人分饰几角，自言自语地与玩偶对话，一会儿演妈妈，一会儿演爸爸，一会儿又演她自己，很投入，对话栩栩如生。而这种让我看得入迷的状态，只有在她独处的时候才会出现。

创造适合独立玩的环境

后来，看了德国幼儿园老师和其他德国父母的做法，我才知道，**让孩子自己玩，自己去发现和决定想玩什么，是德国人很认可的陪玩理念。**

在德国幼儿园里，有集体活动，也有自由活动。总体来说，由老师组织和领导的集体活动只占少数，大部分时间都是孩子们自由活动，孩子需要自主决定玩什么。玩具材料都摆在固定的位置，想玩自己去拿。教育工作者的重要任务是根据孩子的游戏水平，提供适合当前年龄的游戏材料。而学龄前孩子的任务就是玩，玩是他们的工作。孩子们从小被训练主动思考玩什么，怎么玩，和谁一起玩。老师只在旁边维持秩序和安全，做出适宜的语言提示和引导，不会过多干涉孩子怎么玩。

德国家庭多是三口或四口之家，与老人同吃同住、老人24小时帮忙带孩子的情况几乎没有。这样的家庭结构，注定了德国宝宝不可能享受有人全天候陪玩的待遇，就算妈妈不工作，也要做饭、做家务。因此，从婴儿时期，德国宝宝就被培养独立玩耍能力。

其实，小婴儿天生具备独立玩耍的能力。他们躺在摇篮里，看着窗外咿咿呀呀，抑或啃自己的手指脚趾，看着悬在头上的玩具，都是在自娱自乐，处于满足的状态。家长需要做的是保护这种天生的独处能力，而不是怕孩子无聊，去逗他玩，如此反而会破坏宝宝的独处能力，让宝宝渐渐对他人的陪玩形成依赖。小婴儿一个人玩时，只要表现出满足或专注的状态，就让他静静地一个人玩一会儿好了，别去打扰。

德国的小婴儿不会被限制在围栏中。家就是孩子的玩耍区，德国宝宝多是放在地上满屋子爬的。

父母要做的是创造一个孩子可以安全独立玩耍的环境：

·不把危险易碎的东西放在孩子视线范围内。

·尖锐的桌角包上保护角。

·电源插座贴上防护套。

·不想让孩子打开的抽屉上锁。

·不想让孩子进入的区域（如厨房、卫生间、楼梯）锁好门或安装婴儿安全门。

·地板保持清洁。

做到这些后，即可放心地让孩子在地上爬着探索了。而家长则可以把自己的双手解脱出来，在一旁做饭、整理房间、叠衣服等。

宝宝喜欢翻抽屉？那就专门准备一个可以让他翻的抽屉，里面放一些孩子感兴趣又安全的小东西，让孩子翻个够。每天换几样新东西进去，给宝宝惊喜，不会玩腻。有很多孩子喜欢翻妈妈的包包，把包包里的东西翻个底朝天，那不如拿出个旧包包，在里面装上孩子感兴趣的小瓶子、盒子等物品，然后把包包扔给孩子让他翻，好奇的婴儿们可以忙上好一阵子。

对会走路的孩子，建议在家中采用开放式的玩具陈列方法，像蒙台梭利教室一样。**将玩具放在孩子看得见的地方，且有序陈列，更能引起孩子独自探索的欲望。**玩具收纳得太隐蔽，装在抽屉或箱子之类孩子不能一眼看见的地方，反而不容易勾起孩子的玩耍欲望。如家里玩具太多，建议收纳一部分不让孩子看见，只留几件想让孩子玩的摆在外面显眼又随手能拿到的地方，激发他的玩耍灵感和想象力。

玩具选择方面，则要动静结合。"动"的玩具是指适合多人一起玩耍的社交游戏，"静"的玩具适合单人玩，如积木、拼图、娃娃、汽车模型和蒙氏类玩具。"静"玩具对专注力和独处能力培养具有促进作用。

锻炼独立玩耍能力

虽说孩子天生有独处和自娱自乐的能力，但在长大的过程中，如果不去特意保持，有可能会丧失掉这种能力。除了营造适合独处的环境和不去破坏孩子独处时的满足状态，我们还需有意识地制造独处机会和锻炼独立玩耍的能力。

当然这不能操之过急，只能一步一步来，特别是对于低龄的孩子，大人的陪伴仍然是最重要的。**在孩子安全感充足的时候进行独处训练，才能达到最佳效果。**

试想一下，职场妈妈每天就只有下班后短短几个小时陪孩子，孩子黏着妈妈玩是再正常不过之事，在这么宝贵的亲子时间还训练孩子独处那是不可取的。每天与孩子相处时间最长的人，最适合训练孩子独立玩耍。

在给予孩子足够陪伴的情况下，循序渐进地从陪玩中抽身出来。当孩子玩得很专注投入时，并不需要我们一直高度参与，那不妨就在一旁做个安静的陪伴者，让孩子学习自己主导游戏，这是第一步。第二步，趁孩子玩得投入的时候，故意找一些借口短暂离开，诸如"妈妈去上个厕所，马上就回来，你先自己玩一会儿啊"，让孩子体会到，其实一个人玩也没有想象中那么差。一开始只走开1分钟就回来，然后根据孩子的反馈，逐渐将离开的时间增加至3分钟、5分钟、10分钟，但每次又都如约回来，让孩子感到妈妈说话算话，对妈妈的话有充分信任。当孩子体验过妈妈走后一定会再回来，而自己一个人也可以玩得很开心，就慢慢不再那么依赖大人陪玩。

对于非常黏人的宝宝，我们不需要离开房间，但至少可以告诉宝宝："妈妈就待在你身边不走开，但妈妈需要在电脑上工作一会儿（看看书、做饭），你自己玩一下，有任何需要，妈妈随时都在。"然后和宝宝保持一点距离，不参与陪玩，但时不时给予孩子眼神或言语上的肯定："你一个人玩得很好。""我看到你很认真地在拼图。""你和你的小汽车（娃娃）玩得很开心嘛。"听到妈妈的肯定和鼓励，孩子会备受鼓舞，而妈妈也能抽出身来做点自己的事情。

独处能力的锻炼，任何时候开始都不晚，只是开始的阶段特别需要耐心，可能短期内不会有什么效果，但坚持做下去，有意识地让孩子学习一个人玩，练就自娱自乐的能力，不仅能解放被陪玩缠身的爸爸妈妈们，更能让孩子获得受益终身的幸福能力。

学学德国人"逗"孩子的分寸：
孩子不是大人的玩具

初次见面请不要抱我

在德国，人与人之间的界限感很强，人们会注意与别人保持适当的距离，即使是亲人朋友或者父母与孩子之间，也不会随便越界。

在亲朋聚会上，德国大人初见别人家的孩子，会热情笑眯眯地与孩子打招呼，甚至蹲下来和孩子说话。但在未经孩子的同意时，不会贸然与孩子发生身体接触。若孩子表现大方，很喜欢这个大人，那么他们会顺着孩子与他进行更多互动交流；若孩子表现出怕生、不想说话，大人则会表示理解地往后退，和孩子保持一段安全距离，暂时不打扰孩子。

人多的德国聚会上，经常是这样一番情景：大人们拿着酒杯喝酒吃饭聊天，孩子们玩孩子的。对太小的孩子会有一个大人在旁边照看陪玩。偶尔孩子们穿过大人中间的时候，大人会和孩子说几句话，但大部分时候大人的注意力是不在孩子身上的。**德国人奉行的理念是：孩子不是大人的玩具，大人也不是孩子的跟班，大家都有自己的需求，让孩子们自己玩更尽兴。**极少出现几个大人围着一个小孩你一句我一句逗孩子的场景。

我和先生曾带着女儿去法国拜访一位朋友，那是一个长着大胡子、皮肤晒得有点儿黑的法国叔叔。悠悠一向比较怕男性，初次见到大胡子叔叔，她吓得一声不吭地躲在我身后，完全不敢靠近他。我们和朋友解释了悠悠行为的背后原因后，他表示理解地走开了。

后来，朋友的猫从外面回来，他抱着猫走过来问悠悠要不要摸一摸，这一举动，立刻让悠悠对大胡子叔叔的戒心减少了一半，好感突增。他俩和猫玩了一会儿，猫走后悠悠立刻又回到我身边。接下来的整个晚饭时间，朋友都没有试图"讨好"悠悠，他和我们聊着天，而悠悠则坐在桌子的一头悄悄观察着另一头的陌生叔叔。

晚饭过后，悠悠对放在角落的一把吉他产生了兴趣，朋友见状立刻拿起吉他弹奏起来，悠悠的两眼冒光，瞬间被音乐吸引，朋友停下来让悠悠试着拨弄琴弦，耐心地教她，后来又拿出手鼓与木琴和悠悠一起玩。一来二去，悠悠对大胡子叔叔完全放下了戒心，很快玩到了一起。之后的几天，她都会主动找叔叔玩，回到德国还对叔叔念念不忘。我从来没见过她对爸爸和爷爷之外的男性这么热情过。

这位朋友的做法非常值得那些想和孩子套近乎又不得其法的朋友学习与借鉴。**逗孩子可以，但目标应该是把孩子逗开心，而不是牺牲孩子的感受逗大人开心。**

中国很多大人（亲朋或熟人）见到年龄特别小的孩子会非常热情，一见面就迫不及待想抱孩子，与孩子进行亲密接触。看得出来这种热情一般是出于对孩子真诚的喜爱，但其实很多小孩都不太喜欢被不熟的人碰触身体，更别提一见面未经孩子同意就一把抱起孩子亲热了。我们在表达喜欢之情的时候，也应该先问一问孩子的感受。尊重孩子的感受，以孩子可以接受的节奏和方式慢慢靠近，给孩子一点时间观察和认识你，陪着孩子玩他感兴趣的东西，还怕孩子会不喜欢你，不和你亲近吗？

每个孩子都是一个完整的人，在"逗"孩子时考虑孩子的想法，容许孩子表现出与我们不同的一面，并把他当成有思想的人而不是物体来看待，才是与孩子相处时应有的分寸。

请勿随便给孩子贴标签

当慢热的孩子被不熟的人强行抱起来时，通常会表现出抵触情绪，甚至马上大哭起来，这种反应非常常见。很多时候孩子只是不适应这种太热情的打招呼方式罢了，他们需要一点时间去认识这个大人，而不是大人所以为的害羞、怕生、胆小、没用——请勿随便给孩子贴标签。

面对这个复杂的世界，小孩子就像一张白纸，在遇到让自己害怕或不舒服的事情时，他们不懂得掩饰自己的真实情绪，不会像成人一样碍于面子强颜欢笑，不会不好意思拒绝别人。孩子只是在出于本能地表达自己的真实感受和情绪，他们最希望的是能得到成人的理解和支持。

在孩子最需要我们关怀和支持的时候给孩子贴负面标签，不但忽略了孩子的感受，还等于在孩子这张白纸上乱写字，我们写什么就会让孩子误以为自己是什么样子。大人的一句无心之谈可能会伴随孩子一生，对他们的成长造成深远影响。

有些大人，尤其是老一辈人，喜欢用激将法对待孩子，认为孩子会越挫越勇。多说孩子没用，他就会奋起反击，变得有用了吗？多说孩子胆小，他就会因此而变得越来越勇敢了吗？事实恰恰相反，**越说孩子"没用"，他越可能内化大人打的标签，最后真的变成大人口中那个没用的人**。想让孩子拥有某种品质的最好办法是，平时多用充满信任的语言肯定和称赞孩子这方面的品质："我相信你是一个勇敢（大方）的孩子。"

德国人极少给孩子贴标签和下定义，这源于他们不随便对别人的生活进行评价和干涉的修养。这种修养德国父母从小就会教给孩子并且身体力行地示范：**每

个人都是不一样的，尊重每个个体，不随便评价别人，包括自己的孩子。德国人看到别人家的孩子夸得最多的是可爱，不过仅限于对小宝宝。对再大一点的孩子，德国人很克制，不轻易做出评价。即使要评价也是基于事实对孩子的某一正面行为进行夸奖，绝不会对别人家的孩子公然打负面标签，也不会对孩子的外表进行评价，不论美丑。因为审美没有统一标准，萝卜白菜，各有所爱。

孩子怕生，德国人说这是正常现象，很多小孩子都这样。孩子打人，德国人说这是一个发展阶段，孩子还没有学会用语言表达自己的不满，肯定不是恶意的。女孩子爱动，德国人说这个孩子运动能力强，但不会说她像个男孩子、假小子。孩子说话比别人少，德国人说每个孩子的发展节奏不一样，没什么好比的。总之，在德国溜娃和带孩子参加聚会时，完全不用担心遭到别人的点评和干涉。当妈的思想上放松和自由了，就会对自己的带娃方式越来越有信心。

孩子的事，妈妈说了算

在德国，没有人会不尊重孩子妈妈的话。不管我做什么选择和决定，只要没有虐待孩子，所有人都会对我说"你的孩子你做主"，包括我的婆婆，绝不越界。任何人在给孩子吃东西之前，都会先征询妈妈的意见："我可以给你的孩子吃这个吗？"德国人自知，没有孩子妈妈的准许，是不能随便给别人家孩子东西吃的。在给别人提育儿建议时，德国人也都小心谨慎，不到万不得已，绝不轻易开口。因为，干涉别人的生活方式是有失礼貌和教养的。就连幼儿园园长在给我提出带孩子的建议时，也在说完之后补上一句："这只是我个人的建议和看法，决定权在你。"

每一个人、每一句话都让我这个当妈的深深感到被尊重和妈妈地位的重要性。大家界限感爆表。

当然，这种对别人的尊重和界限感绝不是一朝一夕之间养成的，它与社会文化息息有关，也是教养的体现。一个从小得不到尊重、被粗暴对待、没有隐私可言的孩子，很难想象他长大了后会自动学会尊重别人。我们无法改变别人，但至少可以从自己做起，做尊重孩子、让孩子自己做主的父母。培养出懂得尊重他人的孩子也算是在对社会做贡献。

面对孩子争抢玩具，
德国人竟然是这么处理的

　　每年带女儿回国，我都有一个很大的感受，悠悠作为年龄较小的妹妹经常受到优待，当她和比她大的孩子们争玩具时，大孩子的家长们总是特别友好地用同一种语气要求自己的孩子："你是姐姐／哥哥，悠悠比你小，你要让着妹妹哦。"对这种礼让行为，我着实感到受宠若惊，因为我们在德国很少受到这种"大让小"的优待。

　　在德国，我曾带着1岁多的悠悠跟邻居2岁多的丽雅姐姐一起去家附近的农场玩，那里只有一台电动摇摇马，两个孩子以前经常一起坐，我和丽雅妈妈轮流投币。那次一开始，两个孩子玩得像往常一样热乎，也说好一起去坐摇摇马。可是等丽雅妈妈投完币，我正准备抱悠悠坐上去时，丽雅不乐意了，她坚持要一个人坐，不让悠悠上来。悠悠在一旁吵着非要坐上去，丽雅妈妈试着说服女儿无果后很快就放弃了，朝我耸了耸肩，做了个无可奈何的表情。我也只好安慰悠悠等姐姐坐完了再上去。

　　我当时想，如果换成是悠悠坐在摇摇马上，出现这种情况时，我肯定会碍于面子而尽力说服悠悠和姐姐一起坐，甚至不顾悠悠的反对"大度"地邀请丽雅坐上来。在公共场合玩时，每当有更小的孩子来拿悠悠手上的玩具时，特别是对方家长在旁边时，我总觉得如果不劝自己的孩子把玩具让给别的孩子玩一下，就会感到很不好意思。

可是我也注意到，当悠悠和其他大孩子争玩具争输了的时候，不管是公共玩具还是人家自己的玩具，德国父母都没有立即要求自己的孩子把玩具让给悠悠，他们要么顺手拿一个别的玩具来转移悠悠的注意力，要么安慰她"等哥哥／姐姐玩完了，过一会儿就给你玩啊"。

在感叹中国家长大度的同时，我开始思考：这种由大人强加的不由孩子分说的"大让小"规矩对大孩子来说有时候是不是也是一种不公平呢？

当大孩子因为不听劝而被家长强行拿走手中的玩具递给年龄较小的孩子时；当大孩子手里正在玩的玩具无端被小孩子抢走，大人没有出来主持正义，而是一味劝自家孩子让着小妹妹／小弟弟时，我在大孩子眼里看到了无助、愤怒、委屈和不被理解，各种情绪瞬间交织在一起，汇聚成一股无法言说的怒火，所有的不满都指向一个问题：凭什么大的就一定要让着小的？

仔细想想，我似乎也找不到什么合乎科学的答案。

中国自古有"礼仪之邦"的美誉，我们长期受到长幼尊卑观念的礼仪文化影响，尊老爱幼成为我们的基本行为规范之一。很多时候家长要求大孩子让着小孩子完全是一种不假思索的礼貌谦让，是刻在我们基因里的文化直觉。不可否认，尊老爱幼的礼仪本身是值得提倡的，要一个 10 岁的孩子让着不懂事的 2 岁宝宝完全在情理之中。可问题是，**有时候年龄明明只差几个月或一两岁，两个孩子都还处于懵懂状态，却要求大的一定要让着小的，是不是有点儿强人所难？**

什么时候不需要让

硬要一个正处于强烈物权意识发展期的两岁孩子让着要抢自己玩具的 1 岁宝宝，对两岁宝宝的伤害就犹如割肉一样疼。处于物权意识发展期的孩子会对自己东西的所属权尤为敏感，他们相信自己应该对自己的物品拥有绝对掌控权（事实上孩子确实有这个权利），一旦不经孩子允许就拿走属于他们的东西，会让孩子产生强烈的不安和被剥夺的感觉。相比之下，1岁孩子的物权意识还比较淡薄，对于别人的和自己的东西界限不明显。这时候与其逼迫两岁宝宝忍痛割爱，不如告诉1岁宝宝不能随便拿别人的东西，或者拿另一个玩具来转移1岁宝宝的注意力来得轻松。

让孩子学着谦让、分享需要看时机，前提是先要尊重孩子的心理发展规律和保护孩子的心理需求，强行逆规律而上，结果很可能是家长与孩子两败俱伤，达不到预期的教育效果。

几个三四岁的孩子在排队玩滑滑梯，突然一个一两岁的小宝宝冲过来无视大家的排队，直接插到最前面，她的奶奶不但不制止，还对排队的大孩子说："弟弟还小，你们让着他点啊。"如果让了，损害的不仅仅是老老实实排队的孩子的利益，更是对规则的践踏与破坏。维护规则与秩序人人有责，不能因为年龄小就不遵守。相反，规则意识应该从小培养，而不是等长大了再说。

在一些二胎家庭，家长们总是护着小的，不分青红皂白地要求大的让着小的，照顾和体谅小孩子的感受。殊不知，很多小孩子在这样的宠溺环境中养成了"倚小卖小"的心理惯性，习惯了被照顾、被体谅，却不懂得自己也需要去照顾和体谅别人的感受。而大孩子也因此受到了不公平待遇，满肚子委屈和埋怨。

比起谦让，我们更应该教给孩子的是理解和照顾别人的感受。以自我为中心是每个孩子的天性，懂得为别人考虑才是社会化和教育的结果。虽说孩子不可能在短时期内做到换位思考，但不代表我们就不用去教，不代表就可以放任纵容。

为什么可以不让

在德国幼儿园，老师们遵循先来后到原则，谁先拿到玩具谁就有先玩的权利，对抢输了的孩子老师会给予安慰，并尝试用其他替代玩具来安抚小宝宝，同时也会告诉先拿到玩具的孩子玩几分钟后就给其他孩子玩，大家轮流玩。就算到时间了孩子仍然不愿意把手上的玩具交出来，老师也不会强制孩子就范，而是继续一边和孩子商量，一边等待着孩子自己主动做出改变。一天没效，就天天说（只说但不强迫），总有一天孩子会突然给我们惊喜，变成我们期待的那个"懂事的孩子"。

这背后隐藏的教育理念，绝不仅仅是先来后到这么简单。

第一，它注重的是平等对待对每一个孩子，尊重每个孩子的需求。在德国人眼中，大小孩子的需求同等重要，不能光照顾年龄较小孩子的需求而忽略年龄较大的孩子，**一个孩子并不因年龄小就天然地拥有特权，也不因年龄大就该无条件地牺牲自己的权利。**

第二，我们必须认识到，学龄前儿童受制于生理和心理发展规律，还未发展成熟到具备真正的同理心和换位思考能力。一味要求这个年龄段的孩子让着比自己小的孩子，很可能超出了他们的能力范围。我们在对孩子提要求的同时，也应考虑到孩子的自身能力情况。

第三，不强迫。无论我们希望孩子做什么，都不应采取强迫态度。教育的终极目标是唤醒孩子追求成为一个更好的人的内在渴望，真正成功的教育是孩子自愿自发地做到，是对规则规范的内化与认同，而不仅仅是在逼迫和唠叨中变得"听话"。要想让孩子学会尊重和照顾别人的感受，那么首先他自己的感受需得到尊重。如果我们都不去尊重和维护自己孩子的感受，怎么有资格要求他去照顾其他孩子的感受呢？

生活中不难发现，那些不懂得尊重别人的人，恰恰是小时候没有受到过尊重的人。所以，在教孩子让着年龄小的孩子的同时，也别忘了尊重孩子自己的感受。我们要对孩子有信心，当孩子从我们身上感到了被尊重的力量时，一旦时机成熟，自然也懂得去尊重别人。

第四，我小不代表全世界都要照顾我。德国老师遵循的先来后到原则也算是对小宝宝的一种最自然的挫折教育。其实生活中的挫折本已无处不在，根本不需再去刻意制造。在和大孩子争夺公共玩具时，小孩子多多少少会体会到受挫，然而这并不是什么坏事，它反而能帮助小孩子逐渐意识到：这个世界并不总是以我为中心，我有我的需求，别人也有别人的。在家里爸爸妈妈和其他家人经常把我的需求放在首位，尽量满足我，但在外面不是，我也需要考虑别人的需求，没有人会像爸爸妈妈一样永远让着我。为了在外面玩到我想玩的玩具，交到我想交的朋友，我有时必须做出妥协、让步、等待或者转换思维（如交换玩具）。这些都是人生的必经经历，孩子正是在这一次次的受挫与协商中锻炼出了社交能力与情商。

如何教孩子谦让

那么我们就不需要教育孩子让着别人了吗？当然不是。不论在哪里，礼貌谦让、考虑和照顾别人的感受都是值得提倡的美德，也是获得良好人际关系的必备品质。

当我看到德国孩子在排队等着滑滑梯时，坐在滑梯口正准备往下滑的小宝宝突然站起来荡起了单杠，后面的孩子却耐心安静地排队等待着，没有催，也没有挤到前面抢着滑，我知道那一定是他们的父母曾经无数次地陪着孩子排队，无数次地告诉孩子排队时要耐心等候，催促别人是不礼貌的行为。

当我看到滑滑梯下面有小宝宝堵住了出口，坐在滑梯上的大孩子没有鲁莽地往下冲，而是一边嘴上喊着让小宝宝离开，一边耐心地坐在滑梯上等待时，我知道那一定是他们的父母曾经在遇到类似情况时无数次教育孩子，玩的时候也要注意别人的安全，不能做出伤害别人的举动。

不论是让还是被让的一方，都需要知道，谦让和换位思考必须建立在相互尊重和相互理解的基础之上。遵守规则是大前提，因为规则是对我们每个人利益的最大保护。**无视规则的礼让，不是包容，而是纵容。**挡道的孩子还小不懂事可原谅，但是他们的家长却有责任站出来教育自己的孩子不要堵住滑梯出口妨碍其他孩子，并及时抱走自己的孩子。我们既要教育孩子换位思考，考虑别人的感受，也不要忘了让孩子学会适时地维护自己应有的权利。

认真倾听和重视孩子说的话，
在德国是一种传统

孩子的话，童言无忌，所言即所想，别看孩子嘴里蹦出的话有时候挺无厘头的，但他们所说的每一句话都是他们心理活动的外在表现。父母如果希望走进孩子的精神世界，与孩子做朋友，关注和认真倾听孩子说的话，是必须做到的。

令我难忘的一幕

我曾经在德国游乐场上见到过令我印象深刻的一幕，一个小男孩兴高采烈地对着远处的爸爸喊着："爸爸，你猜猜我看到了什么？"他的爸爸听到孩子的呼唤，立刻配合地做出一副好奇宝宝的表情，大步走过来应景地问道："你看到什么啦？"孩子激动地描述："你看，那边是沙滩（其实只是个沙坑），上面停着一艘搁浅的海盗船（其实是几根横七竖八的木头）。"听到孩子对想象场景的描述，我感到特别有趣，就继续驻足听他的爸爸是如何回应的。

这位爸爸继续表演着好奇宝宝，摆出一脸吃惊状说："哇，你发现了一艘海盗船啊，真了不起！那船上都有什么啊？"

孩子继续解说："有宝藏！"

"还有呢？你还看到了什么？"

"彼得潘和胡克船长！"

"哇！他们在船上干什么呀？"

——受到了爸爸的鼓励，这个孩子不断冒出新的想法一直将故事编下去。

看到这一对父子对着眼前沙坑的几根木头饶有兴致地编着故事，我回头微笑着给这位父亲用眼神点了个赞，可是他反而对我赞许的眼神有点儿惊讶，仿佛在告诉我："你太大惊小怪了，这有什么值得点赞的，这就是我应该做的呀！"

仔细一想，我确实多次在游乐场、游泳池等公共场所见到，当德国孩子即便是对着不认识的路人猛唠嗑时（大部分德国孩子都不怕生，这与社会大环境有关系），路人也会很耐心地听孩子把话讲完，并且给出相当风趣的回应，逗得孩子和大人都哈哈大笑。

认真倾听和重视孩子说的话，在德国是一种传统。哪怕孩子的话再无厘头（其实很可能是无趣的大人没听懂），做出感兴趣和愿意听的姿态，是大人对孩子的最大尊重。

德国父母对待孩子的话的那股认真劲儿，时常感动到我。我发现，他们很愿意把自己缩小成孩子，陪着孩子一起入戏。不论是孩子幼稚的突发奇想，还是结巴的前言不搭后语，德国父母总有办法把话接下去。通过提问鼓励孩子继续丰富和扩展他的表达，抑或是在孩子表达混乱的时候，尝试将孩子的只言片语拼凑成一个完整故事，帮助孩子厘清逻辑关系。把孩子当成朋友一样聊天，孩子也把父母当朋友。

我们真的懂孩子吗

现代父母已经知道，孩子的精神世界有多么丰富多彩。可是，我们同时必须明白，孩子丰富的精神世界是否向父母敞开，取决于父母是否善于倾听。

很多人常常会自认为最了解自己的孩子，自大到认为孩子的一言一行、所思所想都在自己的掌握之中。换句话说，孩子就好比那顽皮成性的孙悟空，再怎么翻跟头、腾云驾雾，终究逃不出如来佛——父母的手掌心。而实际情况真的是这样吗？我们这一代，有多少人可以和父母进行精神交流？又有多少父母真正关心子女精神生活的质量？造成这种局面的原因难道不是因为大部分父母不懂得倾听吗？养育孩子一场，如果无法走入孩子的内心世界（却自以为走入了），是何其遗憾与悲哀！

《瓦尔登湖》的作者梭罗有句名言如是说："说出真相需要双方的合作——说的一方与听的一方。"当运用到了解孩子的心理需求上，我们可以把这句名言稍作改变：想听到真相也需要双方的合作，说的一方和听的一方。

这意味着，如果父母不注意倾听和捕捉孩子的只言片语，就很可能错过了解孩子内心真实想法的窗口。这样的粗心，后果是非常严重的，尤其是孩子进入青春期后，很多父母发现根本无法和孩子沟通。那是因为，在孩子小的时候，你没有认真听过他说的话。后来，他长大了也不想听你说话。**父母不把孩子小时候的童言童语当回事，孩子长大了也不会和父母分享心事。**

英国著名图画书大师约翰·伯宁罕通过《莎莉，离水远一点》这部绘本很传神地刻画了这一点。这本书每一页的左边和右边，分别代表着父母看到的现实世界，以及孩子脑海里上演的精神世界。读后你会恍然大悟，很多时候父母虽与孩子同居一室朝夕相处，却并不了解孩子心里在想什么。

父母看到的现实世界：要小心你漂亮的新鞋，不要踩到脏东西。
孩子的精神世界：海盗要追上来了，我得奋力划船逃脱！

父母看到的现实世界：这是我第三次，也是最后一次问你，到底要不要喝水？
孩子的精神世界：我正和海盗们殊死搏斗呢！别打扰我！

约翰·伯宁罕巧妙地通过两种画面的对比，告诉了家长教育孩子的方法：爱孩子，就应该从孩子的视角出发，倾听孩子的想法，尊重和关心他们的感受。

如何让孩子敞开心扉

当孩子向我们诉说的时候，请保持开放的态度。大人预设答案会困住孩子的想象力。

"妈妈，路边为什么要种树？"

对于这种有无限答案的问题，反问"你觉得为什么呢"，就比直接告诉孩子"因为可以吸尾气"的答案更好。

在孩子面前永远保持开放的态度，很可能孩子的回答会让我们意想不到。即便我们告诉了孩子答案，也可以鼓励他："也许你能想出更好的答案。"

当孩子向我们诉说的时候，在弄清楚事情原委之前，请勿发表见解。**急于否定和做出评价可能会把孩子想说的话堵回去。**

"妈妈，我怕！"

"这有什么好怕的！胆大点！"

"呃……"

相比无视孩子的情绪，我们更应该先承认他的真实感受，弄清楚孩子到底在害怕什么后，再想办法帮助克服。

"妈妈，老师叫你明天去一趟学校。"

"你是不是又做错什么了？你怎么老是惹麻烦？"

这种不由孩子分说就劈头盖脸地责骂，很可能让孩子以后都不敢对父母说真话。因为孩子学到的经验是，说真话反而会受到父母的惩罚，那不如沉默或说谎好了。

　　当孩子向我们诉说的时候，请仔细思索话语背后的故事。通常我们从孩子的只言片语里只能听到事情的表面，若是父母愿意多问几句，往往能发掘出孩子的更多内心真实想法。不重视孩子的话，只会让他与我们渐行渐远。

　　试想我文章开头的那对德国父子，如果爸爸没有充满好奇的接话，而用"什么海盗船啊，就是几根破木头嘛"来回应，他可能永远也无法听到后面发生的彼得潘和胡克船长的故事了。

　　总用缺乏童心的成人视角去评判孩子的世界，只会让孩子渐渐丧失与我们分享想法的兴致，亲子对话的通道变得越来越窄。倾听也是一门艺术。想让孩子听话？我们先学着倾听孩子的话吧。

国外妈妈带娃轻松？
那是因为夫妻分工合作

　　谁都无法否认带娃是一件非常辛苦的事，不管中国人还是外国人。越是重视教育的家庭，父母的付出就越多。说国外妈妈能独自一人轻松带几个娃的，一定是没在国外长期生活过。和德国妈妈们聊起带娃的辛苦，大家也都摆头叹息，纷纷表示有同感。

　　德国人带娃之所以表面看起来轻松，主要原因有二：一是他们为孩子付出的形式与我们不同；二是生活方式不同。但如何兼顾工作与孩子，是每个家庭都会面临的难题。

丽雅的家庭

　　丽雅是我的小邻居。虽然现在德国许多幼儿园都接受半岁以上的宝宝入托，但丽雅的父母决定等孩子两岁以后再去上幼儿园。可是，妈妈休完政府给予的一年福利产假后就要回去上班了，怎么办？爷爷奶奶来帮忙！

　　很多人以为国外的老人不帮忙带孩子，其实那是断章取义。很多德国的育儿杂志和书上都有提到，奶奶和外婆是解救宝妈的大帮手。德国老人虽然不会像很多中国人老人那样没日没夜地照顾孩子的吃喝拉撒睡，面面俱到，但如果和子女生活在同一个城市，很多老人都乐意每周陪伴孙子孙女几次。随着越来越多的德国妈妈选择在产假后返回职场，而不是像以前一样做全职妈妈，也有越来越多的德国老人参与帮忙带娃，分担"双职工"家庭的工作量，这一点从游乐场上出现越来越多的老人单独带娃可以明显感受到。

丽雅妈妈重返职场后并没有立刻全职工作，而是选择每周工作 15 个小时，星期一、二、三每天 5 个小时，星期四、五在家。德国很多公司，尤其是大公司，比较照顾妈妈的需求，妈妈们可以和老板商量逐步增加工作时长，每天几点开始工作也可以自己决定。

丽雅爸爸妈妈每天 6 点起床，妈妈先出门，7 点就开始上班，因为早上班就可以早下班。爸爸负责女儿早晨的起居和早餐，把孩子送到爷爷奶奶那里之后再去上班。妈妈中午 12 点下班，吃完午饭后再开车去爷爷奶奶那里接午睡刚醒的丽雅。这样，即使妈妈上午上班，还是有一整个下午的时间可以陪孩子出去玩，做到高质量陪伴。事实上这位丽雅妈妈也的确是这么做的，她几乎每天下班接完丽雅，都要带她去我们家附近的游乐场或农场玩两个小时再回家。那段时间悠悠还没有上幼儿园，所以我们也经常加入她们。

下午 5 点多，爸爸回到家陪丽雅，妈妈开始做饭。吃完晚饭后，7 点钟丽雅就睡觉了。德国孩子一般 7 点，最晚 8 点入睡，爸爸妈妈晚上还能稍作休息，享受宝贵的独处时间。

一年后，两岁的丽雅去幼儿园了，妈妈的工作时长也从 15 个小时增加到 30 个小时，周一至周四每天 7.5 个小时，周五不上班。丽雅妈妈为了每天能早点去幼儿园接孩子，将早起发挥到了极致！她现在每天 5 点就起床，6 点开始上班！丽雅和爸爸虽然不用那么早就去幼儿园和上班，但为了全家保持作息同步，他们也跟着妈妈一起起床。丽雅爸爸负责早上送孩子去幼儿园，妈妈下午 2 点下班，然后早早地就把丽雅从幼儿园接出来，带她去游乐场玩、去超市采购或者去上运动课等。星期五，丽雅照常去幼儿园，妈妈在家做清洁、收拾整理，处理家庭事务。因为家里还养了一只猫，丽雅妈妈说，她每天回到家的第一件事就是用吸尘器吸地。

我每次见到他们一家，都觉得这一家三口看起来精力特别充沛，活动总是安排得满满的，家里还永远井井有条、一尘不染。表面上看他们的时间很多，每天都有大把大把的时间陪孩子，带孩子很轻松，但我们没有看见的是别人背后的辛苦付出、高效的时间管理与夫妻合作。

很多德国人，尤其是成为父母后的德国人都喜欢选择早上早点开始上班。在德国，7点开始上班绝不在少数，8点开始已经算很晚的了。只有早起，他们才能保证每天工作8小时的情况下，还能三四点就下班。下班后单身的去健身房锻炼几个小时，有孩子的陪孩子出去玩或者上早教班，不用一下班就急着赶回家做饭。

奥利弗的家庭

奥利弗是我女儿幼儿园班上的同学，和悠悠生日只差3天，两人同一天入园。与丽雅妈妈不同，奥利弗妈妈选择等到奥利弗满两岁了再返回职场，而爸爸则一直在全职工作，每周工作40个小时。由于奥利弗妈妈所在公司的全职工作时间仅为35个小时／周，足足比爸爸的公司少了5个小时，夫妻二人权衡利弊后，决定妈妈重返职场后全职工作，而爸爸则改成半职工作，将每周工作时长从原来的40个小时降低为30个小时，这样爸爸每天只需工作6个小时。爸爸早上8点上班，下午2点下班，也是3点钟就去幼儿园接奥利弗，带他出去玩，去超市购物，或者上早教班。由于爸爸上班需开车近一个小时，奥利弗妈妈早上负责7点钟将奥利弗送到幼儿园，8点开始上班，下午3点下班，快4点到家，回家后换妈妈陪孩子，爸爸下厨做饭！

德国人带娃轻松吗？他们确实在尽最大努力抽出很多时间陪孩子，生活过得有条不紊。但每天的日常安排绝对无法用轻松来形容，而是夫妻二人使出洪荒之力在合作。每天的时间安排上爸爸妈妈近乎无缝衔接，分工明确，互帮互助，才得以营造出看起来轻松有条理的生活。

弗里茨的家庭

我女儿的幼儿园同学弗里茨的妈妈是德国 WDR 电视台旗下的一个电台主持人，每周工作 3 天，工作时间一般从下午开始延续到晚上 9 点。弗里茨爸爸每天下午 4 点下班，而我们所在的幼儿园 4 点 15 就关门，赶不及接弗里茨，所以在妈妈需要工作的那 3 天都是弗里茨的爷爷奶奶或外公外婆去接。谁说国外的老人不帮忙带孩子了？现在德国的双职工家庭也有越来越多的老人参与帮忙带娃。老外不是超人，在带娃这件事情上，大家有着很多共同的困难与苦恼。真没人帮忙的话，一样也是累个半死。

不过，国外老人帮忙带娃，多半还停留在带孩子玩这个层面。他们愿意陪孩子玩沙玩水，带孩子去游泳，去看木偶戏，去森林散步。孩子爸妈偶尔想出去逛个街看场电影，找老人帮忙带一下午或者过夜都时有发生，但是极少有父母会完全依赖老人照顾孩子的一切衣食起居。被当成保姆使用，德国老人是肯定不乐意的。他们享受的是陪孙辈玩的天伦之乐，却不喜欢承担子女的家务活。

都说欧洲人懒，但在我眼里德国人应属例外。他们不但不懒，还很勤劳。热爱生活，所以使出全力把繁忙的小日子尽可能过得愉快。重视家庭，所以选择早起上班，早早下班回家陪孩子。注重生活质量，而德国人眼里保障生活质量的一个重要因素就是有序，所以他们喜欢提前计划一切事情，提前规划好时间安排，把有限的时间发挥出最大的使用效率。

带着孩子去露营，
德国爸爸有一套

德国人对亲近自然与户外运动的热爱近乎狂热。夏日时分，父母带着孩子全家出动去湖里游泳划船，去海滩玩沙晒太阳，去森林里徒步或骑自行车都是德国人非常喜欢的亲子活动。一年里难得有几个月是暖和又晴朗的好天气，德国人的夏天一定要在户外度过，晒太阳晒个够，晒得越黑越美！

夏天，我和先生带着女儿，约了几个没孩子的朋友一起自驾前往距科隆1个半小时车程的国家公园露营。本来我还感叹先生的朋友都没孩子，没有小朋友陪悠悠玩，结果谁知正好朋友的朋友也一起来了，3个德国爸爸单独带着孩子开着各自的8座轿车，相约周末到山里露营。悠悠看到有小哥哥陪她一起玩开心不已，而我也有幸第一次近距离见证了德国爸爸们带孩子露营的全过程，眼界大开。

露营装备齐全，准备充分

在欧洲，哪里可以露营、哪里不能露营都有规定，随随便便在野外支个帐篷睡觉是不允许的。无论是搭帐篷还是开房车，都有专门的露营场地供露营爱好者们停歇。露营地一般设在风景秀丽的大自然之中，远离城市，让人忘却都市的喧嚣和烦恼，返璞归真。

露营生活虽然比在家里简陋，但德国人一点也不将就，该带的生活物品通通带上，吃饭用的可收缩桌子椅子，连孩子的餐椅也不忘记。烧烤架、篝火架、一日三餐的餐具、食物、调料通通都要自己带，露营地除了提供卫生间、淋浴间和洗碗间，其他的都得自给自足。

看着德国爸爸们一会儿从车里拿出盐、胡椒等调料摆在桌上，一会儿又拿出孩子玩的自行车和小躺椅，车子里塞得满满的，应有尽有却井井有条，我不禁暗自佩服德国人那世界闻名的规划能力。

露营地上有人开房车，房车外还连着帐篷；有人开普通轿车，晚上睡帐篷和气垫床；也有人开简易房车，更有甚者自己将 8 座轿车改装成房车。

露营是一种生活态度

我被德国人用力享受生活的态度深深感染了。为露营做准备、打包、支帐篷、把生活用品一一从车里拿出来、准备食物，周末过完又要重新收拾打包放回车里，这里面每一项的工作量都不小，但德国人累并快乐着！**他们享受的是过程而不是结果，让孩子全程参与露营准备与实施工作，也是在实践中给孩子上了一堂生动有趣的生活规划课并充分锻炼了动手能力。**我们在搭帐篷时，旁边几个四五岁的小男孩拿着锤子跑过来，主动提出帮我们钉钉子固定帐篷，一看那熟练的动作我就知道他们已经对搭帐篷的流程很熟悉，想必是和父母出来露营过多次了。

露营带给我们尤其是孩子的体验和乐趣是酒店无法比拟的。回归自然，与大地亲密接触，置身其中你会发现，原来快乐可以如此简单。

我所见到的这三个爸爸，他们的轿车里明明放了床垫可以睡觉，可孩子们却坚持要睡在帐篷里，丝毫不在乎车的舒适宽敞，反而认为帐篷里的狭小空间更加冒险刺激。

露营的一天

早上 8 点多，大家慢悠悠起床，从帐篷里钻出来。爸爸们从车上的冰箱里拿出自带的面包、黄油、火腿肉、意大利香肠、奶酪和水果，和孩子们悠闲地吃着早餐，你一句我一句，晒着太阳，谈笑风生。过了很久他们才终于吃完早饭，完全没有赶时间的意思。接下来，爸爸们开始有条不紊地准备上午划船活动要用的装备——自带气垫船需要用打气筒充气，划桨需要自己拼接。孩子们已经和露营地其他孩子打成一片，玩水玩石头，骑骑自行车，拿着捡的树枝这里敲敲那里戳戳，大人和孩子都其乐融融。

一直快到 11 点，这几个爸爸才终于准备好出发去湖里划船游泳。户外运动里，这也算是最适合和孩子一起消磨时光的亲子项目之一了。而我和先生则选择了更有挑战性的活动，决定跟着另外几个没孩子的朋友一起去爬山。

下午 4 点回来看到这几个爸爸已经带着孩子们开始吃烤肉了，吃完了又是一顿放松，孩子们在附近水池里玩着专门为儿童练习划船准备的小船。

爸爸们在帐篷前喝着酒，轻松地聊天。时不时孩子们呼唤爸爸帮忙或为了该谁玩玩具而争吵的时候，爸爸们才会跑过去帮孩子解决他们自己解决不了的问题，画面相当搞笑。

休息了一个多小时，爸爸们召唤孩子一起去森林里捡树枝和木材，为晚上的篝火烤肉做准备——晚上的重头戏要来了！孩子们高兴得欢呼雀跃，非常配合爸爸。他们拿着从家里带来的斧头和专门剪树枝用的剪刀前往森林，半个小时后，孩子们手里拿着长长的木棍，爸爸们提着几袋木材回来了。

回到营地，只见一个爸爸拿出小刀坐在椅子上，把孩子们手中拿着的木棍的一端一根接一根地削尖，动作相当熟练。另一个爸爸把木材倒进篝火架里，忙着生火，孩子们也没闲着，在一旁和着面粉，准备等下亲手烤面包。

生火是一个漫长的过程，爸爸们一边生火，一边给孩子解释着生火的技巧和工作原理，对于孩子抑制不住想去摸篝火架和火焰的好奇心，爸爸们也是耐心地讲解，一再强调火很烫很烫，摸了被烫伤了会很疼。别说四五岁的孩子听得懂，就连当时两岁的悠悠听了后都乖乖和篝火架保持距离。

篝火燃烧起来后，我这才明白刚才削尖的木棍的用途，原来是把孩子们自己揉好的面包团和香肠插在上面，然后让孩子自己举着木棍在篝火架上烤。既让孩子们亲手参与了烤食物的过程，又解放了爸爸们的双手，这会儿孩子们正聚精会神地观察着木棍上的面包在火里慢慢变色，爸爸们已经开了几瓶啤酒在一旁畅饮了。不一会儿，面包和香肠就烤好了，孩子们吃着自己亲手烤的面包和香肠，一脸的满足。悠悠在一旁见证了从生火到揉面团到烤食物的全过程，惊得目瞪口呆，她从来没见过这种玩法，等哥哥们烤完，她实在忍不住也上去尝试了一把。

吃完饭不久，8 点左右就到德国孩子的睡觉时间了。孩子们跑过来跟我们大人挨个说晚安，然后和爸爸一起钻进帐篷，在帐篷里还给妈妈打了电话，叙述了一天发生的事情，爸爸给孩子讲了几个故事。

等孩子睡着了，爸爸们才从帐篷里钻出来，继续围着篝火喝酒聊天。

对露营的感悟

那次的露营体验让我不禁回想起小时候夏天傍晚洗完澡去楼下乘凉的情景：所有的邻居都搬了竹床出来，聊天的聊天，玩游戏的玩游戏，打牌的打牌，好像一家人一样随意放松。在露营地我又找到了这种童年时过夏天的感觉，人们的帐篷和房车停得很近，一个挨一个，每家人都在自己帐篷前的空地上摆出小桌子、椅子和烧烤架，一边烧烤一边吃饭聊天，如此近的距离和浓浓的生活气息让孩子们很快就找到了家的感觉，互相串门一起玩耍变得很容易。

德国爸爸们趁着暑假的周末带着孩子去露营，既让妈妈能拥有短暂的自由时间，从平日琐碎的带娃生活中解脱出来，又增强了爸爸与孩子之间的亲子联结。孩子跟着父亲一起经历游泳划船、剪树枝、生篝火等种种户外体验，都让孩子在父亲的引导下变得更加勇敢自信。**锻炼解决问题的能力是其一，最重要的是赋予孩子对生活的热爱，对自己动手劳动获取快乐的追求，这将是让孩子终身受益并获取幸福感的生活态度。**

德国人来到山里露营，不为旅游，而是纯粹为了享受置身于大自然的体验，晒着太阳闭目养神，坐在帐篷前的躺椅上看一本喜欢的小说，或者只是简单地看着孩子们嬉戏热闹；热了就去湖里泡一泡，凉了去爬一爬山跑跑步，一切随心自由。

可以想象，拥有这种放松心态的父母一定不会动不动就焦虑孩子有没有赢在起跑线上，不会着急将自己的孩子与别人家的做比较，更不会动不动就问出"隔壁的小明比我家孩子小，为什么话已经说得比我家孩子多了，我家孩子是不是语言发育迟缓"这类问题。

尊重孩子的发展规律，让孩子按自己的节奏发展，考验的是父母的修行。父母首先要做个内心宁静、波澜不惊的父母，才能真正放下对孩子的焦虑。

part 4

德式情商教育与性格养成

——先育人，后育才

我们究竟误读了孩子多少次

一个悲伤的故事

我在爱尔兰上班的时候，遇到过一个很奇葩的德国同事。当时他刚加入公司，部门经理带着他和同事们一一打招呼的时候，他和每个人只说了一句"嗨，我是马库斯"就没有下文了。他表情拘束，双手不知道往哪儿放，给我留下的第一印象是：话少。后来工作中多次与他打交道，经常是我说好几句话，他却只回答"OK""好的"，有时甚至只是一个点头。

这完全不符合我心目中对欧美人的印象！我出国多年，见过的欧美人，不管从事何种职业，无论是学理科还是文科，不管读没读过大学，几乎个个都口齿伶俐，善于表达，表情到位，擅暖场，自来熟，很多时候明明几句话就能说清楚的问题，他们非要噼里啪啦讲个不停。可是为什么马库斯不这样呢？办公室里已经开始有同事私下用"怪异"来形容他。

我当时是马库斯的上司，和他共事比较多，知道他是一个认真工作、有责任心的人。出于好奇，也出于希望理解他的行为，我找机会和他深聊了一下。这一聊才发现又是一个家庭悲剧。

马库斯说他的父母感情不好，早就想离婚，但因为赚钱少，一直凑合着过。

父母在家很少交流，母亲经常出去，不喜欢待在家里，而父亲则对他采取高压的教育方式，每当他想表达自己的一点点不同看法时，父亲就会叫他闭嘴。

他玩玩具父亲嫌他吵，他听音乐父亲嫌他吵，他想带朋友回家玩父亲嫌他吵，他在饭桌上说话父亲也嫌他吵。所以他跟我说他不知道怎么与别人进行恰当的交谈，因为在家里从来没有锻炼聊天的机会。不仅如此，父亲的高压行为让他变得逆来顺受，失去了在别人面前表达自己的自信与能力。

听完马库斯的故事，我感到唏嘘不已，原来这种事情也会发生在德国。

后来我把他的经历告诉了几个亲密又信任的同事朋友，他们对马库斯的看法从感到"怪异"转变成了同情和理解。

之所以这么做是因为我不希望他被误解，我反而感到很庆幸，在这样一个缺爱的家庭长大，马库斯竟然没有形成有暴力倾向的反社会人格，没有走歪路，而是靠自己打工完成了大学学业并兢兢业业地工作。这样的结局，已然是一种幸运。他的父母也许不觉得儿子有什么不对劲。然而，只有马库斯自己心里清楚，他性格与能力中的缺陷根源出自何处。或许他需要用一辈子的时间去试着与自己的原生家庭和解，也可能连一辈子的时间都不够化解他经历过的痛苦，抚平他受伤的心灵。

每一个看起来很奇葩，不懂社交，不懂语言沟通的艺术，情商低，有暴力行为，情绪容易失控，胆小易焦虑，不懂拒绝别人，极度在意别人眼光，讨好型人格等有性格缺陷的人，背后一定都有一对不懂教育的父母！

人之初，性本善。没有一个婴儿会生下来就与人为恶，但父母不当的教育方式却可能把孩子不知不觉地"逼上邪路"。

没有一个孩子生下来不对世界充满了好奇和求知欲，但父母的过多干涉和限制让孩子渐渐失去了探索的欲望。

没有一个孩子不渴望成长与超越自我，但父母的事事代劳与过度保护剥夺了孩子学习进步的机会。

孩子的一切问题，都可以追溯到父母那里。

孩子的"问题"其实不是问题

带 1 岁的悠悠去德国儿科诊所体检的时候，当医生拿出听诊器正准备听她的心肺时，悠悠一手抓住听诊器想拿在手里玩，正当我想说服悠悠放开的时候，医生已经深表理解地从抽屉里拿出第二副听诊器，那第一副就留给悠悠玩了，医生点哪里，她也跟着点哪里。

抽血检查的时候，医生拿出彩色带子准备系在悠悠的胳膊上，悠悠又抓着不放，医生马上叫护士再拿一根来，之前的一根就留给悠悠玩了，正好转移了她的注意力。

试想一下，上述情况中，如果德国医生不是顺着悠悠的意愿，而是试图跟她讲她听不懂的道理，或者是把工具生硬地从孩子手里直接夺过来，换来的可能是孩子的反抗或者哭闹，那么随后的体检工作也将因孩子的不配合而变得困难重重，严重的还可能让孩子对医院留下负面印象，以后只要一说起体检，就产生抗拒心理。

很多时候，不是孩子太叛逆不听话，而是我们设置的限制太多。

孩子想自己穿鞋，那就顺着他吧。即使动作太慢，总是穿反，那也是他学习与成长的必经过程。

孩子想按电梯，那就把按电梯的机会都留给他吧。怕弄脏手，随身带上湿纸巾擦干净难道不是比压制孩子更好的选择吗？

很多时候，不是孩子无理取闹，而是我们不理解孩子的内心活动。

喂宝宝吃饭的时候，他突然想要你手上的勺子？那就把勺子给他吧，自己再去厨房拿一把。宝宝只是想研究一下这把勺子或者想尝试自己吃，用得着跟孩子拔河直到把他气哭吗？

孩子坐在餐椅上，把手上的勺子丢到地上，妈妈给捡起来了，他又丢地上，再捡，再丢，还一直咯咯笑……他是在整妈妈吗？不不，他是在做神奇的重力实验呢！我们凭什么就断定婴儿一生下来就知道重力的作用呢？

很多时候，不是孩子要故意惹怒家长，而是我们习惯了用成人思维去解读孩子的行为。

吃饭的时候，孩子把食物或水在两个碗里倒过来倒过去，多半是因为他已经吃饱了。那不如给他两个塑料碗和一杯大米（或水），让他去浴盆里倒个够吧。孩子明明是在刻苦地练习新技能，我们为什么硬要认定他是在调皮捣蛋？

刚刚收拾好的积木，又被孩子一股脑全部倒出来。他是嫌妈妈不够累吗？不不，他刚刚把一颗小珠子掉进去了，不知道用什么更好的方法能拿出来，只好把整桶积木都倒出来了……

很多时候，孩子的"问题"其实不是问题，而是父母自寻烦恼。许多"问题"和矛盾的产生，源于我们不懂孩子，源于我们对孩子行为和情绪的错误解读。正常情况下，极少会有孩子故意和父母对着干，故意做出破坏性行为，除非他感到被限制、被挑衅、不被尊重或得到的关注不够多。当看不明白孩子为什么这样做的时候，请不要急着做诛心之论。在弄清楚事情之前，请永远先假设孩子的动机是好的，只是缺少恰当的表达方式。

孩子即父母的一面镜子，孩子身上的问题都可以从父母那儿找到源头。所以，当你看到孩子出现"问题行为"时，不要急着责备孩子，先想一想是自己哪里做得不妥才会导致孩子出现这样的行为。

可怕的两岁：
自我意识觉醒

都说"可怕的两岁"，可我却觉得自我意识刚刚觉醒、特别喜欢充能干的两岁宝宝最可爱。1 岁的时候太糊，3 岁又懂得太多，恰恰是两岁的时候懵懵懂懂，天天学到新技能，嘴里动不动就蹦出新词儿和句子，一下卖萌一下耍脾气，分分钟把大人逗得又气又笑的状态最可爱。说可怕的，很可能是还没掌握与两岁娃的相处之道。

俗话说"3 岁看大"，不是没有道理。孩子大概从 1 岁多开始认识自己，到 3 岁初步形成对世界的看法。两岁的孩子正在经历人生中的第一个叛逆期，这个阶段的心理成长以及父母对待孩子"叛逆"行为的态度对孩子的性格形成有着至关重要的影响。

两岁孩子说得最多的不是"我要……"，就是"我不要……"，几乎句句都以"我"开头。

开始拒绝穿你为他挑选的衣服，而要自己选择款式和颜色："不要长裤！穿短裤！"

家里的玩具谁要是摸了，他会马上跑过去说："我的，都是我的！"反复确认。

上下楼梯的时候坚决不要人扶，谁要是敢伸手过去帮忙，必收到好心没好报的"走开！自己走"。

洗手的时候，妈妈不小心先把水龙头打开了，结果孩子暴跳如雷，边哭边喊"自己开！自己开"，命令妈妈把水龙头关上。

身高刚刚可以够到门把手了，于是主动承担了家里所有的开门关门任务，你绝对不能跟他抢！就算你一时忘记把门打开了，小小人也会提醒你："关上！关上！我来开！"

以上这些都是孩子自我意识觉醒的体现，是心理发育健康的标志。孩子开始意识到原来我可以决定事情的发展走向，我不必事事都听父母的安排，我也可以主宰自己的命运。

人与蚂蚁的最大区别是，人有自我意识而蚂蚁没有。低等动物都没有自我意识，它们的行为完全受本能支配，而人类具有理性思考分析和反省的能力，这得益于我们的自我意识。两岁的孩子开始有主见，敢于表达自我，敢于对大人说"不"是优点，而不是缺点。孩子正是通过说"不"来试探自己的能力极限和父母的底线。如果你希望自己的孩子将来成长为自信自尊，敢于给出见解，能独立思考，不啃老的人，那么这个优点应该得到父母的支持和小心保护。

怎么做呢？顺着孩子！允许孩子以自己的方式去认识世界，即使你看不懂，即使你觉得很幼稚，但孩子有自己主导事情的权利，也只有通过试错才能成长。**孩子以后是否敢于在别人面前表达想法，敢于向老师提问，敢于向权威寻求帮助，与父母在孩子自我意识觉醒阶段是否给予足够多的允许息息相关。**

让他自己选择穿什么衣服，让他自己开水龙头，甚至换尿布的时候他非要看一眼自己拉的便便，那你也得让他看！（孩子难道没有观察自己便便的权利吗？）

如果孩子最近迷上了开门关门，你可以通过演戏的方式故意为孩子创造表现的机会，比如向孩子求助："看妈妈两只手都拿了东西，没有手开门了，你能不能帮妈妈开开门呀？"让孩子新近掌握的技能派上用场，能极大提升孩子的自我效能感与自信心，增强他学习新技能的动力。

如果说一个孩子成不成"才"一半靠基因一半靠环境的话，那成不成"人"是 100% 取决于父母的教育方式。你每打压一次孩子的探索行为，他的主观能动性就减少一点点；你每忽视一次孩子的感受，他的心门就对你关闭多一点点；你每贬低一次孩子，他的自我认知就会降低一点点……

涉及安全、健康、道德与教养方面，我们要坚持原则。其他方面大可以自行斟酌松动。毕竟，我们养育孩子不是为了教会他们服从，而是为了让他成长为羽翼丰满、有能力应对风云变幻的独立人。我们有责任为孩子做好离开父母走入社会的准备。

从小培养孩子的友善，
才能将暴力行为抑制在萌芽中

我在德国生活 3 年多，在带娃上感到很省心的一点是，家长之间，不论是幼儿园的熟人朋友，还是游乐场上的陌生人，相处时都彬彬有礼。迄今为止，悠悠在外面玩的时候，没有遇到过被别的孩子打的经历，更加没见过"孩子打了别人，对方家长动粗还手"这种尴尬场面。

2015 年 12 月，我女儿 1 岁半刚进入德国幼儿园托班的时候（0～3 岁组），她在班上排老三，比别的孩子大了好几个月，甚至半岁，行动和力量上自然比别的孩子有优势，抢玩具一般都是她赢。

有一天，送她去幼儿园的时候，看到两个孩子脸上都有抓伤，我小心翼翼地试探着问德国老师："这不会是悠悠抓的吧？"老师没说话，只是看着我点点头。

我马上问："你们怎么不告诉我啊？！"

谁知老师说："这是正常现象啊！你不用担心，小孩子都有这么一个阶段的，过段时间就好了。"

结果果真如此，只过了两个月，在我和老师共同的教育下，女儿再也没有出现过打人、抓人的行为，她变成了一个能与其他小朋友和平玩耍、充满友善的孩子。

当初那些被她抓过的孩子，后来长到1岁半后，也陆续出现了打人、咬人、推人的行为，有两个孩子情节还特别严重，女儿身上也是经常带着小伤回家。

为此，德国幼儿园专门组织了一次家长会，请来了儿童心理学家坐镇给家长们科普。那晚的会议从6点半一直进行到9点半，提问的多是打人孩子的家长，怎么做才能让自己的孩子不打人？这些家长心里充满了愧疚，担心自己的孩子因为频频打人而遭人厌弃。而儿童心理学家一直在做的一件事却是安慰家长：一两岁的宝宝在团体中出现打人行为是极正常的，这是一个阶段，宝宝不带恶意，我们大人也不要用恶意去揣测宝宝。

但是，这位德国儿童心理学家也同时强调，**孩子出现打人行为大人是必须干预的，不能因为孩子小不懂事就放任自流**。干预正确的话，打人行为的持续时间不会超过6个月。

后来，应验了心理学家的话，在家长和老师的共同努力下，孩子们打人、咬人、推人的频率越来越少，甚至在大部分孩子身上已经基本消失。

德国人到底是怎么干预的呢？答案可不是制止打人这么简单，而是从心理层面着手，培养孩子的共情能力，滋养友善，从根本上抑制暴力行为的发芽。

德国儿童心理学家在家长会上给出了4条具体建议——坚持这么做能让孩子拥有高情商，成为一个受欢迎的人。

当孩子做出伤害别人的行为时，大人给出情感上的解释

当孩子打人时，我们可以对孩子说："你打了东东，他很疼，你把他惹哭了，哭得还很伤心。"

当孩子强行抱另一个孩子时，我们可以解释道："你是因为喜欢妹妹，所以想抱她，妈妈理解你。不过在抱之前，你也要先问一问妹妹的想法哦。你看，她现在不想被抱，她感到不舒服了，也做出了拒绝的表情，那我们不能强迫别人。"

劝孩子分享时也一样适用："你把好朋友的玩具抢走了，她很伤心，她现

在没有玩的了。你也不希望别人抢走你正在玩的玩具吧，你也会很伤心的，对不对？"

这样的解释可以帮助孩子关注他人的情绪，注意到自己的行为可能给别人的情绪造成的影响。这样教育出来的孩子通常有更强烈的共情能力，更多利他行为。由于对别人的感受很敏感，在为人处世中懂得照顾别人的情绪，会让人觉得相处起来很舒服。

相反地，如果经常使用下面这些"强制策略"来管理孩子的问题行为，孩子则会对别人的不幸表现得很冷漠，一副事不关己的样子。

1. 身体限制。如把孩子长时间关在小屋里作为体罚，行动上粗鲁对待孩子的身体（一把把孩子推开，却不做任何解释）。

2. 打骂等体罚。

3. 无理由地禁止某行为。只说"不"，却不解释为什么，也不给出其他选择。

如此管教行为让大人看上去"倍有面子"，权威不可挑战。但其实会让孩子感到"妈妈不喜欢我"，而不是"妈妈不喜欢我的行为"，这两者之间有着天壤之别。不仅错过了黄金教育时间，还让孩子对自己产生了消极的自我认知。更糟的是，孩子不知道家长究竟为什么生气，下次再遇到同样的问题，依旧不知道如何得体地解决。

当孩子对别人好的时候，成人对利他行为进行描述、解释和鼓励

滋养友善，不一定要等到孩子做错事之后才进行。平时多留意孩子之间的友善行为，把行为和情绪之间的积极联系描述出来。

例如：

1. 当孩子对别人好："你看，你牵着妹妹的手一起慢慢走，妹妹笑得多开心啊！你懂得照顾小妹妹，是个友善的大姐姐了。"

2. 当别人对孩子好："丽丽看你没有玩具玩，去找了个玩具给你，她还知道

你喜欢给娃娃喂奶，专门拿出奶瓶与你分享。她对你真好啊！开心吧？"

3. 孩子沟通能力有限，经常发生误会。当孩子意图是好的，行为却被别人误解的时候，及时帮孩子解释他自己的真实意图，化解误会。

如女儿幼儿园的雅各布在1岁多的时候，喜欢抓着别的小朋友的衣服不放，经常惹得小朋友大哭，老师就在一旁解释："雅各布抓着你衣服是想和你玩呢，他喜欢和你玩，不愿让你走掉。雅各布，我相信你一定是没有恶意的，可是你拉着别的小朋友的衣服不放，令他们很不舒服，也很容易导致他们摔跤。你可以换个方式，试着走到小朋友面前一起玩哦。"

这样积极正面的描述、善意的解释可以促进孩子的情绪认知，对不友善的行为有很好的预防效果。

成人作为榜样，示范友善的行为

心理学家艾伯特·班杜拉认为，**大人的榜样行为是影响儿童利他行为的最主要因素**。很多研究都证明了他的这个观点。在其中一个研究中，研究者安排四五年级的孩子和一个大人（作为榜样）一起打保龄球，赢的人每次可以得到两张糖果券。

在实验组，孩子们看到大人每次都会把自己的两张奖券捐出一张，放到一个写有特伦顿孤儿基金的瓶子里。

在另一个对照组，大人也看到了孤儿基金的瓶子，但没有捐出任何奖券。在示范阶段结束后，大人假装还有别的事情要提前离开，告诉孩子们玩完20局后回教室。这20局的结果已经被提前设计好了，每个孩子都会赢4次。

结果非常明显，目睹了捐赠行为的孩子中有63%在大人在场的时候捐了自己的奖券，即使大人不在的时候（排除为了得到表扬而做的因素），也有47.5%的孩子这样做了。相反，对照组中，自始至终没有孩子捐款。

做出慈善行为的大人并没有因此得到任何好处，孩子模仿大人的动机是什么呢？

心理学家认为，孩子会将大人的行为看成是与年长的、更有能力的人身份相匹配的更成熟的"大人"行为。因此，单纯模仿这些"更有能力的人"的行为就让孩子感觉很棒，无须其他好处来激励。

家长的行为无论好的坏的，孩子都会模仿——所以育儿要先育己。

▎大人描述出自己的友善 ▎

光示范还不足以让孩子明白友善行为背后的心理动机。儿童心理学研究表明，成人如果能把自己的友善行为及背后动机用清晰的语言描述出来，对于孩子，尤其是男孩儿的社会情绪及友善行为的发展有很大帮助。

因为，相比女孩儿来说，男孩儿对别人的表情和情绪更不敏感。大人如果不说，他们更难体会别人为什么会有这样的表情，这表情代表着什么情绪，以及这跟他接下来的行为有何联系。

在德国幼儿园里，如果一个孩子摔疼哭了起来，孩子的哭声总能引起其他小朋友的注意，这时候老师就会趁机向围观的孩子们描述："悠悠刚刚把头摔到了，她很疼很痛苦，所以她哭了（同时做出同样的痛苦表情），我现在用冰袋给她敷一敷，可以减少疼痛，这样很快她就不哭了。"有孩子在看到别的孩子哭时，会做出感同身受的心疼表情，会主动去安慰抱抱，这时老师就会表扬他是个友善的孩子，别的小朋友见了，也跟着过来安慰。要相信，人都是向善的，孩子更加如此。

生活中，我们帮别人扶住电梯门，为朋友准备生日礼物，在小区玩的时候把玩具分享给别人，地铁口上楼梯的时候帮别人抬一抬重物，在飞机上帮别人放行李箱，等等，这些孩子经常目睹的日常友善行为及背后动机，都可以用语言描述出来。日积月累，孩子就会认为这种友善是自然的，内化为自己的一部分。

爱打人是很多孩子在3岁前都会经历的一个阶段，大人干预得好的话会在几个月后慢慢消失。如果打人的行为一直持续半年以上，乃至两三年，那需要引起家长的高度重视了，这可能是严重问题的信号——爱打人说明情商和社交能力发展不足，在将来有可能成为霸凌者。然而，霸凌者本身也是受害者，通常都是家庭教育不合格的产物。家有爱打人的小孩，家长首先应检视自己的教育方式。

友善的培养始终离不开共情能力的发展。千万别低估了共情能力的重要性，它不仅可以促进儿童情绪认知、社会信息处理和人际沟通多方面能力的发展，对孩子成年后的人际交往和心理健康也极其重要。

给孩子树立正确的道德观、是非观，
永远不会太早

什么是道德

道德其实分为好几个水平，即使是成年人，每个人的道德水平也是不同的，有高有低。道德特别高尚和特别低劣的都属于人群中的少数，绝大部分人处于中间水平。

家庭即是一个小社会，孩子在家中学习如何与人相处和尊重权威。**培养一个有道德的孩子，最重要的是要教会他"己所不欲，勿施于人"的黄金法则。**在孩子学会"你想要别人怎么对待你，就怎么对待别人"之前，他首先得学会有同理心，去考虑别人的感受，学会在做事之前先想一想自己的行动可能给别人和自己带来怎样的后果和影响——这是一个人应有的底线，也是家庭教育的最基本责任。

儿童道德发展的五个阶段

儿童的道德水平发展会经过 5 个阶段。然而，不像身体发育那样，即使放任自流也能长高长大，人类道德观的发展如果没有家长的输入和引导，就不可能形成。若希望孩子成长为一个有道德的人，家长必须在童年时期的每一阶段打好基础。

阶段 1：婴儿期（0～1岁）

刚出生的婴儿没有道德感，也不会用是否有道德去评判事物，但是他们会根据自己的感觉来评判对错。在妈妈温暖的子宫里待了10个月后，来到世上的小人儿期待着这温暖的关怀将一如既往。在妈妈肚子里从来没有挨过饿，所以婴儿认为饥饿是错误的；从来没有被忽视过，所以婴儿认为孤独是可怕的；从来没有与人失去过联系，所以婴儿觉得大人的不回应是不对的。

只有被抱着、被喂奶、表达需求时得到及时回应，才感觉是对的！当婴儿在生命早期得到了无微不至的关爱和照料，他们就会发展出内在的对"正确"的看法。父母的回应在婴儿心中种下了信任和敏感的种子。

多项研究显示 **与父母依恋关系建立得好的孩子，更有可能成为有道德的人。**亲子关系缺失的孩子相比，他们最显著的差异在于更敏感——这里的敏感并不是指多愁善感、哭哭啼啼，而是指更能体察别人的情绪和需求，更懂得照顾别人的感受，是情商高的体现。

家长应该这样做：

父母是孩子最初的老师，更是道德模范。父母的照料风格已经给孩子上了重要的一课。因此，请做一个敏感的、让孩子能够信任的照料者。关注孩子的感受和需求，及时给予回应，让孩子感到无处不在的爱与理解，这样孩子也会成为一个懂得关心和照顾别人的人。

阶段 2：学步期（1～3岁）

到18个月左右，孩子开始有了"他人"的意识。学步期的孩子逐渐认识到别人与自己的共存，别人也有别人的需求，而这需求往往与自己的需求不一致，甚至是有冲突的。家里有家规，孩子必须遵守，这让他们感到沮丧。

孩子还没有能力自己去判断对错，他们只是追随自己的内心做想做的事，本能地去满足自己的需求，他们意识不到打人会对别人造成伤害。此阶段的儿童对是非对错的看法，完全来源于父母的教诲。父母教孩子什么是错的，什么是对的，他们都会全盘接受，因为这时的父母在孩子心中具有绝对的权威地位。从这时开始给孩子灌输正确的价值观也是最容易的，因为在这个阶段，父母说什么，孩子就会信什么。

他们之所以相信打人是错的，是因为爸爸妈妈是这样教的，又或者打了人后会受到大人的惩罚。如果妈妈说安慰一个正在哭泣的小孩是正确的做法，那孩子也会这么去做。父母就是孩子的道德榜样。

家长应该这样做：

·从这个阶段开始，在面对孩子的各种行为时，要及时指出哪些行为是对的，哪些是错的，怎样的行为是你期待看到的，哪些又是你不希望看到的，界限清楚分明，从小树立正确的是非观。只要孩子做错了事，对别人造成了伤害，不论有心无心，都要及时教育和纠正。

·培养孩子的同理心，滋养友善，鼓励孩子帮助他人。抢了别人的玩具，引导孩子想一想，如果别人抢了你的玩具，你是什么感受？看到有小妹妹摔倒了，我们把她扶起来，安慰一下她吧！

我们在德国游乐场玩时，常听德国父母挂在嘴边的一句话是，你要照顾别人。时刻关注身边的人的感受，在生活的一点一滴中积累。虽然不会说一次孩子就记住，但一定每一天都会有进步。

混龄的孩子一起跳蹦蹦床的时候，大孩子的父母在一旁不断提醒："小心，里面有小弟弟妹妹，你不能跳太高，跳太高了对小弟弟妹妹有危险。"

玩游戏排队的时候，后面的大孩子抱怨前面的小孩子动作太慢，没有耐心等待，父母在一旁教育："弟弟年龄比你小，动作比你慢很正常，你小时候动作还不是很慢，后面的哥哥姐姐都是耐心等着你的，你现在也要有点耐心哦。"

·让孩子对自己的行为负责。这点是很多中国家长都容易忽视的，孩子打了人，家长连忙跑上去道歉，却不教育自己的孩子。这样孩子下次还会打人，反正又不用自己负责。

在德国，我从来没有见过德国父母替自己的孩子道歉，而是要求孩子来道歉。曾经，在沙坑玩的时候，悠悠的朋友两岁半的米亚对着她的脸扔了一把沙子，当时我们都在场，两个孩子没有争吵没有抢玩具，就这么无缘无故地发生了。我猜应该是米亚闹着玩吧，两岁半的孩子也不知道不能对着别人的脸扔沙子。我没说什么，默默地拍着悠悠脸上的沙子，米亚的妈妈倒是特别严厉地开始教育自己的女儿："沙子不能往别人脸上扔，你看沙子进到悠悠眼睛里了，你把她的眼睛弄疼了，她哭了，你这么做是不对的，赶快给悠悠道歉。"米亚当然不愿意，孩子都有倔强的一面，而这个妈妈一直在教育女儿，最后拿出撒手锏："你弄疼了悠悠，你做错了，你要是不道歉的话，你就不能继续在这玩了，我们马上回家。"米亚一听妈妈使出了撒手锏，哭着跟悠悠道了歉。

让孩子为自己的行为负责，不在于让孩子受到惩罚，而在于让他明白是非对错之分，做错了就要承担后果。单纯的惩罚而不加引导，并不能帮助孩子发展出道德观和是非观。常见的"棍棒法"只会让孩子想方设法地去逃避被大人抓到，而不是去思考什么是对错。指导他们行为的不是"对与错"，而是"是否被抓到"，只要没被抓到，就都是可接受的。

阶段3：幼儿园时期（3～7岁）

在幼儿园时期，儿童道德发展的第一个里程碑到来，即孩子开始内化家庭的价值观。那些对于父母来说重要的价值观，也成了孩子的行为准则。这也意味着，**一个孩子家教好或不好，从幼儿园时期就开始出现分水岭了，一眼就能看出来。**家长们千万别再抱着把孩子交给幼儿园老师去管的思想，那简直是在坑老师。最该对孩子教养负责的，应该是父母。

一个 4 岁孩子的道德可能体现在，当看到其他孩子乱扔垃圾时，说道："我爸爸妈妈说，不能乱扔垃圾，垃圾要扔到垃圾桶里。"看到别人不排队时，大声指出"要排队"。当孩子撒谎时，他感受到的是这样的行为背叛了他与父母之间的信任，他会为自己的撒谎行为而感到自责。

一旦父母的价值观内化为孩子的一部分，孩子的行为就会受到内在价值观的驱动和指引——当然，其中也仍然需要父母不断地提醒和强化。**当他们做错事时，他们担心的不是父母的责备和惩罚，而是感到内心的内疚和不安，这种道德感的初步形成驱动着孩子主动去做正确的事情**。如果前面父母的教育工作做得好，那在这个阶段的后期，孩子会渐渐开始懂得"己所不欲，勿施于人"的道理，开始考虑自己的行为会对别人造成什么影响，明白别人也有权利和观点，知道要体谅别人的感受。

一个 5 岁的孩子在路过时绊倒了其他孩子搭的积木，导致别人大哭起来，他会因为伤害到了别人的感受而自责，并主动过来安慰哭的孩子——显而易见，这绝不是一日之功，而需要父母从小到大对孩子同理心的不断引导和培养。对比之下，一个缺乏同理心的 5 岁孩子，在面对同样的情境时，可能只会扔下一句"真是一个爱哭鬼"就扬长而去。

在遇到困难局面时，3 ~ 7 岁的孩子期望大人出面做主。他们明白"大人"和"小孩"的角色之分，并期望得到大人的"成熟"指导。他们明白什么是后果，并能理解"如果我做了，就会……"的逻辑联系：如果我打了弟弟，他会疼会哭，弟弟哭了我也会伤心的，还会受到爸爸妈妈的批评。一个家教好的孩子之所以会表现得体，是因为他已经接受了 7 年来自父母的正面引导。而一个家教不好的孩子的行为准则则是："只要不被大人抓住，我做什么都是可以的。"

家长应该这样做：

仍然继续上一阶段的三个做法，每一天都要进行。除此以外，因为孩子已经有了自己的价值观，可以开始和孩子讨论一些与道德相关的话题，激发孩子的思考。

比如，在超市买东西的时候，收银员多找了钱，你发现了，这时候你可以故意问一问孩子："我应该把钱还回去吗？"如果孩子说："又没有人发现，不用还，没有人会还回去的。"这时你可以把自己的想法大声说出来："可是这不是属于我的钱，我不应该收下。收银员还可能因为找错了钱而受到处罚，甚至可能丢掉工作。我不能这么自私，我不管别人怎么做，反正我知道把钱还回去才是对的做法，所以我要还回去。"

多和孩子进行这样的讨论，可以促进孩子对是非对错的思考与判断，形成自己的内在价值观体系。

阶段 4：7 ～ 10 岁

这个阶段的孩子基本已经从父母的教育那里吸收了"何为正确行为"的是非观。父母的价值观，变成了孩子的价值观。

如果敏感、友爱、礼貌和同理心是孩子的家庭教育传递的行为准则，那么孩子就会按照这个准则去对待他人。若是遇到与自己三观不合的同学，孩子已经懂得自己做出判断与选择，自动摒弃那些与自己家庭教育不一致的价值观。

孩子们尊重那些公平得体的权威人物。他们对孩子来说不是威胁，而是维护社会秩序的必要存在。孩子们相信他们应听从父母的教导，认为如果孩子的行为破坏了规则，就应该得到改正。他们心里有强烈的"可以做"和"不能做"之正义感，这样的正义感导致这阶段的孩子喜欢向权威告密。

正因为 7 ～ 10 岁的孩子有非常强的正义感，他们明白规则的必要性，并希望参与制定规则。他们开始意识到，孩子也可以拥有自己的观点，并开始思考哪些规则是对自己最有利的。父母可以在这个阶段将孩子的正义感和对公平的诉求运用在育儿之中。

"我可以开车载你去朋友家过夜，但前提是你得帮我洗碗。"这样的谈判通常能收到非常好的效果。

此阶段的孩子也会开始真正内化和逐渐形成自己的价值观，他们会自动遵守有意义的行为准则和摒弃不认可的行为。而对于那些家庭教育缺失的孩子，到了这个年龄段就是灾难了。由于缺乏强有力的家庭价值观的指引，孩子很容易受到同伴的影响，成为同伴压力的受害者——通俗地说，就是很容易被别人唆使，被"带坏"。

阶段 5：前青春期和青春期（10 ~ 18 岁）

孩子开始质疑家长和老师是否是绝对正确而万无一失的——也许权威并不知道一切答案呢。这个阶段，父母在孩子眼里更像是顾问，而不再是强大的权威人物。家长若是到这时才想起来教孩子是非对错，那就太晚了！这个阶段的孩子更关心的是来自同伴的看法，而不是父母的。

由于此阶段孩子最关注的点是在同伴中受到欢迎，他们极易受到同伴压力和同伴价值观的影响。如果在此之前没有打下稳固的家庭价值观基础，那在青春期孩子则有更大可能受到同伴意见和行为的影响而动摇自己的价值观。如果家庭教育价值观早已深植在孩子心中，并内化为孩子的一部分，那父母大可不必担心。这样的孩子会遵循内心的道德标准，他们会成为同伴中的领袖，而不是追随者。他们会为自己设定路线和目标，并朝着制定的目标努力，即使与周围的人格格不入，也能逆流而上！

培养一个道德健全的孩子，终究还是靠家庭教育，靠的是父母价值观的渗透，靠的是生活中每一件小事上的引导和教育。强大的家庭价值观带给孩子的不仅是好的教养，更是孩子的精神护盾，可以保护孩子不被社会上的"坏孩子"带歪带坏。如果你不早点教，以后就轮到别人来教了！

德国人培养孩子的社交能力，
用力在暗处

在德国带孩子两年半，我有一个很深的感受：德国父母特别注重带孩子玩！不仅仅是家人带着孩子玩这么简单，而是想方设法地为孩子创造与其他同龄人一起玩的机会，以及经常带孩子参加或组织与家人以外的成年人一起的聚会活动。说通俗点，德国孩子一出生就开始混社交圈子。难怪我们总觉得外国孩子大方得体不怕生，这完全要归功于他们从小到大丰富的实战社交经验。

德国孩子有哪些社交活动

爬爬班（6个月~3岁）

从孩子半岁起开始，德国社区提供一种叫"爬爬班"的亲子活动，每周一次在固定地方举行。由一个专业老师带领，妈妈或爸爸带着孩子参加。老师会组织唱歌、手指游戏和小运动游戏等，也会讲一些与宝宝发育相关的知识，解答新手父母的各种疑问。最重要的是，这个每周一见的活动让孩子找到了同龄人的圈子，宝宝们可以在活动上一起玩，彼此观察互动，妈妈们则可以在一起交流育儿经，尽情抒发育儿心得。一次活动下来，宝宝和妈妈都得到了很好的释放。

爬爬班不是真正的早教班，它的价格非常便宜，目的不是为了激发宝宝的大脑潜力，而旨在为妈妈和宝宝营造社交圈子。很多时候，妈妈们的抑郁和各种焦虑可以通过与其他妈妈交流来排解，同时德国人也提倡要尽早让宝宝与同龄人接触。

很多人觉得这么小的宝宝不懂社交，都在各玩各的。其实不然，表面上看宝宝是不懂，但宝宝是通过观察和模仿来学习的，当他们被父母的社交生活浸润时，父母的社交行为就会不知不觉地被宝宝习得！因此，当我们谈论培养孩子的社交能力时，首先要做的是让自己的社交生活丰富起来。爬爬班是德国妈妈生完孩子后的第一个妈妈社交圈，很多友谊都是在那里建立的。多带孩子参加这种活动，见识多了自然也就学会了社交。你会发现，凡是父母社交很强的，孩子社交一般也会很强；父母社交弱的，孩子社交可能强，但需要后天付出加倍的努力。

游戏小组（1岁以上）

德国社区有各种游戏小组，有的是由社区组织开展的，有的则是由妈妈志愿者自发管理组织的，加入游戏小组的父母和孩子每周定期见面1~2次，在租用或免费的游戏场地一起玩耍，场地会提供一些儿童运动设施，组织者也会开展一些游戏。

在德国，游戏小组对于那些1岁以后还没有上幼儿园的孩子来说显得尤其重要。数据显示，德国有将近一半的孩子会在3岁前进入幼儿园，那么剩下的一半孩子去哪接触同龄人呢？游乐场？公园？在这些公共场合，虽然能接触到很多同龄人，却难以建立和保持紧密的联系。

对年纪很小的孩子来说，拥有几个固定的同龄玩伴和稳定的朋友圈，对他们社交能力的发展至关重要。孩子们在和自己熟悉的玩伴玩时，和与游乐场上碰到的不认识的孩子玩时，互动状态及程度相差甚远。**对于低龄的孩子，只有和熟悉的玩伴玩时，才会上升到分享、合作、角色扮演乃至争吵等高级情感活动。**

所以，就产生了这种社区自发组织的游戏小组，相熟的成员，约定好的时间，让孩子们一起玩耍。每个成员交一点活动经费，由组织者组织室外郊游活动，填补那些没上幼儿园的小朋友的缺失。德国父母为了给孩子营造社交生活，真是操碎了心。

家庭集体出游活动

除了有组织的团体活动，德国人在进行家庭活动时也不忘加入社交的元素。最明显的表现就在于，特别喜欢约人一起结伴活动！

周末或者放假之前，父母们一起讨论的最多的话题就是"去哪儿玩"，大家七嘴八舌地交流各种游乐场和打折信息，然后约好同游。我经常能在游乐场上看到好多个德国家庭成群结队地到来，到了后把野餐布往地上一铺，父母们躺倒聊天，孩子们自己在沙坑里打成一片。

冬天时我们同一个幼儿园的 4 个家庭曾一起带孩子去山上滑雪橇，趁着周末我们 4 个家庭 12 个人排成车队，开往科隆附近的雪山，滑完后又在其中一个孩子家喝了下午茶。父母们围着餐桌吃点心喝咖啡，畅聊家常事，一旁的 4 个本就是好朋友的孩子玩翻了天。

幼儿园的群聊也是妈妈们约人的利器，每次想到一个活动，不管是要去动物园、游泳，抑或是附近有马戏团、木偶戏表演等，妈妈们都会在群里吼一声："有没有人感兴趣，想一起去的？"

不光是周末和节假日，德国父母们连工作日也不放过为孩子创造社交玩耍的机会。幼儿园放学后约着一起玩到晚饭时间再回家是家常便饭。天气好的时候，有妈妈在群里提议放学后带孩子去附近的农场玩，群里顿时一呼百应，大家接完孩子后就一起去农场了。

家庭间的互相拜访

遇到天气不那么好的时候，德国父母会很热情地邀请其他家庭到家里来玩。在幼儿园碰到其他接孩子的妈妈，她们经常会随口问一句：你们有时间吗？到我们家去玩一会儿吧？邻居也会经常给我发短信，问我们幼儿园放学后有没有时间去她家玩。正是这样家庭间频繁的交往，孩子们对玩伴的父母和家也变得非常熟悉，熟悉到不需要自己的父母陪同也能玩得开，虽然他们才两岁。

悠悠从两岁半开始，和她的两个好朋友开始在没有父母的陪伴下自己去好朋友家玩耍。我原来一直以为这种状态至少要等到3岁以后才会到来，没想到来得这么快。我们三个妈妈商量好，每天放学每家轮流去幼儿园把三个孩子接到其中一人家玩，父母到了吃饭时间再去把孩子接回家。我一周有两天省了3点钟就去接悠悠的麻烦，可以让她在朋友家玩到6点再回，算是给自己减负了。当然，也有一天我要把另外两个小朋友都接到我家来玩。不过，实际情况是，三个孩子一起玩的时候，根本不需要我陪着。她们玩得起劲，把房门都关上了，还不让我偷看呢！比起女儿平时一个人在家需要我全程陪玩轻松多了。

就这样，悠悠现在工作日有一到三天放学后和朋友一起玩，有一天上运动课，一天上音乐课，也都是和熟悉的朋友一起上，周末再和朋友约出来一起去游泳或者游乐场或其他活动。除了正常的幼儿园生活外，在幼儿园以外的时间也几乎每一天都有和熟悉朋友一起玩的机会，社交时间足够。**想让孩子外向，最好的办法就是让他保持有足够多与人接触、互动的机会。**

让孩子去朋友家过夜

去朋友家过夜在国外并不稀奇。在很多国外系列绘本中，都会有一个主题叫《第一次在朋友家过夜》，描写这一奇特的人生初体验。去朋友家过夜也是德国孩子社交生活中的重要部分，大部分人从幼儿园时期就开始了。

我小时候从来没有去过朋友家过夜，但我至今仍记得每次去我最亲近的表姐家过夜时的激动。我们一起刷牙，盖同一床被子，关了灯还一直说悄悄话，以及晚上热得乱踢被子的记忆都依然历历在目。

虽说只是换了个地方睡觉，但对于孩子来说，每一次去别人家过夜，都是一场充满未知的奇妙冒险。尤其是在没有妈妈的陪同下，孩子单独去朋友家过夜，相当于切换到了一个相对不熟悉的环境，少了家人的迁就与亲密，孩子要独立去适应别人家的程序和规矩，在某些方面还需要自己照顾自己。这一切对孩子来说都是不小的挑战，但同时，孩子面对相对陌生环境时的社交技能也得到了极大的锻炼和提升。

你若问我，西方孩子为什么看起来要比亚洲同龄孩子成熟一些？因为他们的父母从很早就为孩子创造无数需要独当一面的机会。

让孩子参与成年人聚会

外国人特别爱开派对，德国人也不例外。光是平时大人和小孩的生日聚会，互相请来请去就已经够忙了，几乎每个月都要给人买生日礼物……想约德国人，人家说忙，最常见的理由之一就是：要去给朋友买生日礼物……

成年人的生日聚会上当然以成年人为主，大多是爸爸妈妈的朋友以及家人。因此，孩子在这种社交场合有机会接触到非常多的陌生人，慢慢地也就不怕生了，并且孩子有机会观察成年人是如何玩转派对的。

不可否认，能在聚会上迅速和大量陌生人打招呼热乎起来（俗称自来熟），是职场成功的一大绝技，并非人人做得到。德国孩子从小混派对长大，成年了遇到这种社交场合，那叫一个得心应手。

重视孩子的生日派对

在德国，无论谁，不分年龄，从小到老，每年都会过生日。孩子的生日是孩子一年中最重要的社交活动之一，一定要过，而且要相当认真地过！不少父母会花很多心思布置场地，设计流程和游戏项目。德国有很多活动场地可供举办生日聚会租用，曾经我去参观一个古堡，里面的宴会大厅就被包场，供孩子们庆祝生日，租金虽然不便宜，但也都在可承受范围内。

在我看来，举办生日聚会最大的好处在于培养孩子的主人翁精神。德国父母不会一手包办，而是有意识地让孩子参与组织准备派对，孩子作为派对的主人，在准备过程中，不得不考虑客人的需求；在派对进行中，要担当起主人的角色，让自己邀请来的客人玩得、吃得尽兴，照顾好每个人的感受。

而且，开派对是很考验主人的计划和组织能力的：饮料食物、餐具、场地、娱乐项目等都需要提前计划统筹。德国孩子的领导能力和组织能力就是从小开派对培养起来的。毕竟，能成功举办一场派对，让所有人玩得开心，需要的是综合能力，令孩子飞速成长。

给我们的启示

德国人培养孩子的社交能力，用的是**"浸润法"**，竭尽所能地为孩子创造丰富的社交环境，其中包括：

1. 从婴儿时期开始就帮助孩子建立稳定的朋友圈，孩子有固定的玩伴定期见面，结伴出行。

2. 成年人与孩子的社交生活没有明显界限，父母积极主动地参与孩子的社交圈，同时也经常带孩子参加成年人的社交活动，并且这里的成年人不只是家人亲戚，还有父母的朋友，甚至可能完全是陌生人。

3. 在丰富的社交活动中，孩子不仅在自己与他人的互动中发展出社交能力，也在观察大人的社交行为中，耳濡目染地习得社交技巧。社交就和学游泳一样，一定要亲自下水试才能学会，纸上谈兵是没用的。多与人交往，能力自然就发展出来了。

4. 放手给孩子独当一面的机会，把孩子当平等的、有能力的人看待，不万事包办代劳。

5. 教会孩子玩。一个会玩的人社交肯定不会差！你能想象一个不会玩的人擅长社交吗？未来的世界掌握在会玩的人手中，赶快多带孩子见识各种玩法吧。

延迟满足能力和自控力培养
——从一颗糖开始

美国斯坦福大学著名的"棉花糖实验"让越来越多的父母认识到延迟满足与自控能力的重要性。然而，又有很多人走入另一个极端，他们故意在婴儿哭的时候不把孩子抱在怀里安慰，孩子饿了还故意不给奶吃，故意拿走属于孩子的东西，剥夺年龄稍大的孩子和父母亲密的时刻，美其名曰"延迟满足"，不能无条件、无底线满足孩子，要适当进行挫折教育。

这种刻意不满足绝不是培养延迟满足与自控力的正确方式。孩子的本能需要和正常需求得到了满足才能培养出一个安全感满满、自信心满满的孩子——而这是其他一切能力的基础。**刻意不满足，对孩子来讲可能是伤害。我们不可能指望一个从来没有被满足过的人能抵挡住诱惑。**试问一下，一个被父母规定一年只能吃一次糖的孩子和一个规定每星期能吃一次糖的孩子，哪个更可能在斯坦福的实验中坚持到最后？为什么有的人破产多次还能东山再起，而有的人一次学费被偷，就觉得整个天都塌下来了，抑郁而终？那些能再站起来的人，是因为他们见过世面，曾经的成功经历让他们看得到希望，所以他们即使破产了，在精神上也仍然是富裕的。强大的自信和毅力以及对未来的希望支撑他们重新爬起来。

见过了世面，才不会被一点小诱惑打败；看得到希望，才有勇气坚持下去。要培养孩子的延迟满足与自控能力，就要先满足这两个条件。

圣诞倒计时巧克力盒

德国人爱吃甜食，但他们也知道甜食吃多了对身体不好。为了满足小孩子天生喜爱甜食的欲望，同时又不养成暴食甜食的坏习惯，德国人对孩子吃甜食的要求是适时适量，而不是绝对禁止。

每到 12 月，德国商店就开始卖圣诞倒计时日历，通常倒计时日历上有 24 个小门，每个门里面装了一块巧克力。孩子从 12 月 1 日开始，每天打开一扇门，吃一块巧克力，直到 12 月 24 日平安夜的到来。

悠悠平时就是个很爱吃巧克力的孩子，她的爸爸和爷爷奶奶与很多德国人一样，都是巧克力的疯狂爱好者，在巧克力上她算是"见过足够的世面"。所以，起初我并不相信她有能力做到每天只开一扇门，控制只吃一块巧克力。

12 月 1 日，悠悠从幼儿园回来，我把圣诞倒计时日历送给她，告诉了她使用规则。难得收到妈妈送的巧克力，跟天上掉馅饼一样，她开心得手舞足蹈。很快她打开了第一扇门，吃掉了第一块巧克力。我告诉她，要等到明天才能开第二扇门。我走开了一会儿，回来后发现她已经打开了第二扇门。我赶紧说："宝贝，每天只能打开一扇门，吃一块巧克力，这是这个倒计时日历的使用规则。你今天吃掉了明天的，明天就没有吃的啦！我们把这块巧克力放回去好不好？"没想到，她竟然听懂了，很配合地把已经到手的巧克力又放回盒子里。这让我意识到，两岁半的孩子其实已经具备了一定的延迟满足能力。

之后的每天，她吃完一颗后会自己主动把日历交给我，让我放回柜子上，嘴里还唠叨着："明天再吃。"我也赶紧肯定她的成就，说道："对的，你做得很棒，每天吃一颗，今天的已经吃了，明天再吃下一颗。"她点头表示同意。

孩子之所以这么爽快就答应，是因为她知道明天还会有的——第二步，看得到希望。

我还注意到，从使用日历的第二天开始，她拿到巧克力时不再是迫不及待地马上往嘴里放，而是要先瞻仰一番那每天仅有一颗的巧克力！她拿着巧克力，贴近鼻子闻一闻，挨着嘴唇亲一亲，那享受的表情就像在做巧克力广告似的。有时候，她还要拿着巧克力满屋子跑一跑，盯着巧克力傻笑，对着巧克力自言自语几句，最后才满足地咬下一小口，一小口一小口地慢慢吃完。

看到女儿吃巧克力的这一幕，我惊呆了。一个小小的倒计时日历竟然可以帮助孩子控制自己的欲望和延迟满足。两岁半的她已经学会不马上一口吃掉，而是先等待片刻，憧憬一下即将发生的美好，然后才一点点地慢慢享用。用这种方式，她延长了享受一块巧克力的时间，增加了自己的幸福感。

形成鲜明对比的是，有一次，正当悠悠沉浸在瞻仰她刚到手的倒计时日历巧克力的幸福之中时，她爸爸又从别的地方拿出一块巧克力，悠悠马上就想要，我告诉她先把手里的吃完再要，谁知她迅速把手里的巧克力囫囵塞进嘴里，然后立刻伸手拿我手上的。平时那细嚼慢咽、细细品味的画面消失殆尽。

这个小小的举动带给我不少启示：给孩子的不能太多，过多会因为来得太容易而不珍惜；过少又会由于匮乏感而经不住外面的诱惑。最好给孩子一个可预见的量，一个事先约定好的量，每天就这么多，吃（用）完了就完了，剩下的还在那里，看得见不会跑，但是要等到明天才能吃（用）。不建议把剩下的部分藏起来，这样做反而是剥夺了培养孩子延迟满足的机会——**延迟满足的核心在于面对诱惑时的自控能力**，若家长人为地将诱惑与孩子隔断，孩子也就不需要调动自控能力了。相反，将剩余部分摆在孩子看得见却够不着的地方，既是诱惑，也是希望——今天克制一点，明天才继续有的吃。有了希望，孩子在心理上会更容易克制住此时此刻的欲望。

与孩子约定糖果日

若无法接受孩子每天吃甜食，可以和孩子约定每周吃甜食的时间。瑞典曾经实验证明：设定"糖果日"对减少孩子的龋齿有显著效果。在实验中，父母和孩子约定每个星期六为吃糖时间，而其他 6 天绝对不允许吃。这个约定要和其他家庭成员达成一致，爷爷奶奶舅舅姑姑等绝对不可以在星期六以外的日子过分引诱孩子。如果孩子在糖果日以外的 6 天从别人那里收到糖果，可以把糖果攒在抽屉里，等到了星期六再拿出来吃。事实上，有了"糖果日"约定后，很多孩子都能自觉遵守，他们从别人那里得到糖果后，会自觉把糖果交给妈妈保管，星期六再吃。

这个约定的目的在于唤起孩子的内在自控力，让孩子自愿监督自己。**尊重和信任是唤起孩子内在自控力的前提条件**。当孩子偶尔一两次没有遵守约定时，切忌大肆批评或者惩罚孩子。偷吃一两颗糖果对他们学习克制欲望来说并没有多么不良的影响，孩子应该感到他有自己选择吃或者保存起来的自由。一般来说，只需要对孩子指出"你没有遵守约定，我不高兴了，我不赞同你的行为"，就足以限制孩子的行为和让他们感到内疚——让孩子感到，他们不是在服从我们，而是去遵守我们之间达成的协议。孩子认识到错误后，我们不批评不添枝加叶，而是满怀信心鼓励孩子一句："妈妈相信你下次一定能控制住，会变得越来越好，我对你有信心。"试问有哪个正常的孩子听了这样的鼓励还会不往好的方向发展？

只在特殊日子送玩具

按照德国传统，孩子们一般只会在一年中几个特定日子收到礼物（玩具）：在圣诞节和生日这两个大日子，孩子们会收到亲人朋友送的超多礼物；复活节和圣·尼古拉斯节也能收到一些小礼物。其余时间德国父母不会随便给孩子买玩具。这么做的一个明显好处是：延迟满足。

把想要的玩具列在清单上，等到下一个节日或生日才能收到。这和三天两头就收到新玩具相比，一方面延长了期待的时间，另一方面也增添了仪式感。一年之中只有那么几个重要日子才会收到包装精美的礼物，让孩子不由得增加了对礼物的重视和收到礼物时的幸福感。俗话说，物以稀为贵，孩子若是经常收到玩具，也就不太珍惜自己的玩具，玩什么都是三分钟热度——因为他总觉得，过几天爸爸妈妈又会给我买新的玩具。而我们却以为，这次买的玩具不够好所以孩子才不认真玩，要继续给孩子买更好的他就会认真玩了——恶性循环永无止境。

　　不妨试一试，把孩子想要的玩具或其他东西先暂时藏起来。等到了特别的日子，用精美的包装纸包装好后再拿出来给孩子一个惊喜，为生活增添一点仪式感，也顺便培养孩子的延迟满足能力。不过要提醒大家的是，虽然孩子在过节时一次性收到很多礼物，但并不表示他要同时玩所有玩具。家长仍然可以根据孩子的需求一次只摆两三件玩具在外面，隔一段时间给孩子换换。

培养孩子的独立性，
生活中处处充满了机会

我带孩子越久，越觉得育儿是由贯穿在生活中的每一件小事、一言一行组成的。德国教育一直反对用传统的教学形式对待幼儿，而提倡用生活完成教育——这句话听起来相当宽泛，其实里面包含了无数的生活细节。就培养独立性而言，可谓生活中处处充满了机会。

适时"示弱"，给孩子担当的机会

孩子到了一岁半到两岁时，会经历自我意识觉醒的阶段。他们不再满足于事事被大人包办，而希望自己亲自去尝试，他们会强烈要求自己穿鞋子，自己开门，自己按电梯，等等。

出现这样的自我意识是好事，也是儿童发展的必经阶段。如果我们顺着孩子的意愿顺水推舟，他们就会自然而然变得越来越独立，能力也在一次次练习中得到发展；而如果我们频繁打压孩子的尝试意愿，因为各种为了自己方便的理由，不给孩子尝试的自由，他们则可能对自己的生活渐渐失去掌控感，变得依赖大人为自己做主，不敢表达自己的看法，自信心低下。

生活中父母可以顺水推舟的地方非常多，只要孩子力所能及的事情，我都会适时"示弱"，给孩子表现的机会，说起来，这还很需要父母的演技呢！

例子 1：

我们家的衣服是用脏衣篮收纳的，攒了一篮子衣服后，我就会和女儿一起把篮子拿到地下室的洗衣房去洗。从拿篮子开始，我就用撒娇的语气对女儿说："宝贝，妈妈两只手都用来拿篮子啦，没有手开门了，你可不可以帮妈妈开门呀？"悠悠每次一听到我需要她的帮忙，就特别兴奋，连忙冲过来，嘴里高喊着："好，妈妈我帮你开门！"

门开了后，我们一起下楼梯，悠悠又问我："妈妈，我帮你拿篮子吧？"其实篮子根本不重，不过既然孩子这么乐于助人，我为什么不支持她的天性呢？于是我让她抬篮子的一头，我抬另一头，我在前她在后缓慢地下楼梯。其实，她明明就是在给我帮倒忙，因为她抬着篮子走得特别慢，我每下一步都要等着她，比一个人拿篮子效率低多了。不过，那又怎样呢？我又不赶时间，这不也是陪伴和教育孩子的一种方式吗？

我一边下楼一边对悠悠说："谢谢你的帮忙，宝贝，让妈妈轻松很多！没有你的帮助，我一个人抬篮子好重，你真是妈妈的小帮手啊！"女儿听到这里，原本已经开心的脸笑得更自豪、更满足了，嘴里还重复着我的话："是的，我是妈妈的小帮手！"

到了地下室，还没等我说话，她已经冲到我前面，帮我打开灯，因为她知道我拿着篮子"没手了"。又帮我把洗衣房的门打开，然后我们开始准备洗衣服。我让女儿帮我把衣服塞进洗衣机，关上门，我调到正确的程序后，让她按一下开关按钮，哗哗哗……很快就能听到放水的声音。悠悠听到这声音，总认为是她自己启动了洗衣机，别提多骄傲。

做完后一定别忘了感谢孩子的帮忙，因为在孩子心里，能帮上大人的忙，是一件特别有成就感的事，乐此不疲，从而形成良性循环。

德国幼儿园中这种例子也是不胜枚举。某周五去接悠悠，看到孩子们正和老师们在走道里一起抬装满了刚换下来的床单的篮子，老师在前，孩子在后，老师时不时回头鼓励一句"做得真棒"。我当时清晰地看到了洋溢在女儿脸上那自豪的笑容。老师的这么一个小小举动，就能让孩子强烈感受到自己的存在感和价值——这是我们人类最基本的心理需求之一，即使是孩子也不例外。

除此以外，德国幼儿园让孩子吃完饭帮忙收盘子，收拾玩具，大孩子照顾小孩子，等等，都是在通过给予孩子担当的机会，培养他们的独立意识和自信。

不立刻帮忙，鼓励孩子自己想办法

生活中，我其实是一个很懒的妈妈，具体点说是身体很懒，脑子很勤快。每年回国的时候，国内朋友和家人见到我带娃的方式，都惊讶得直呼："你到底是不是亲妈啊？"

的确，我一向认为带娃时，需要一点"后妈风范"。对孩子照顾无微不至的妈妈不一定就是最好的，懂得该放手时就放手，孩子才能真正成长和独立。

▍例子 2：▍

我在家经常对女儿说的几句话是"自己想想办法哦""你可以自己搞定哦"。她想拿书架上的东西够不着，找我求助，我一边忙着手上的事，一边轻盈地对她说："宝贝，妈妈现在切菜忙不过来，你自己想想办法呢。这个很简单，你肯定搞得定的。"我希望透过轻盈的语气，让悠悠感到妈妈对她满满的信心，轻盈的语气暗示了这是一件妈妈认为悠悠自己能想办法搞定的事情，根本用不着妈妈的帮忙。

果然，每次受到我的鼓舞，女儿都会去自己想办法解决问题，不管最终能否解决，但至少她愿意尝试，愿意动脑筋。1岁多时够不到东西，她把我们家的脏衣篓翻过来扣在地上，踩在上面去够东西；有时候也想到用尿不湿包、抱枕当垫脚的。

我不给她提示，就在一旁静静观察：在尝试中发现和总结哪些行得通，哪些行不通。这是孩子特别有意思的学习过程，让他们自己去试错，然后总结经验成长，我们为什么要急着给他们答案呢？那岂不是剥夺了孩子自己去思考和探寻答案的机会吗？

多谈判少命令，给孩子做选择的机会

很多人没有意识到让孩子做选择的重要性。**多用平等和商讨的语气与孩子对话，鼓励孩子有自己的立场和观点，并通过与父母谈判，拿出论据来获得自己想要的结果，是德国中产阶级家庭普遍采纳的与孩子沟通的方式。**

有社会学研究证明，经过日常谈判训练的孩子，日后在学校面对老师等权威人物时，会展现出更高的沟通技巧与自信。如果父母与孩子之间的沟通方式仅仅是命令和服从，很少有商量的余地，不允许孩子反驳父母，那么孩子在学校面对老师时也会表现得无所适从，无法靠自己去和老师沟通，维护自己的权利。

孩子从很小开始就有自己做决定的意愿。有家长认为孩子太小还不懂，不能什么都让他们做决定。这话有一定道理，但是我们同时也要有意识地尽量为孩子提供做决定的机会，毕竟做决策的能力是需要有机会练习才能不断提高的。有一点操作技巧要注意，有些事情明明实质上是我们在做决定，但表面上也要让孩子觉得是他们做的决定。

▍ 例子 3：▍

从悠悠 1 岁半开始，我就经常在与她生活息息相关的事上询问她的意见，比如，"今天想穿什么颜色的衣服去幼儿园？""晚饭想吃什么？""想读哪几本绘本？""周末想去哪里玩？"

虽然孩子小的时候，可能并没有很强烈的想法或坚持，但是父母提这种问题本身，就是在促进孩子思考，同时也是在向孩子展现出平等的姿态：你是家庭的一员，我理所当然要征求和尊重你的意见。父母只有在育儿中营造出这种平等和自由的氛围，才能最大限度地激发出孩子的大胆表达和个性形成。

虽然孩子的回答我不一定都能够满足，但是我会用征求意见的语气向她解释原因，并提出另一种选择："你想去农场呀？农场上个星期我们已经去过了，要不这周我们换个地方玩，妈妈给你约了邻居姐姐，我们一起去游乐场好不好？"然后歪着脑袋满怀期待地等待着女儿的批准。果然她看我态度这么诚恳，欣然"批准"了我的提议。

如果不希望得到我们无法实现的答案，最好的办法是让孩子二选一。而我们要保证的是，无论孩子选择其中哪一个，都是我们能接受的。

我甚至会刻意创造一些让她做决定的场合。悠悠特别喜欢用吸管喝牛奶，每次拿出吸管时，我都会特意提醒她自己选择颜色，并自己从袋子里抽出吸管。她很享受这个被人尊重的举动，这令她感受到了对自己人生的掌控感和重要性。

有时候，在拿吸管时，悠悠会因为注意力不在这边而忘记自己挑选吸管，即使在这种情况下，我也不会替她做主，因为我知道，如果我没有事先征求她的意见就替她选择了吸管，事后她会非常生气，觉得自己的主权受到了侵犯，她会要求我把吸管放回去，自己再亲自重新选择一次！所以，无论何时，即使她在忙别的，我也会提醒她，要自己选择吸管了，让孩子感觉到：**除非她授权给我做选择，否则我是不会轻易越权替她做选择的。**

例子 4:

生活中当然不可能事事依着孩子，但是不依着孩子也不表示一定要依着大人，这并不是一个二选一的单选题。在依着孩子和依着大人之间，有足够的空间让双方去协商，通过谈判交换条件，最终选择一个让双方都能接受的折中解决方案——这不是工作谈判上也最需要的技巧吗？生活中处处充满了谈判的锻炼机会。

从幼儿园回来，悠悠说要吃一颗巧克力，眼看着晚饭就快要做好了，我没有允许她，商量着说："马上要吃晚饭了，等晚饭吃完了再吃巧克力哦。"悠悠当然不乐意了，吵着要吃。我只好退一步说："你看妈妈做的饭也是你喜欢吃的哦，你先吃饭，快快吃完我就奖励你吃两颗巧克力，是不是更棒？"

如果还不行，就再加上一句："如果你晚饭吃得特别多，特别快的话，妈妈今晚还会多给你讲两个故事作为奖励哦！"悠悠心情好的时候通常都会答应，因为她已经有了延迟满足的自控力。**记住，当孩子按照约定做到的时候，我们一定要及时肯定和表扬他们的成就，正面强化他们的行为，下次孩子就会更加配合了。**

偶尔女儿心情不好的时候，也会发脾气，一定要现在吃。谈判无法取得结果的时候，我通常不会和她硬碰硬，让自己与孩子陷入权力之争。在我看来，只要不是原则上的问题，偶尔破个例也不是大事，我不相信孩子会因为一次饭前吃巧克力就变坏。

我平静地对她说："那你实在想吃就吃吧！这是你的事。不过爸爸妈妈要先吃饭了，我们就不等你了。"然后开始摆餐具吃饭，和先生聊天，完全不把注意力放在女儿身上。过了一会儿，她觉得自己被忽略了，又乖乖地爬上餐椅和我们一起用餐了。

在德国幼儿园，老师极少用命令语气对孩子说话，很多无关原则的事情，比如，两个孩子同时想玩同一个玩具，老师会和孩子一起协商一个折中方案，言传身教如何用商量的语气来沟通解决冲突，而不是诉诸命令和暴力。

所谓独立，其实是一个特别宽泛的能力。孩子的独立，并不仅仅局限于会自己穿衣、吃饭、如厕这些最基本的生活能力。做到了这些，我们还要用心培养孩子独立担当、独立承担责任、独立做决定、独立发表见解、独立为自己维权、独立解决问题、独立思考等一系列能力。而这些看起来很难的能力，其实都是通过生活中的小事一点一点渗透的。教育没有捷径可走，需要的是点水穿石的耐心和磨炼。

3 岁独立完成 4 小时峡谷徒步攀岩，如何激发孩子的内在驱动力

2017 年暑假，我们带刚过 3 岁的女儿去希腊克里特岛的峡谷徒步，出发前悠悠爸爸跟我说，要穿不怕弄脏的衣服，因为有一些需要攀爬的地方。我想到悠悠也喜欢攀爬，没有太放在心上，谁知到了峡谷，一开始还有一些沿着悬崖的台阶路可走，但走着走着，画风就变了，变得完全没有路了，只有乱石、梯子和绳索……

看到那些惊险的陡坡，我心里都捏了一把汗。但女儿的反应让我大吃一惊，她始终是一副信心满满、迎难而上的态度。之前走台阶路的时候，她就一直问："什么时候才能攀爬啊？"后来攀爬的机会到了，她仿佛找到了迎接挑战的快感，甩开了胳膊准备大干一场。

在从峡谷底返回山上的上坡攀爬过程中，女儿坚决不让我扶，我一扶她就跟我急。她爸爸对我说："你别扶了，你越强行扶她，她越会做出过激的危险动作。"我只好作罢。孩子爬在最前面，自己找抓手点和落脚点，身手比我敏捷。我们在后面紧跟着默默保护，以防她脚滑摔落。幸运的是，我担心的危险始终没有发生。

4 个小时的上坡下坡徒步攀岩走完，我已经气喘吁吁，一直紧绷的神经终于放松下来，而悠悠却还像个没事人一样活蹦乱跳。4 小时的徒步过程中她没有喊

苦，没有喊怕，也没有让我们抱，着实让我对她刮目相看。

虽然我知道自己的孩子胆子大，但没想到有这么大；虽然我知道她喜欢接受挑战，但没想到这么难的挑战她也能淡定自如地面对；虽然我知道她独立，但没想到她能毫不抱怨，反而非常享受地自己走完 4 小时徒步；虽然我知道她喜欢攀爬，但不知道她的攀爬能力进步得如此之快。

看来，只要给孩子创造机会，他们所爆发出来的潜力之大，是我们做父母的无法预料的！

是什么让悠悠拥有这样的特质？勇敢、独立、爱尝试和体验新事物、迎难而上、喜欢自己做、自己想办法而不要人帮忙……我想所有这一切特质可以归结为：拥有强烈的内在驱动力。

这种特质到底是天生的，还是后天培养的？我思索了很久，客观来讲，我无法排除天生的因素，但可以肯定的是，后天的教育影响也是绝对不容忽视的，我的确在激发孩子的内在驱动力上花了不少心思。

我的"后妈"风范

看见孩子摔倒了，很多人是急不可待地冲过去，抱起来又是安慰又是打地面："都是地的错，把我家宝宝摔疼了。"而我非常明白"从哪里摔倒，就要从哪里爬起来"的道理，所以从女儿学走路起，我就对她的摔跤表现得很淡定，我会带着鼓励的目光，轻松地对孩子说一句："摔倒啦，哦没事儿宝贝，这很正常啊，妈妈小时候也经常摔跤的，快点自己爬起来，我们接着玩啊！"

很多时候，你会看到一个小女孩跑着跑着摔倒了，路人还没来得及同情她，一眨眼工夫她就自己笑着爬起来了，跟没事人一样继续往前跑了。而她的"后妈"在她摔跤的时候，还站在远远的地方，弓着身子微笑着朝她拍手："快站起来，到妈妈这来！"

当然，其中也要把握好度，一味鼓励孩子克服困难而忽略孩子的感受是不行的。视情况而定，如果孩子真的摔得很严重，那立刻冲过去是正确的反应，这么做可以让孩子感到我们对他们的关心。如果只是轻微摔破皮，切忌大惊小怪，保持正常的步速走过去即可，然后根据孩子的状态决定是让他自己爬起来，还是把孩子抱起来。

看到悠悠摔破的膝盖，虽然我也很心疼，但我不会和孩子一起哭疼。你会发现，有时候，越可怜一个人，他越觉得自己可怜，然后养成了等待别人救助的弱者心态（我弱我有理），丧失了自强自立的奋斗精神。孩子摔疼了，我们越用哭腔说"啊，好疼啊，怎么摔得这么狠啊，啊，我可怜的宝宝"，宝宝反而哭得更厉害了，他也觉得自己好可怜好无助，唯一能做的就是等待别人的安慰和照顾了。

可是，现实世界不会同情可怜人，等着别人来救助，不如依靠自己走出困境。所以，面对孩子受的伤和疼痛，我的态度总是轻松的。毕竟，成长过程中，谁能避免受伤？那可是宝贵的成长经验。

"哎呀，悠悠膝盖摔破皮了，还流血了，好疼吧？哦，妈妈能体会你的疼，我小时候膝盖上也摔得都是伤，我当时也哭了。不过这点小伤没事儿的，我给你贴上创可贴，明天就好啦！你看，好多小朋友身上都贴着创可贴，摔跤很正常的，只是下次要小心看路哦。"说完后，给孩子贴上创可贴，这事就翻篇了。等到第二天，假装不经意地随口问一问孩子："膝盖还疼吗？不疼了吧？我说嘛！这点小伤没事儿，很快就好的！"悠悠也点点头，自豪地笑起来。

共情归共情，但不要轻易可怜孩子，家长大惊小怪、小题大做的反应容易无意间造成孩子的弱者心态。用轻松乐观的态度对待挫折，孩子潜意识中会被你乐观勇敢的精神感染，从你的态度和行动中获取力量，成长为"从哪里摔倒，就从哪里爬起来"的强者。

做个懒妈妈，少代劳，多鼓励孩子"你能做到"

我除了是"后妈"，还是个非常懒的妈妈。孩子的事，她能自己做的尽量让她自己做；她自己不会做的，或者做得不够熟练的，我也鼓励她踮一踮脚试一下，说不定就做到了呢。

我在生活中，对女儿说的最多的一句话是："你能做到。"即使我知道是她以前没有尝试过的事情，我也会充满信任地对她说这一句话。不为别的，就希望她能有尝试和接受挑战的勇气和自信。

在我们家常常是这样的：

悠悠："妈妈，球滚到床下面去了，你帮我捡一下。"

我："宝贝，你自己想想办法啊！上次妈妈是怎么捡的，你还记得不？那这次你自己试试啊！这个很简单的，你能做到。"

悠悠："你用棍子掏的，那你给我棍子。"

我："你自己找啊，想想什么东西可以当成棍子用。不一定非要用和上次一样的。"

悠悠："妈妈，我要上厕所了，你带我去。"

我："你自己会上啊，自己去吧，这点你不需要妈妈了，你能做到。"

悠悠："可是马桶太高了，你抱我上去。"

我："你可以想办法自己爬上去啊，工具都给你准备好了，想想怎么利用工具实现目标？"

大家不要误解，我说这些话的时候并不是冷酷无情的，而是看着孩子的眼睛充满鼓励地对她说的，并且在孩子寻找解决办法的时候，我是一边假装忙着自己的事（如果不忙，还不帮孩子，会让孩子觉得妈妈是故意不帮，故意忽略孩子，显得很冷酷），一边始终关注着孩子的状态，适时地给她提示和鼓励。

然后当孩子真的做到的时候，我会为她鼓掌，为她的成就而高兴："你看吧！我说不难吧！我就知道你能做到！你刚刚是自己想办法解决了问题，是不是感觉很棒？下次也要这样哦。"

生活中女儿向我求助的时候，我不会马上就去帮她把事情做了，而是会在心里停顿和思考一下，这件事她真的需要我帮忙吗？要不要让她自己试一下找到解决办法？如果需要我帮忙，我应该帮到哪一步？是100%，还是50%，还是30%？为孩子提供帮助如同搭脚手架，帮一点点，然后留一点点让孩子踮一踮脚自己做到，体验成功带来的满足感和自我效能感。

即使有些事，明知她可能做不到，我也会鼓励她："要不你试一下呗，做不做得到，试了才知道。"能做到固然开心，做不到也不需要失望，告诉孩子："你刚才勇敢尝试，很有勇气，妈妈为你骄傲。你现在还小，这件事做不到很正常，等你再长大一点就可以做到啦！"

3岁的悠悠已然是一个小大人，万事都要自己做，自己吃饭穿衣穿鞋，自己洗头洗澡，自己倒水喝，自己选择衣服，自己擦屁屁刷马桶，经常挂在嘴边的口头禅是"我会，我自己来"。不论在家还是幼儿园，任何人不得在未经过她的同意之前就帮她。你有没有发现，很多时候，勤快妈妈养出懒孩子，懒妈妈反而养出勤快孩子？

让孩子多担当，假装成"弱妈妈"

在与女儿相处时，我经常示弱，给她锻炼和展现自己能力的机会。这里的弱，是指外表适当示弱，妈妈心理上保持强大仍很重要。父母太强势，孩子反而往往弱势；**父母适当示弱，孩子才有机会成长为能独当一面的强者。**

比如，我们从超市购物回家，有东西要从车里搬到家里，明明可以自己全部拿着，我却偏偏要分配一点给女儿拿："悠悠，这几袋东西你帮妈妈拿，太多了我一个人拿不动。有你帮忙，我就不用跑两趟了。谢谢你和妈妈分担哦。"孩子其实很容易引导，一听到我这么说，她马上就来劲了："妈妈，我帮你拿，这个给我，这个也给我。"然后我一边上楼，一边称赞道："悠悠真是长大了啊，可以给妈妈帮好多忙了。"晚上爸爸回家，还不忘当着爸爸的面再肯定一次孩子的担当："爸爸，你知道吗？今天买完东西，悠悠帮我一起把它们拿上来的，真是帮了我好大的忙呢！她已经能承担家庭事务啦。"悠悠在一旁听得乐滋滋的，从爸爸妈妈的语气中，她体验到了帮助他人和承担责任带给她的满足感与自豪感。

在外面玩，我也经常对她说，你要看好自己的东西，你的帽子、墨镜、发卡、包包，都是你自己的物品，你要照顾好它们，不能弄丢了哦，弄丢了就没有了。有一次，我和她一起在外面购物，买完东西出来后，我坐在凳子上看小票上有没有出错，把手机和包包随手放在了凳子上，谁知悠悠特别主动地说："妈妈，我帮你照看手机和包包，好吧？"还做出一副认真的表情，仿佛她在承担一项特别严肃的任务。我赶紧说："真是谢谢你啊，宝贝，有你帮我看着，我就放心了！"那一刻，我真的觉得，我前期做的工作都有了回报，孩子真的长成了我希望的模样。

希望孩子将来能独当一面，首先得给他从小独立做事和担当的机会，甚至要给他帮忙的机会，这样他才能找到成就感和自信。如果我们总是在孩子面前表现出一副无所不能的形象，那孩子又怎么会有机会展现自己和提升能力呢？智慧父母懂得把握好度，该强大的时候强大，该示弱的时候示弱。

激发孩子的内在驱动力，就是要给他面对挫折失败的勇气和自己尝试以及想办法解决问题的机会，**少对孩子说"不"，多鼓励他能做到，把孩子当大人一样，让他学会对自己的事负责和担当。**做个有智慧的"后妈"、懒妈和"弱妈"吧！

孩子胆小没自信，
怎么办

学龄前孩子的自信程度几乎完全取决于家庭教育，上学后会受到同龄朋友和老师的影响。6 岁前的家庭教育在很大程度上奠定了孩子自信心的基础，让他们在之后的社交生活中不那么轻易受到别人评价的影响。

自信心的形成不是一蹴而就的。自信是由内而外散发出来的气质，装不出来，需要的是长期的积累。当我们看到孩子表现得不够自信时，首先要做的不是急于"纠正"孩子的外在行为，而是反思一下自己的教育方式，问问自己这样几个问题：

· "我经常批评惩罚孩子吗？我允许孩子犯错吗？"

· "我喜欢拿孩子与别人比较吗？"

· "我和孩子是平等的关系吗？我有尊重孩子的感受和需求吗？"

· "我总爱用威胁恐吓的口吻对孩子说话吗？"

· "我允许孩子说'不'吗？"

· "我有关注和接纳孩子的感受吗？"

· "我有意识地鼓励孩子发表自己的意见和看法了吗？"

· "我给孩子自己做选择的机会了吗？我有过度保护孩子，总是替孩子代劳吗？"

·"我有认真倾听孩子的话吗？"

《正面管教》的作者简·尼尔森说："自信是在归属感、对自己能力的相信、知道自己的努力是有价值的并被珍惜的基础上发展出来的。"自信是一种复杂的感觉，并不是父母只有的放矢地集中做一件事，就能培养出孩子的自信心。自信的形成渗透在生活的点点滴滴之中，看到并承认孩子的价值，用行动尊重孩子，把孩子当成一个独立个体看待，他才能真正发展出健康的自信。

无条件的爱

你会经常对孩子说"我爱你"吗？想一想自己都是在什么情况下对孩子说"我爱你"呢？是在孩子表现好的时候？是在她得了奖状的时候？还是在她输掉比赛的时候？

父母之爱本该是无条件的，"我爱你，因为你就是你，不论你的外貌、性格、能力如何，我都无条件地爱你"。有了如此安全感与爱的滋润，孩子自然会更加自信。

有人喜欢用剥夺爱的方式来威胁孩子："你不把饭吃完，妈妈就不爱你／喜欢你了！"这是在告诉孩子，我对你的爱是有条件的，只有你表现好，按照我说的做，才能得到爱。在这种方式下长大的孩子容易没有自我，总是活在满足父母的期待当中，形成可悲的讨好型人格。

其实，**孩子越是表现不佳、失败落魄的时候，越需要我们的爱。**"今天在客人家你没有和叔叔阿姨打招呼，我知道你是见到陌生人有点怕生，没关系，妈妈理解你，多见几次就熟了。妈妈爱你哦！"这种无条件的爱让孩子感受到了自己存在的价值，而自我价值感正是自信心的基石。简·尼尔森所说的归属感，在学龄前指的就是被父母全盘接纳。

孩子明明做错了事，还要温柔地说"我爱你"，会不会把孩子宠坏？这里需要掌握一个原则：**批评的时候对事不对人。孩子做错事了，可以批评他的行为，但不要攻击他的人格。让孩子感到即使被批评了，爸爸妈妈也是爱他的。**

错误做法："你为什么这么调皮！你为什么这么讨厌！你再这么做就不是好孩子了！"

正确做法："打人行为是不对的，你把别人弄疼了，下次注意不要再把别的小朋友弄疼了哦。妈妈知道你是好孩子。"

不是孩子表现好了我们才认可他，而是我们认可他了，他才会表现好。滋养一个健康自信的灵魂，没有什么比无条件的爱更重要。

避免将孩子与别人比较

"你为什么不能像你姐姐那样乖乖的？""隔壁小明都会画动物了，你怎么还是只会瞎画？""你们幼儿园班上的科科都会玩 48 片的拼图了，你连 12 片都还不会拼，你得加把劲了！""别人都喜欢吃桃子啊，你为什么不喜欢吃？"

拿别人的长处和自己孩子的短处比，只会让孩子感到羞耻和不爽，并易激发不健康的嫉妒心理。一个人若将过多精力花在嫉妒上，则花在专注于提升自己能力上的时间和精力就会大幅减少。

即使是使用正面比较，诸如"你是唱歌唱得最棒的""你是最聪明的"之类的评语都有极大风险，因为孩子总有一天会发现自己再也保持不了那个"最"的头衔，陷入巨大的失望和自我怀疑之中。

人外有人，山外有山，不论孩子现在是比别人强，还是比别人弱，总是与别人比较的思维模式，将很难让孩子通往人生的幸福之路。人类的不幸福往往都源于比较，即便进了哈佛也会发现有很多人比自己更强，试问一下什么时候是个头？如果永远要以超过别人为人生目标，那恐怕一辈子都难以感到幸福，而且缺乏内在自信。

总有忍不住去比较的时候，但我们可以试着憋在心里，不透过语言传染给孩子。最好的方式就如上面所写，告诉孩子："不论你的外貌、性格、能力如何，我都无条件地爱你，因为你是独一无二的，无人能取代。"唯有这样，孩子才能学会珍惜自己，看到自己身上的闪光点。

在大环境下，有时候被比较不可避免。当孩子问："为什么小明比我画得好？"我们可以引导孩子注意自己身上的长处："你说得对，小明确实擅长绘画，你擅长运动，你游泳和攀岩都非常棒。每个人都有自己的强项和弱项，这很正常，我们不需要成为完美的人才能被人喜欢。自己和自己比，保证每天都有进步就是好样的。"

谁都有怀疑自己的时候，但父母的使命是看到孩子的优点，帮助孩子建立对自己能力的信任，而不是落井下石："小明比你画得好，还比你有天赋，你没天赋，就多练习吧！不然肯定赶不上了！"**心理学研究已经证明，"越挫越勇"这句话是骗人的。**

老和别人比的人，自信来源是外部评价，别人说我好我才感觉好，或者我超过了某某才算有能力，这种人的自信和自我评价是极其不稳定的；相反，和自己比的人，自信来源是内心对自己的真实接受，知道自己的价值是什么，自信水平受到外界评价的影响较小，在生活中更敢于做自己。

支持和鼓励孩子冒险

在安全范围内，鼓励和支持孩子去尝试新事物——尝一尝以前没吃过的食物、主动交一个新朋友、骑平衡车、攀爬等。当孩子在扣扣子、穿鞋子遇到困难时，请克制住自己想帮忙的冲动，即便孩子的龟速令人着急，可最好的学习方式是让孩子自己慢慢找到解决方案，而不是我们的一句"来，我来帮你"替孩子迅速把困难摆平。前者要花费更多时间和耐心，后者反而是偷懒的做法。这样做的后果却是让孩子变得依赖父母的出手相助，自信受到削弱。

生活中多一些挑战，少一点过度保护，父母适当退出和放手，孩子才有机会挖掘和发现自己的潜能。但同时也别忘了给予孩子安全感，让孩子感到，如果需要帮助，爸爸妈妈永远会站在他那一边。当孩子迟疑或害怕时，及时响应并给予支持。

允许孩子犯错

既然要支持孩子的冒险，那犯错就是不可避免的。从错误中学习成长正是积累自信心的重要经历！当孩子在把盘子往桌上放时，盘子不小心掉下来了，别急着责骂，试着问一问孩子："你知道盘子为什么掉下来了吗？想想下次要怎么做才能避免？"毕竟孩子的自信要比盘子值钱多了，为了一个盘子而挫伤孩子的自信，弄得他以后帮忙做家务时畏首畏尾，那就因小失大了。

父母对待孩子犯错的态度，将影响孩子未来是否勇于尝试和接受挑战。积极的提问可以保护孩子的自信，让他明白，犯错并不是可耻的，也不代表自己不够好，而是学习的必经之路，重要的是从中总结经验教训。

做孩子的楷模。当我们自己犯错时，也要及时承认并向孩子道歉。榜样的力量是强大的，当孩子耳濡目染了父母认错的行为，在自己犯错的时候也会更加坦然面对。

每个人都会犯错，我们不需要孩子成为完美的人，也不应有如此期待。

幽默感：
智商情商双高的体现

　　西方发展心理学中专门有研究幽默这一分支的学者，他们指出，幽默感并不是一种单一的能力，而是一系列认知能力的综合体现，与智商、自信、语言、想象力、创造力和解决问题的能力都有关系。幽默感可以给人生带来巨大的福利与优势。幽默的人更容易与他人建立友谊，受到别人的喜欢；在遇到不如意时，更懂得如何自我安慰和排解；更擅长用幽默来化解人际冲突和矛盾，赢得别人的合作。

　　通常，幽默的父母养育出的子女也会很幽默。但研究指出，有的孩子天生就笑点低，幽默主要是后天习得的。就像肌肉一样，幽默感可通过练习得到加强，学习的对象主要是父母。

什么是幽默

　　幽默的本质是概念与情境之间的不协调。换句话说，我们之所以会大笑，是因为答案和举动是出乎意料的——制造惊喜是幽默的一个重要元素。

0 ~ 6岁如何培养幽默感

逗孩子笑就是在培养幽默感。因此，**想办法逗宝宝笑，其实是早教的一个重要部分。千万别以为逗笑没什么用，你每一个看起来傻傻的动作都是在帮助孩子发展幽默感。**

幽默感是儿童发展的一个重要指标。不同年龄段的孩子能理解的玩笑是不同的，这反映的是他们认知能力发展的程度。儿童心理学家可以通过观察儿童看到、听到什么会笑，来判断一个孩子的认知发展水平。

0 ~ 1岁婴儿期：身体游戏

婴儿时期，由于语言能力有限，宝宝的笑声通常是由身体游戏激发的。贴着宝宝的肚子吹气发出"噗噗噗"的响声，假装啃他的脚趾头，挠痒痒。坐在地上，把宝宝放在腿上假装骑马，一开始慢，然后越来越快，最后马翻了，宝宝掉入坑里（双腿打开）！这是在制造惊喜。

半岁以后，宝宝会开始喜欢滑稽表演。这时候我们的表演也可以升级了。夸张而搞笑的表情，突然学鸭子一样走路，手里拿着毛绒动物，用夸张而有趣的声音对宝宝说话——半岁以后的宝宝会开始为这些意想不到的举动而捧腹大笑。

最受全世界所有婴儿欢迎的逗笑游戏，非躲猫猫莫属。用双手遮住脸庞，亲爱的妈妈消失了——孩子最初感到的是紧张和害怕，可是几秒钟后妈妈又回来了，一颗悬着的心立刻放下来了——这种像坐过山车一样起伏的刺激和最终妈妈重现带来的惊喜，正是幽默的特点，也是孩子会大笑的原因。

1 ~ 3岁学步期：荒诞幽默

学步期的孩子不仅在学习走路和说话，他们甚至开始懂得欣赏假装游戏中幽默的意义。

发展心理学家保罗·麦吉在他的著作《理解和促进儿童幽默发展》中指出，

学步期孩子能够理解"把枕头当帽子戴，或者把手指放进宝宝嘴里假装刷牙"的幽默——这是想象力在萌生的标志。保罗·麦吉进一步指出，很多家长没有意识到，其实这种荒诞的假装游戏是在鼓励孩子以创造性的方式玩耍，有助于孩子成为创造性的思想者，对将来的学业和工作都有极大帮助。

大概从第 14 ~ 15 个月起，处于秩序敏感期的孩子开始为反事实、反逻辑的行为而笑。如果我们做一些明显很傻的动作，比如，学狗一样舔盘子里的食物，宝宝会确切地知道正常的大人不是这样吃饭的，大人这种反常的行为将逗得宝宝哈哈大笑。也正是从 1 ~ 1 岁半之间，**宝宝开始模仿大人的幽默行为——这是幽默感形成的第一步。**

随着想象力的进一步发展，用不了多久他们就能自己创造幽默了。首先是发明以物体为对象的笑话，最早始于两岁。比如，宝宝自己把鞋子放在头上，把帽子穿在脚上，指着一个娃娃说是卡车，问他猪怎么叫，回答"咩"。两岁宝宝已经理解到荒诞幽默的精髓，即越反逻辑、反事实，越好笑。

宝宝会为自己创造的玩笑感到自豪，看到我们被逗笑，他们会不断重复自己的这些玩笑，这时候作为父母的我们也要配合好宝宝，即使已经听过好几遍了，也要每次都像第一次听到一样捧场，如此宝宝才有动力继续创造新的笑话。

这时候的父母也适合做一些反常的行为来逗笑宝宝，比如，把袜子挂在耳朵上，把吸管放在鼻子上，等等。宝宝已有的知识让他知道这些东西放错了位置，而正是这种错位的"不协调"引爆了笑点。躲猫猫和滑稽表演依然是学步期孩子的笑点；用奇怪的声音和动作模仿卡通人物说话；用枕头撞我们的头，然后假装倒下；把锅盖戴在头上，假装自己是兔子，然后在宝宝面前跳着找胡萝卜吃，会让宝宝为将锅盖想象成兔子耳朵而咯咯直笑。

3 ~ 6 岁幼儿园期：文字游戏和想象力进阶

如果说前面的幽默还是以物体和肢体游戏为主，那么随着语言能力和词汇量的不断提升，3 岁后孩子的笑点将越来越发生在基于语言理解的文字游戏上，这也是更接近成年人的高级幽默方式。

其实，早在两岁时，孩子就已经对基于文字游戏的玩笑表现出了一定兴趣，如果我们尝试对两岁孩子说一堆＃￥%★★@＃鸟语发音，孩子会哈哈大笑，因为他们能区分有意义的语言和鸟语。问 3 岁的孩子他的鼻子在哪里，他故意指着耳朵说那是鼻子，目的就是为了逗我们大人笑；他们开始对押韵的绕口令感兴趣，喜欢将类似发音的词放在一起，组成无厘头的句子；开始听得懂反逻辑的笑话——"大象为什么要涂红色的指甲油？因为它想把自己藏在草莓园里。"

能够区分真实和假装。孩子正在假装成老虎走过来吓唬妈妈，妈妈却装出一副浑然不觉的样子，虽然孩子知道妈妈已经看见自己了，但妈妈的投入演戏还是令孩子觉得有趣，继续沉浸在想象的游戏之中——知道妈妈在演戏，这是认知能力发展到一定程度的体现。更小的孩子在玩这个游戏的时候，会真的以为妈妈没有察觉到自己的靠近。

开始理解反讽。在一个实验中，研究者向孩子们组织了一场木偶戏，在戏中一个孩子打碎了盘子，另一个孩子对他说："哦，你的妈妈会很高兴！"实验中最小 3 岁以及大部分 5 岁孩子都听懂了这个反讽的玩笑。

与语言能力同时发展的是想象力，喜欢主动与大人开玩笑，探测父母的底线。这时候孩子甚至能凭空想象出一些举动来获得大人的反应。比如，他们会围着餐桌转，说着："看我把食物都丢到地上了，地上好脏！（其实没有）"这时父母如果呼应孩子，假装出生气的样子去抓孩子，会让孩子兴奋并觉得好玩。故意张开塞满食物的嘴巴给妈妈看："妈妈你看，这是稀饭吧？"妈妈回一句："哎呀，真香！"反而会逗得孩子大笑不已，因为他们已经懂得反讽的艺术。

幽默是育儿利器

很多育儿中遇到的问题，家长都可以运用幽默智慧来解决，这一招考验的是家长的幽默感和演技。

有妈妈问："我在给孩子读绘本的时候，书里面有个掉在地上的杯子，孩子一直要求我把杯子捡起来，我跟他解释了书里的杯子是捡不起来的，他就一直哭。怎么办？"

孩子太小听不懂物理规律的解释，我们不妨拿出点演技，用游戏的方式让孩子明白。"你想妈妈把书里的杯子捡起来啊，好啊我来捡！捡了一个放在桌上，咦？地上怎么又蹦出来一个？再捡！咦？又来一个！再捡！我捡我捡我捡！"只要演技到位，宝宝一定会被我们的语言和动作逗乐。这时候趁机问："啊，宝宝，不管我怎么捡，地上还是有一个杯子啊，要不你来捡捡试试看？"等到孩子也尝试未果后，再做出个无奈的表情，摊手："书里的杯子我们怎么捡也捡不起来啊，要不下次再试试吧！"

幽默还是给孩子立规矩的神器，是缓和摩擦的润滑剂。幽默的父母与孩子的关系更亲近。孩子换尿布的时候不配合，哭哭闹闹？试着把尿不湿顶在头上逗一逗他。孩子不愿坐安全座椅？试着把眼睛鼓得大大的，学卡通人物用高一个音调的声音哄哄孩子？

有一次女儿洗完澡，光着身子从浴室跑出来，一脸的兴奋，嘴里唱着鸭子歌，学着鸭子摇头晃脑地走路，我在后面喊她不听。突然她踩到一摊水滑倒了，小屁屁重重地摔在地上，立刻哇哇大哭起来。那画面实在太搞笑了，连作为亲妈的我都忍不住笑了起来。我学着女儿刚才的模样，边走边摇头晃脑，就在歌曲唱到结尾时，假装"嘭"地摔在地上。孩子看到我模仿她的滑稽动作，马上破涕为笑，根本不用我去哄她。我又连着学了好几次，最后她自己也跑过来加入游戏。那之后，她每次洗完澡乱跑的时候，我都会学她摔倒的动作，孩子在哈哈大笑的同时，也明白了乱跑会摔倒的道理，不用我苦口婆心讲道理，她自己就停下来了。

育儿中遇到问题时，不妨别那么严肃，而是用幽默的态度去化解冲突，这么做不仅能让育儿更轻松，还能潜移默化地让孩子习得幽默感。逗孩子笑要远比逗成人笑容易。与成人相比，孩子的幽默方式总体来说还处于比较低级的阶段。家长只要用一点心，达到逗笑孩子的幽默水平并不难。培养一个有幽默感的孩子，让他以后的人生更顺畅。

part 5

德式规则教育

——不以规矩，不能成方圆

德国教育中的自由与规则，
请别再误解"快乐教育"了

一提到西方教育，很多人脑海里浮现的关键词就是"快乐教育""给孩子自由""尊重和鼓励"，这些都很对，但当我们谈论快乐教育时，还忘了最重要的一条：规则与界限。**自由与规则并存，才是西方快乐教育的真正核心。**自由和规则并不是对立关系，世界上没有绝对的自由，规则是为了更好地保护我们每一个人，没有规则的自由，反而可能会使自己受到伤害。

众所周知，德国是一个非常注重规则的国家，遵守规则已经成了人与人之间的相处默契，而这份默契给予人安全感。初到德国学驾照时，我曾深切领略了一番德国人那深入骨髓的规则意识。

在没有红绿灯和先行权标志的路口，德国遵循"右先左后"的规则。然而一开始，我每次开到这种路口的时候都会左右望一望，确保两边都没车了才通过。这时我的德国教练就批评我了："你看左边干什么？你对左边方向来的车有先行权，你只用看右边就行了！"听了这话，我反问教练："万一左边来的车没有遵守规则，没有提前停下来怎么办呢？"教练回答："你要对别的司机有信心，相信他们会遵守规则！同时确保你自己也遵守规则，在开过右侧路口时一定要减速，因为右边来的司机是不会朝左边看的，他们只看右边！"听后我心里一咯噔，德国人对别人会遵守规则如此有信心啊！

类似情况我在学车的过程中还遇到很多，比如，在换道时打了转向灯，不知道别人会不会让我，犹豫不决，这时候教练又教育我了："你打了转向灯，别人知道你要换道肯定会让你的，你犹豫什么呢？要对其他司机有信心！"

开车的时候，看到路边有行人，我总会本能地减速，怕行人突然要乱穿马路。教练看不下去了，着急地说："你为什么看到人总紧张呢？难道你认为路边的行人会突然跳到马路上来吗？"我嘴上笑着说不，心里却真是这样想的。

我陪朋友在德国自驾游，朋友驾车，我坐在副驾驶。我告诉她德国的环岛是有先行权的，然而她每次在环岛上看到有车朝环岛开进来，都会犹豫是减速让行，还是加速通过。她和我一样，基因里不相信别人会遵守规则。结果德国司机每次开到环岛入口处都自觉停下来，朋友那叫一个受宠若惊！看到对方遵守交规，主动给自己让行，她忍不住向德国司机竖起了大拇指。

她不是第一个这么说的人。我认识的很多来德国自驾游的国内老司机都表示，德国交规虽多，但在德国开车给人一种安全感，因为知道大家都会遵守规则，心里有底。

对快乐教育的误解

的确，这也是为什么**在幼儿教育中，德国人极其强调设置规则的重要性，因为规则可以给予孩子安全感，让孩子不至于迷茫没有方向，有规则的指导才能更安全地到达自由。**

德国人的规则教育，从婴儿时期就已开始。从最初的会爬开始，父母就明确告诉孩子，哪里可以爬，哪里不能爬；哪些东西可以摸，哪些东西不能摸；到日复一日的固定入睡和起床时间，连周末也不例外；再到餐桌礼仪、社交礼仪等，德国人的家庭教育，绝对可用"严格"二字来形容。

有一次，我带悠悠去德国朋友家玩，悠悠和朋友家的孩子在儿童房里为了玩具争抢起来，德国朋友走进房间淡定地说了一句："要轮流玩哦，现在该谁了？"两个孩子都不示弱，还在那拔河，这位妈妈然后说，"你们再抢的话，我就把这个玩具收起来了，谁都不能玩。你们自己商量一下，到底谁先玩谁后玩。"

没有指责，没有说教，而是把决定权交到孩子手里，这是最高明的教育方式。故事最后的结局是什么不重要，因为不论最后孩子作出的决定是什么，他们都从中体会到了遵守规则的重要性。如果继续抢下去，就玩不了这个玩具，必须学会承担选择的后果；如果两人做出让步，商量好玩的顺序，学会的则是轮流玩的规则。

还有一次，和悠悠的幼儿园同学一起回家的路上，我推着车，悠悠在我旁边跟着走。突然，她突发奇想要把鞋子脱了光脚走路，如果是在家门口，我是会允许的，但当时我们正在马路边上，地上各种碎石头，我没有允许她，谁知孩子自己动手脱鞋了……看到马路上来来往往的车，我情急之下一把抱起悠悠往推车里放，她狂踢腿挣扎，导致推车不受控制地朝马路方向滑去，旁边的德国妈妈见状，连忙帮我扶住推车，嘴里还给我打气："我帮你，你做得很对，态度一定要坚决点。"我本来还为在大街上和孩子这么干有些不好意思，得到这位妈妈的支持，顿时觉得好感动。

德国教育中的规则虽严格，但一点也不与快乐和自由矛盾。关键在于规则限制的是什么。

禁止孩子踩水洼，当然也算是一种规则，但它同时也限定了孩子的自由。那么允许孩子踩水洼，但前提是一定要先穿上防水服和雨靴，踩完后还要自己把防水服和雨靴擦干净（在孩子具备该能力的情况下），是否不失为一种更好的规则呢？

给孩子制定规则，是为了在确保安全的前提下，赋予他更多自由，而不是限制自由。

禁止孩子在墙上画画，也算是一种规则，但如果在墙上或门上贴一张黑板纸，告诉孩子想在墙上画画的时候，可以并只能在黑板纸上画，是否不失为一种更人性化的规则呢？

世上虽说没有绝对的自由，但是我们有理由借助工具赋予孩子尽可能多的有边界的自由，满足孩子的发展需求。

禁止孩子吃糖、巧克力等甜食，是一种规则，但喜欢甜食毕竟是每个孩子的天性，完全禁止几乎是不可能的，也是没必要的。不妨和孩子一起设定一个吃甜食的时间，如每周一天，又或者制定把正餐都吃光才能吃甜食的规则，在执行规则的同时，还锻炼了孩子的延迟满足能力。

孩子的正当需求应该得到满足。规则的意义在于，适度满足，从不放纵。自由是用遵守规则换来的。

比威胁和惩罚更好的方式

快乐教育并不是一味满足孩子，相反，当孩子做得不对时，纠正孩子的问题行为是我们的责任，但技巧在于，到底如何纠正才是恰当的？才最有效？威逼利诱，还是惩罚？在这点上如何处理是衡量家长是否称职的重要指标。

曾经有一次，去德国幼儿园接悠悠，她拿着幼儿园的娃娃说要带回家，我说不行，这是幼儿园的娃娃，不能带回家。她恳求几次无果后，气愤地把娃娃往地上一摔，跑出教室了……看到她既然已经朝着幼儿园大门的方向跑去，我独自把娃娃捡起来，正打算带着孩子回家的时候，目睹了这一幕的德国园长语重心长地对我说："你不能替孩子捡起她扔在地上的东西，得让她自己捡起来，这样她才能明白自己扔的东西要自己捡起来。"

听到园长的这番建议，我又把跑远了的悠悠给追了回来，告诉她要把娃娃放好，女儿还在气头上，没有认错，态度不好，走到园长跟前，我以为园长会批评她的，至少语气会稍微严厉一点吧，谁知园长带着微笑说："这不是你很喜欢的娃娃吗？你把娃娃扔地上她会疼的哦，娃娃疼了你也会伤心的对不对？来，把娃娃捡起来放好吧。"看到悠悠没有要捡的意思，园长牵着她的手走到娃娃身边，在悠悠身后蹲下来，轻轻抓住悠悠的手一起将娃娃捡了起来，最后还不忘表扬一句："你做得很好，你把娃娃捡起来了，她等着你明天来玩。"

　　德国园长的做法既照顾了孩子的尊严，又同时让孩子体会到了自己行为的后果，不吼不叫地帮助孩子完成了改正错误，最后还加上正面强化，充分考虑到了孩子的感受。

在幼儿园，中国的孩子学守纪律，德国的孩子学守规则

2015 年我带女儿悠悠回国的时候，在国内某二线城市小区里的公立幼儿园里目睹了让我难以置信的一幕。

当时正值金秋十月，上午 10 点多，我带着悠悠在幼儿园操场的围栏外面围观小朋友的室外活动。不一会儿就看到老师喊着"一二一"的口令带领着排成两队的小朋友整齐踏步走到操场。

接着，老师开始布置队形，把孩子们分成四支队伍，两支男孩儿，两支女孩儿，每支队伍的小朋友按身高由矮到高排列。这个排队过程对老师来说当然是痛苦的，孩子们到了室外都开始情不自禁地叽叽喳喳说话嬉闹，对老师说的话是一只耳朵进，另一只耳朵出。这位老师在天性活泼好动的小朋友中间，一会儿对着一个正在说笑、不小心站在女孩儿队伍里的男孩一脸厉色地说："你是男孩儿还是女孩儿啊？"一会儿又对着一个跑到别人队伍的小朋友呵斥："我不是让你站这里的吗？不要乱动！"

我在一旁观察了半天，发现这个老师忙活了十几分钟就只干了一件事：整顿纪律——让孩子们按照她的要求站好队。因为孩子顾着聊天，不太认真听老师说话，她越来越没有耐心对孩子和颜悦色，表情和语气也变得越来越严厉、生气。

不得不说，那天我所看到的整个室外活动过程与我期待中的幼儿园相去甚

远，甚至有种穿越回到 20 年前的感觉。

纪律与规则的区别

德国幼儿园的室外活动，基本都是自由活动的形式，孩子们爱玩什么就玩什么，老师只在一旁观察鼓励和启发孩子，确保孩子的安全以及维持游戏秩序。维持秩序的意思是指在孩子们发生如争抢玩具等矛盾时，如果孩子无法和平解决而欲诉诸武力时，老师会出面制止、调和纷争；如果有孩子不遵守规则排队，老师也会出面坚定地告诉他不可以插队。维护公平和正义在德国是深入人心的价值观。

德国幼儿园没有要求孩子按男女生分开站队，没有踏步走，甚至不需要排好队才能去操场。有人问，德国幼儿园那么自由散漫，没有老师的严厉管教，教出来的孩子能懂得遵守规则和自律吗？事实刚好相反，德国人恰恰是世界上最遵守规则、视规则为神圣不可侵犯的民族。反观我们，虽然从小就受尽了各种管束和纪律训练，长大了很多人还是爱钻空子、插队和闯红灯，缺乏规则意识。这是因为，还有很多人分不清纪律和规则的区别，甚至将二者混为一谈。

规则的建立是为了更好地服务大众，让每个人都生活在公平安全的社会里。在一个规则健全、人人遵守的环境里，每个人都是规则的受益者，尤其是那些无权无势的普通人。正因如此，规则的制定是符合人性和道德诉求的：它保护弱者的权益不被侵犯，它防止强者为所欲为。规则与自由一点也不对立，相反，健全的规则赋予了我们更多自由去做自己想做的事，过想过的安心生活。

纪律则是和规则完全风马牛不相及的一个概念。纪律的制定通常是为了让一方绝对服从另一方，不能质疑，更不能挑战。它不一定符合人性和道德，它的服务对象主要是纪律的制定者，是纪律制定者以纪律之名限制纪律服从者行为的工具。

纪律管教法从外界对孩子施加压力，并将老师树立为不可挑战的权威人物，本质是把孩子内在的对老师的怕转换成外在的听老师的话。反正大家从小都是这么过来的，从小就被教导在幼儿园和学校要听老师的话，很少有人想过这么做有什么不好。

可是，这样的纪律管教对培养孩子的良好行为和习惯真的有效吗？你一定见过这样的熊孩子，在幼儿园里老师说什么做什么，吃嘛嘛香，可是回到家依然变身小霸王，无视家长的苦口婆心，吃个饭非要全家人追着喂才肯张口，园里园外完全判若两人。

为什么？正是纪律与规则的区别，纪律的本质是恐吓与害怕，规则的本质是认同与内化。

如果孩子在幼儿园学到的仅仅是遵守纪律而已，那么一旦他脱离那个令他害怕的权威环境，比如回到家，令孩子害怕的因子消除了，也就感到没有必要继续遵守纪律了。在纪律机制下长大的人对纪律的服从更多的是源于害怕，而不是发自内心的认同，所以一旦外界的监督或管束和惩罚机制缺位了，他们也不再把遵守规则视为己任，开始肆意践踏规则。此外，这种教育模式下，还很容易培养出欺软怕硬的不健全人格。

相反地，如果孩子学到的是规则，在互相尊重与理解的基础上认同人人都应遵守的规则，那么无论他走到哪里，无论有没有人监督他，都会自觉地去遵守规则，主动去维护公平和正义。

纪律是为了方便自己，规则是为了让每个人都受益。

在我家，饭前不能吃冰棍是规则，制定这样的规则是为了让孩子能在晚饭时多吃点有营养的饭菜。因为我知道女儿如果在饭前吃下一根冰棍，以她那小小的食量，晚饭几乎不用吃了。所以，从孩子健康成长的角度考虑，我制定了饭前不能吃零食的规则。我可以很肯定地说，这不是为了方便我自己，而是真正为了孩子好。女儿不是在服从我的领导，而是在遵守对她有利的规则。我更希望随着年龄的增长，她能渐渐认同这个规则背后的意义，将它内化，养成良好的饮食习惯。

我每天给悠悠刷牙，她有时候会配合，但也有不配合的时候，再怎么运用游戏力，再怎么苦口婆心说好话，也有不管用的时候，那怎么办？还不是只能硬着头皮刷！刷完再安慰和鼓励！刷牙是为了保证她的口腔健康，我逼着她刷牙不是在强迫她服从我，而是在帮她遵守对她有利的规则。

纪律是怕弄脏了衣服不好洗而阻止孩子玩沙玩水；怕出安全事故担责任而禁止孩子玩游乐设施；给孩子报各种兴趣班，时间安排得满满的，却不问问孩子到底对什么感兴趣。

德国幼儿园怎么教孩子遵守规则

德国的教育理念里没有"听话"一说，德语里甚至不存在"听话"这个词，德国父母从不要求孩子"听话"，他们更多的是教孩子在幼儿园尊重老师和同学，遵守规则，友好相处。

德国老师和孩子不是上下级关系，孩子没有义务服从老师，老师也不会对孩子下命令。德国幼儿园老师的角色更多的是支持、引导、陪伴与启发。面对老师这个"权威"，德国孩子从小学会的是：老师的存在是为了帮我、支持我，遇到困难、有任何合理需求时我应该向老师寻求帮助。

餐桌规则

德国幼儿园的餐桌上，老师不要求孩子必须把碗里的饭菜吃完，吃多吃少是孩子的个人决定，老师不会干涉。但有一条原则，吃饭时一定要坐在桌前，一旦孩子中途离开餐桌，就被视为已经吃饱，不允许再回来接着吃。

在刚开学的入园适应期，我曾陪同悠悠在幼儿园用餐，目睹过德国老师严格的一面：当时一个淘气的小男孩，吃了几口就想跑下桌玩，老师只是问了他一句"吃饱了没有"，行动上却没有任何阻止。小男孩玩了一会儿又跑回餐桌前，就在他伸手准备去拿食物的时候，老师一把拿过他的盘子，将盘子里的食物迅速倒进旁边的垃圾桶里，然后温和而坚定地告诉他："吃饭时要专注，吃饱了再下桌。下桌就表明吃饱了，不能再回来接着吃了哦。"

这个场景估计中国家长看了会觉得老师是在惩罚孩子，对孩子太严了。不过，我这位家长当时就坐在餐桌旁，德国老师毫不避讳地当着我的面做了这一切，看来在老师眼里，这是理所当然的做法。

的确，这种做法就是正面管教中着重提倡的自然结果法，它和惩罚以及恐吓有着天壤之别。自然结果法是让孩子自己体会行为的自然结果，并学会承担自己行为的后果。不吃饭会饿，不穿衣会冷，不洗手会生病，不收好玩具会找不到玩具，这些都是自然结果。通过承担自然结果，孩子学到的是内化的规则，自发愿意遵守。而刻意的惩罚和恐吓要么只能奏效一时，要么容易引起孩子的逆反心理，使双方陷入权力之争。

其实孩子不好好吃饭时，家长根本不需要气急败坏地扔下一句："不吃，不吃饿死你"（恐吓）或"不把饭吃完，晚上就不准出去玩"（威胁和惩罚）。自然结果法与惩罚恐吓威胁最大的区别就在于大人的态度，一个温和而坚定，一个气急败坏大吼大叫。孩子不吃就算了，反正等下饿肚子的是他自己，吃饭这么私人的事情，我们为什么要替孩子做主？其实小孩子肚子饿不饿，该吃多少，他自己心里最有数。

收纳整理规则

德国幼儿园教的第二个让我印象深刻且无比佩服的规则是收纳整理。相信很多有宝宝的家庭都有这样的困扰：家里的玩具散落得到处都是，刚刚收拾好的房间，没一会儿工夫又被宝宝弄得乱七八糟了！德国幼儿园对此采取的策略是身教和熏陶。幼儿园每天都要收纳整理4次。

· 早上自由活动后，晨会之前，收纳一次。

· 吃完早饭，玩完游戏，出发去森林（或院子）前，收纳一次。

· 户外活动回来，吃完午饭，孩子们午睡时，收纳一次。

· 下午放学前，收纳一次。

每次开始进行下一个活动之前，都要先收纳整理一番。每一次收纳都要把教室里散落的玩具全部放回原位，从无例外。虽然每天重复 4 次同样的收纳工作在我们看来是在做无用功、浪费时间，但德国幼儿园正是靠日复一日贯彻执行的收纳整理规则，来从小培养孩子讲干净、爱整洁、会收纳的良好生活习惯。

在收纳的时候，老师并没有强迫孩子们参与，一般都是老师先动手，嘴里号召着孩子们来帮忙。小孩子一听到老师需要帮忙，大多数都会踊跃地伸出援手；不帮忙的小孩德国老师也不会强迫，耐心等着时间发挥作用。久而久之，习惯形成了，一到收纳整理的时间，孩子们就会主动帮忙。

以前悠悠也是个不爱收拾的孩子，后来去幼儿园熏陶了几个月，现在每天晚上玩完玩具睡觉前，她都会学着老师的语气叫一声"收纳整理啦"，然后和我一起把玩具收拾归位。

身教的力量之大超出我们的想象。在教育孩子时，不需要说教，不需要物质奖励，我们希望孩子做到什么，自己先做到就行了。

▍先来后到和轮流玩规则 ▍

遇到孩子们争抢玩具时，德国老师遵循先来后到原则，不强迫孩子分享。一个玩具谁先拿在手里谁就有先玩的权利，如果另一个孩子过来抢玩具，老师会明确制止他，告诉他这个玩具别人已经在玩了，你可以等别人玩完了再玩，或者先玩其他的玩具——这时候老师会指着另一个玩具转移孩子的注意力。

有时候，如果一个孩子一直霸占着同一个玩具不放，老师会向他建议："再玩 5 分钟就给别人玩了哦，你看他都等了好久咯！"

然后再转头对另一个等待的小朋友说："你也玩 10 分钟就换他玩了哦，大家要轮流玩！"

▍喝水规则 ▍

与国内的许多幼儿园有统一喝水时间并要求孩子必须把水喝完不同，德国幼儿园在喝水上是非常随意的，孩子想喝就喝，喝多喝少自己决定。但有一个规则孩子必须遵守：喝水时一定要坐在放水的桌边，喝完再起身去玩。

德国幼儿园这么规定是为了让孩子喝水时专心，以免边走边喝呛到，或者水洒出来弄湿地面发生滑倒，喝水规则的制定是出于孩子的安全考虑，同时也培养了良好的喝水习惯。

国内幼儿园对喝水时间和喝水量都做了规定和限制，没有照顾个体的需求差异，仅仅是为了方便老师管理学生。规则与纪律的差别，一目了然。

午睡规则

德国幼儿园没有强制性午睡，不想睡的孩子可以自由活动，但有一条规则需要遵守：不能在别的孩子午休时大声喧哗。你不睡是你的自由，但打扰到其他在睡觉的孩子就不对了。这条规则让孩子学会既尊重自己的意愿，又同时尊重和考虑别人的感受。

我想，要想让国内老师在幼儿园里广泛推行规则教育而不是纪律教育，首先需要接受这种理念的应该是家长，并得到家长的大力支持和配合。孩子的规则意识可以从1岁前就在家开始培养，而不是等到入园后甩手给老师。对于幼儿园制定的规则，家长需要和老师保持统一意见并且支持和理解老师坚持原则的做法。其次，培养孩子遵守规则不容易，在规则的制定和执行方面，需要家长在家里和幼儿园保持一致，同一个规则，既要在幼儿园遵守，回到家也同样要遵守，只有如此才能巩固孩子对规则的认同与内化。

如果一时分不清自己给孩子制定的到底是纪律还是规则，那么不妨扪心自问一下，我的要求到底是为了方便自己管理孩子（那是纪律），还是真正为了孩子好呢（这才是规则）？

听话与自主，
二者之间的度该如何把握

这是一个很有代表性的问题，代表着很多家长的困惑或误解。现代育儿理念大力倡导民主育儿，尊重孩子。可是，不要求孩子服从大人，并不意味着让孩子想干什么就干什么，想要什么都得到满足。那么在让孩子自主作决定和听家长的话之间，该如何拿捏好度呢？

真正好的教育离不开规则和界限。孩子在成长过程中会不断试探和挑战家长的底线：什么是可以做的，什么是不能做的？如果家长在教育中没有设立规则和界限的意识，那孩子就会朝着越来越熊的方向发展，长大后成为一个无视规则、践踏规则的人。

四种父母，你是哪一种

儿童心理学根据家长控制与支持孩子的程度，将管教方式分为 4 种。

1. **放养型：** 控制与支持都很低。既不给孩子制定规则，不监控孩子的行为，也不在孩子需要帮助的时候提供支持。"孩子就是孩子，他们会从生活中自己学习，自然会长大的。"

2. **专制型：** 支持程度很低，控制程度很高。制定很多规则，很可能也包括纪律，密切监控孩子的行为，但却在孩子需要帮助的时候忽略孩子的感受和情感需求，少有真正的支持行动。"你是我生的，我是你爹，你按照我说的做就对了。"

3. 允许型：支持程度很高，控制程度很低。能够随时在孩子身边提供帮助，但很少制定规则，选择相信孩子而不是监控。"我相信你会做对的事。"孩子是老板，有很大的自由爱干什么干什么。

4. 权威型：高控制与高支持程度。密切观察孩子的行为，能够随时在孩子身边提供帮助，积极回应情感需求，同时制定规则和界限。"我很关心你，并且给予你应得的自由；但在和安全、健康、道德有关的方面，你需要按照我说的做。"

第一种放养型父母，只生不养，是最不负责任的类型，我们的父母那一代兄弟姊妹多，家长要上班管不过来，很多都是放养长大的，现在的留守儿童也如此。在学龄前黄金发展阶段得不到父母的亲密管教和引导，以后父母将很难与孩子深入沟通。

第二种专制型父母的代表是过去很常见的"严父"形象，严格而高高在上，喜欢命令孩子，要求孩子服从大人的领导，每当权威受到孩子挑战时，爱动用体罚等高压手段来实施惩罚。这种"严父"表面上可能打着"爱孩子，为了孩子好"的旗号，但却极少走入孩子的内心，不懂得回应孩子的情感需求，很可能对孩子的内心世界一无所知。

我们"80"后这一代人很多都是在"专制型"父母的压抑下长大的，深受其害，所以当我们做了父母后，不愿再让自己的孩子重走老路，我们希望用民主的方式对待孩子，尊重孩子的想法，把孩子看成独立的人，与之平等相处。

然而，又有人走向了另一个极端，即第三种允许型父母，与"严父"相对的"慈母"形象。不命令、不惩罚，孩子犯错时轻易原谅，包容孩子的错误，只有自由而没有规则，不分原则地满足孩子的需求，甚至讨好孩子（小皇帝、小公主），过度参与孩子的生活，事事代劳。很多独生子女的父母和隔代带娃中的老人就是这一类家长代表，其实"允许型父母"是打着"尊重孩子"的旗号，在溺爱孩子。

第四种权威型父母是现代公认的最好的、最有效的育儿风格。在尊重孩子的同时，设定清晰的规则和界限，温和而坚定地执行，规则与自由并存，让孩子学会自我管理，懂得对自己负责和承担后果的重要性，保持变通和开放的态度，允许孩子讨论和谈判。权威型父母培养出来的孩子既有独立人格，能够为自己做主，又有强烈的规则意识，懂得如何在遵守游戏规则的前提下获取成功。

现代所提倡的民主育儿，尊重孩子，与孩子平等相处，并不是指一切都要让孩子做主，孩子有绝对的自由。相反，未成年人由于身心尚未发育完全，在很多事情上还不具备自己做决定的能力，恰恰非常需要监护人的引导和边界设置。

父母该制定怎样的规则

在孩子有能力做决定的事情上，多鼓励孩子自己做决定，给他做决定的自由；在孩子没有能力做出正确决定的事情上，提供适当引导与支持，既可以是和大点的孩子一起商量制定规则，也可以是为小点的孩子直接制定家规。

在安全、健康、道德和教养相关方面，为孩子制定规则和界限是父母的责任。保护孩子免收伤害，确保孩子的人身安全和健康成长，是为人父母的最基本任务。

而在道德和教养方面，父母传递和渗透给孩子的道德观与是非观，是孩子青春期前最重要的行为准则，也是他们价值观形成的基石。

一个人的道德和教养影响的不仅是他个人而已，还有他人和整个社会。**凡是有可能影响到别人的行为，就不可能有绝对的自由，孩子必须学会在与别人相处时，考虑别人的感受，遵守社会规则。**

一个家庭该给孩子制定怎样的规则，没有统一答案，没有任何一本育儿书会告诉我们具体要制定哪些规则，这取决于每个家庭的家风和需要。但有一点可以肯定的是，真正好的规则是用来遵守的（权威型父母），而不是服从的（专制型父母）。如何把握其中的度，请把握好两点。

1. 制定规则的动机：为了方便自己，还是为了孩子好？

2. 执行规则的方式：是温和而坚定地教导，采用自然结果法，还是威胁、惩罚乃至诉诸暴力？

动机再好的规则，如果执行方式不对，也会演变成纪律，演变成强制服从。我们一定要小心哦，切莫打着"正义"的旗号干坏事。

当然，规则并不是一经制定就不可更改的。如果孩子能提出有说服力的理由，规则应当得到修改。让孩子参与制定和修改规则，是对孩子的信任和给他做决定的机会，这份信任和民主能让孩子更容易接受和遵守所制定的规则。

别再威胁孩子了！
孩子不听话，聪明的父母这样做

"把棍子放下！我数到三，你再不放下，今天晚上别想吃饭了！"

"快去睡觉了，再看电视的话，我就把电视给扔了！"

"停！你再不停下的话，我让你有好果子吃！"

"不许哭！再哭的话一个星期都不准出去玩！"

"你要是不好好收拾你的玩具，我从今以后都不给你买玩具了！"

"你不把饭吃完的话，我就不喜欢／爱你了！"

"你再乱跑，警察要来抓你了！"

生活中，你是否也有被孩子气得发毛、忍不住威胁孩子的时候？相信这样大大小小的威胁，多多少少每天都会上演。可是这样做真的对孩子有好处吗？

对于有屈服倾向的孩子来说，很多时候威胁真的会奏效，一威胁孩子，他们就立马中计了，乖乖就犯。有的父母对这招屡试不爽，用上了瘾。但经常对孩子使用威胁会降低孩子的自尊自信和妨碍独立人格的形成，养成唯命是从的性格。这显然不是我们希望看到的最好结果。

还有的父母，自己情绪管理不好，一看到孩子不按照自己说的做，就大声对孩子发号施令，不允许自己的权威被挑战，无意识地在孩子身上发泄情绪，寻求

"赢"的快感。其实，就算我们赢了孩子又怎样呢？

如果一个孩子他所做的事，不是为了服从父母，就是为了讨父母开心，那他的人生是多么悲哀，永远也无法活出自己，内心里可能还藏着恨、矛盾和迷茫。

对于天生就有反抗精神的孩子，威胁就更谈不上好的策略了。这类孩子面对威胁会越挫越勇，家长越是威胁他，他就越想挑战家长的底线，死磕到底。

虎妈蔡美儿曾经在接受 NPR 采访时描述过一段她教育小女儿露露的故事，某天她尝试教 3 岁的露露练琴，女儿不愿意按她说的做，一边发火一边重重地乱敲打琴键。

蔡美儿为了让女儿听话，威胁她说："你看外面下着雪多么冷，你要是再乱叫，不按照我说的做，我就把你丢到外面去！"通常这种威胁对她的大女儿都挺有用的，但没想到 3 岁的露露看了妈妈一眼，自己打开门，没穿外套就径直走到了外面。

看到女儿这一叛逆的举动，蔡美儿慌了，完全没料到露露根本不怕她的威胁。很快轮到她求女儿进来了，可是露露不屑地摇摇头，表示就不进来。最后蔡美儿不得不用热巧克力和蛋糕来讨好女儿，恳求她进来……

对于不那么容易被威胁震慑到的孩子，威胁的结果往往是，父母自己给自己打脸——由于父母通常根本做不到他们口中所立下的威胁，当孩子占上风时，父母不得不尴尬退让。类似的食言次数多了，孩子就会越来越不把父母的威胁放在眼里，行为上也会愈加叛逆，管教起来一次比一次难。

无论是对有屈服倾向的孩子，还是对有反抗精神的孩子来说，空洞的威胁都无益处，还可能破坏亲子关系，让孩子心灵上与我们疏远，对我们失去信任。而信任却是一切良性亲子互动的基础。

聪明父母会怎么做

▍耐心解释 ▍

给出解释永远是第一步，耐心地告诉孩子你为什么要求他这么做或不这么做，让孩子感觉到你给出的不是自私粗暴的命令，而是有道德和逻辑支撑的正当行为准则。

要孩子收玩具，因为玩具扔得到处都是，下次很难找到，别人不小心踩到了会受伤。

要孩子不要打人，是因为这样会伤害到别人，也可能由于别人的反击而伤害到自己。

纪律是被动的听话，即使大人说的是错的，也要无条件遵守，这里面并没有涉及孩子自己的道德判断；而规则是主动去遵守，因为相信是对的事情，所以愿意去做到。

让孩子成为一个听话的人，并不是我们养育的目标。把理由解释给孩子听，让他明白做正确的事比听话更重要。正是我们一遍又一遍地反复解释帮助孩子建立起了是非判断观念，形成他自己的道德观和是非观，从而自发做出符合道德和社会规范的行为。

▍给予孩子明确的期待和后果，说到做到 ▍

在原则性问题上，从一开始就讲清楚后果。

比如，坐汽车要坐安全座椅，告诉孩子如果想坐车出行，就一定要坐安全座椅，这事关生命安全，没有讨价还价的余地。孩子如果不坐，那我们就在车里等着，甚至可以拿出一本书装模作样地看起来，以此传递信息：你什么时候坐好安全座椅，我什么时候才开车。

去餐馆吃饭之前就告诉孩子，不要在餐馆内大吵大闹到处跑动，这样会打扰到别人，也可能会撞翻服务员手上端的盘子引来危险，如果做不到的话，那只好离开餐馆。到了餐馆，如果孩子真的不听劝，那我们也必须说到做到离开餐馆（可以是暂时离开）。

有人问，这不算威胁孩子吗？你可以把它理解为威胁，但这种"威胁"在合理可操作范围内，算作自然结果——离开餐馆是为了防止撞翻盘子，保护孩子安全，也是从道德方面考虑为了不妨碍其他客人用餐。孩子必须学会为自己的行为承担后果，因此父母有必要通过设定合理后果来约束孩子的行为，只是这种后果必须是与孩子当下行为相关的自然结果，而不是父母人为设定的毫不相干的惩罚。

如果因为种种原因做不到带孩子离开餐馆，那请不要用这条作为口头允诺的后果。说到做到很重要，食言只会让以后越来越难。

给孩子一个大大的拥抱，告诉孩子"我爱你"

孩子不配合做我们想要他们做的事是常事，真要什么都配合了，才叫不正常。

我的女儿就连洗手这种小事都经常不配合，一回家就急着拿东西吃，被我要求先洗手，死活不愿意，还气得跺脚，哇哇大哭。不就是晚吃一分钟吗？可在孩子眼里，芝麻大点儿小事也是天大的事，妈妈拦着她吃东西就是在拒绝她当下的需求。

我立即蹲下来抱住女儿，把她的头放在我的肩膀上，一只手轻抚着她的头，另一只手抱着她说："宝贝，妈妈爱你。"等孩子情绪稳定下来后，再继续，"我知道你肚子饿了，想吃东西。不过要先洗手你是知道的，半分钟就洗完了，快点和妈妈一起洗吧。"

孩子很容易把大人的拒绝与爱的撤回联系在一起，因此，通常我在拒绝女儿的要求时，都会先用一句"妈妈爱你"来安抚住她幼小敏感的心灵，这是在第一时间让孩子知道，虽然妈妈拒绝了你的请求，但是我对你的爱是一直不变的。孩子得到这颗爱的定心丸后，情绪已经能平复很多，这时再解释拒绝的原因，他们更能听进去。

保持淡定和积极的态度

无论什么时候，保持淡定和积极的态度都比发脾气有效。爱对孩子发脾气的人不难发现，对孩子大吼大叫根本不管用，我们一吼，孩子哭得更大声，更不配合了。而每当看到孩子那张受到惊吓的脸时，事后我们又总是后悔自责不已。更何况**大吼大叫的说话方式无法让孩子从我们这里习得任何有效的沟通方式，反而也变得爱用大吼大叫来解决问题。**

不如转换策略，改用淡定和积极的态度对待孩子的问题。女儿不想刷牙的时候，我就用迂回战术。手里拿着牙刷，也不急着逼她刷牙，先表扬一番她今天的表现："宝贝，你今天和朋友玩的时候，主动把玩具让给朋友玩，好棒啊，都懂得分享了！""你今天还照顾了你的娃娃，把娃娃推出去散步，又给她喂了奶喝，你真是长大了啊！都会照顾小宝宝了！"被我这么一夸，女儿已经心花怒放，眉开眼笑，嘴里不停地说："是的，我长大了！我是大姐姐了！"我马上顺势说："大姐姐们每天都是主动刷牙的，你这么棒，是不是也主动刷牙呀？"她中了我的计，马上点头张开嘴让我给她刷牙啦。

孩子都有向善向好的本性，如果我们多肯定和表扬他们做得好的地方，他们就会做出更多正面的行为。没有哪个孩子天生想当坏孩子，非要说有的话，那一定是被大人的引导不当逼出来的。

大方承认自己的错误

很多父母羞于在孩子面前承认自己的错误，认为丢面子或有失权威。其实不然，父母在孩子心目中的形象并不会因为承认错误而受损。相反，我们对待错误的诚实态度和勇气，恰好向孩子正确示范了面对错误时应有的姿态。

如果我们说出了一个不能实现的威胁，不必为了面子死撑下去："如果你再哭，明天就不准和朋友出去玩了！"而事实上你已经和朋友约好了明天必须赴约，这时你可以坦诚地对孩子说："我刚才犯了一个错误，明天我们已经和朋友约好了，不能失约。但是你再这样闹下去，后天我就不考虑带你出去玩了。"

坦白承认错误，避免威胁成为空洞的威胁。如果有时候并没有想好怎么应对孩子的无理行为，与其拿空洞的威胁吓唬孩子，不妨给自己一点缓冲时间，你可以告诉孩子："你这样做是不讲道理的（或不对的），我现在非常生气，但我不想在气头上管教你，我需要先静一静，想一想怎么处理这件事情。要不你也想一想该怎么办，然后我们互换想法？"趁着冷静的这段时间，你可以更好地想想要怎么跟孩子解释原因，又或者他要为自己的行为承担哪些合理的后果。

世上没有完美父母，所有的父母都会有忍不住对孩子发脾气、威胁孩子的时候。最重要的是，发生之后，我们如何去面对。勇敢地直面自己和孩子，坦诚谈论发生的事情，千万别羞于对孩子说出你的真实感受和想法。自责也好，后悔也罢，重点是把每一次失控都当作学习和成长的机会——对你和对孩子都是。

帮助孩子做到，
比惩罚孩子没做到重要 100 倍

一说到孩子不听话，出现"问题"行为，很多父母都头疼，谁都想把自己家孩子教育好，可到底怎么管教才有效？明明说了很多遍孩子就是不听嘛！

对父母说话态度差，动不动就发脾气……

爱动手打人，叫他吃饭他打人，不让他看动画片他也打人，一有不如意就打人……

天天要孩子收拾玩具，他就是不收拾…….

天天把不喜欢吃的饭菜往地上扔，就是不改……

当孩子的行为不符合我们的预期时，我们是否应该惩罚孩子，强制就范？惩罚是否有用？

美国教育学家汤姆·赫勒在他的著作《灵感老师》中引用了他学生非常著名的一段话：

"如果一个孩子不会阅读，我们教他。"

"如果一个孩子不会游泳，我们教他。"

"如果一个孩子不会做乘法，我们教他。"

"如果一个孩子不会开车，我们教他。"

"如果一个孩子行为不得体，我们……教他，还是惩罚他？"

"为什么最后一个问题我们不能像回答其他问题时那样干脆地回答？"

孩子出现所谓的不得体行为，即不符合我们期待的行为，是再正常不过的事。**没有人与生俱来就懂得成人社会的那些规矩。**如果一个孩子表现得像天使一样，不大吵大闹，行为举止彬彬有礼，还特别会为别人着想，一举一动都得体，那才叫不正常！如果你对孩子抱有这样的期待，请先反问一下自己是否期待太过不现实，而不是抱怨孩子的问题太多。

好行为是家长教出来的，而不是惩罚出来的

正如教会孩子自理算数、游泳、弹钢琴一样，父母和教育者的重要使命之一，是耐心地花时间教授孩子得体的行为，帮助孩子最终成长为一个适应社会、受别人欢迎的人。

在试图纠正孩子的错误行为时，最行之有效的方法莫过于：

1. 向孩子示范正确的行为。
2. 用自身行为帮助孩子做到。
3. 实在做不到，要承担自然结果。

坚持重复，慢慢地孩子就会养成习惯。

例子1：孩子说话态度差，怎么教？

妈妈扫地时挡住了电视机里的动画片，立刻大吼大叫："让开！你挡住我了！"这时我们可以温和地告诉孩子："你刚才的说话语气很没礼貌哦，妈妈听了很不舒服，我们尊重你，但是希望你也懂得尊重我们的感受，刚才的情形你可以换个方式说'妈妈你挡住我了，请你让一下'，这样妈妈更能接受。"

然后，妈妈可以假装继续在电视机前扫地，等待着孩子的变化。其间用语言提醒孩子："如果有人挡住了你，你可以怎么说？"如果孩子一直做不到礼貌地请求，那就一直挡着，或者把电视机关掉。这属于逻辑后果，是做不到就必须承担的。

这是德国人最常用的方法。德国人特别注重孩子的教养，体现之一就是对礼貌用语的使用，从孩子会说话起就开始时时教导。

如果孩子指着苹果对父母说："给我苹果！"德国父母马上提醒孩子应该这样说："可以请你把苹果递给我一下吗？"日复一日，不断地重复，不断地示范。

当有一天孩子又忘了使用礼貌语时，父母小心提醒："你好像忘了一个很重要的词哦。表达请求时该怎么说？"直到孩子说出"请"字，才把手里的东西递给孩子，同时表扬和肯定孩子改正之后的行为。

我们中国人虽然不需要在家人之间"请"来"请"去的，但向孩子示范如何使用礼貌的语气表达请求仍很重要。要点是，遇到不对的语气和说话态度时，立刻提醒孩子"想一想可以怎么说才更好？换个更好的表达方式"，孩子如果不记得，就示范一遍，然后要孩子自己重新说一遍。做到了，再满足他的请求，同时表扬正面行为。

▌例子2：孩子爱打人，叫他吃饭他打人，打断他玩游戏他也打人，怎么教？▌

其实孩子之所以爱打人，是因为他没有学会其他更好的表达反对意见的方式，所以只好用打人这种最原始最本能的反应来拒绝别人。这正是培养情商的绝佳机会——遇到冲突，是通过沟通斡旋解决，还是诉诸武力，体现的是一个人的情商。

第一步，先了解和理解孩子打人背后的动机。

第二步，制止打人的动作，轻搂着孩子的胳膊或者温柔地握住他的手都可以。

第三步，教孩子用语言表达自己的需求。

第四步，强化正面行为。

因玩得正投入被打断而生气打人，我们可以抓着孩子的手说："我知道你在玩得尽兴时突然被打断，很生气。我非常理解你的感受，换成是我，也会很不爽的。可是表达生气我们可以用语言说出来，好好说话别人更能理解你的意思，打人是不对的，更何况打人并不能解决问题。"

哪怕孩子小，还不会说话，家长也有必要用语言把孩子的心理需求描述出来，这么做既能让孩子感到被理解，也是在向孩子示范用语言表达自己的情绪。

孩子因为争抢玩具而打人，我们可以教孩子说："停！请不要碰我和我手上的东西。我玩完后会给你。"

孩子想拿别人手上的玩具，导致人家孩子哭了起来，我们可以教孩子拿别人手上的玩具之前，先问一问别人："可以把这个玩具给我玩一下吗？现在轮到我玩了，我也想玩。"

孩子玩滑滑梯时，推了坐在前面的孩子，了解和理解孩子的动机并不是恶意的，只是嫌前面的孩子太慢，可以教孩子说："请你快一点，我等着好着急。"

以后再遇到类似情况时，先挡住孩子的手，预防他出手（不给他出手的机会），同时提醒孩子："这种情况下，你可以怎么说？"当孩子成功用语言化解冲突时，别忘了及时表扬和肯定。

例子 3：天天要孩子收拾玩具，他就是不收拾，怎么教？

孩子的大脑其实不能理解为什么玩具一定要收拾好，因此，原因虽然我们要解释，却不能指望孩子能真正理解。要把收拾玩具当成规则执行下去，需要家长把这件事当成习惯来培养——这意味着每天做，不断重复。

在收拾玩具的执行上，最忌讳的是，大人只是嘴上说着要孩子收拾，可是当孩子没有行动的时候，就不了了之。

希望孩子做到一件事，首先我们大人要坚持下去。当孩子不收拾玩具时，那我们就蹲下来自己开始收，同时呼唤孩子一起来帮忙，想办法吸引孩子参与进来，把收拾玩具变成游戏的一部分。只有坚持下去，才能养成好习惯。

▌例子 4：天天把不喜欢吃的饭菜往地上扔，就是不改，怎么办？▌

在我们眼里，把饭菜扔地上是不对的行为，但孩子可能压根儿不知道不能把饭菜扔地上的社会规则，他说不定在做重力实验呢。所以，在给孩子下判决书之前，先要考虑孩子的年龄及发展特征，诊断出行为背后的动机再对症下药。

1 岁半以上的孩子能听懂基本指令了，这时候在明确告诉孩子不能把不喜欢吃的饭菜扔地上的情况下，如果还是屡教不改，就需要像德国园长那样，**用自身行为帮助孩子做到——把孩子放地上，握着他的手一同捡起地上的饭菜**。这个动作应该是温和而坚定的，孩子也许很不情愿，因此做到伴随共情和解释原因很重要："妈妈知道你不想捡，可是我提醒过你很多次了，饭菜丢到地上把地板弄脏了，我们要捡起来把地板擦干净，这样大家走路的时候才不会滑倒，你也不希望我们摔伤吧。来，我们一起捡吧。"

当捡起所有饭菜后，再肯定孩子的行为——你把地上的饭菜都捡起来了，做得很好。同时也不忘提醒一句"以后谁把饭菜扔地上的话，都要自己捡起来哦"——教孩子承担自己行为的后果。

切忌孩子不捡，家长就帮着捡了。简化处理，当时是省心了，长远来看却得不偿失。说到不做到，乱了规矩，以后想执行规则只怕是越来越难！

能够做到以上这些，孩子的大多数问题基本都能化解，只是贵在家长的坚持。**请记住，帮助孩子做到，比惩罚孩子没有做到重要 100 倍！**

part 6

德式早教

——激发孩子的潜力与兴趣

谁说德国禁止早教了？
他们的早教班选择丰富着呢

曾经，一篇名为《德国宪法禁止学前教育》的文章传遍朋友圈，让很多人都误以为德国孩子就是放养式的傻玩，虽然已经有很多人出来辟谣，但时至今天，我还时不时在朋友圈看到有人转发这篇文章。

事实上，早教的概念在德国很早就存在，它的重要性也毋庸置疑。一个人生命的最初几年是学习和发展某些特殊能力的窗口期，在此期间所形成的能力为以后的一切学习过程都奠定了基础——这一点在德国已是共识。因此，今天的德国，不但不禁止早教，相反，为了满足儿童发展窗口期的需求，也出现了形式多样的早教课程，一般家庭都会报一到两个班。

0～3 岁篇早教班

▌布拉格亲子项目 ▌

适用年龄：6 周至 1 岁
频率：每次 1 个小时，一周一次

布拉格亲子项目的理念是让缺乏育儿经验的年轻父母们在宝宝出生不久后，带着年龄相仿的宝宝一起组成亲子小组，由专业的老师带领和指导父母陪伴宝宝游戏，借此机会父母们还能在老师的引导下交流育儿心得、彼此支持鼓励、结交朋友。

布拉格亲子小组的核心教育方式有三点：游戏、运动和感官刺激。宝宝们一般都是光着身子，这能促进他们的运动量和感官灵敏度。

老师会为宝宝设计适合月龄的游戏与活动，每次课程内容都不一样。玩的过程中，老师示范如何陪伴孩子游戏探索，父母全程专心参与，宝宝们有充分互动的机会。

在父母陪玩的过程中老师还会根据每个孩子的反应适时讲解孩子的心理状态、意图和体验，让父母了解孩子早期每个阶段发展的特点，学会从孩子的角度去理解他们的需求。同时老师会在讲述中提倡父母们看到和珍惜每个宝宝的独特之处，而不是相互比较和竞争。

总之，布拉格亲子项目旨在教会父母在孩子还不会说话时，通过敏锐观察来了解孩子的心理活动，学习做一个该放手时就放手的陪玩者。

▎音乐园▎

适用年龄：分三组，半岁至 1.5 岁，1.5 ~ 3 岁，3 ~ 5 岁
频率：每次 1 个小时，一周一次

在亲子共同参与下围绕音乐展开活动。典型的流程是开始时的欢迎歌曲（歌词会串联孩子的名字）—运动歌曲—唱歌跳舞—聆听音乐—乐器（可自由决定活动）—结束歌曲。

跳舞和运动是德国人生活中少不了的元素，在音乐园课上也同样如此。充分利用音乐的感染力调动孩子全身细胞动起来，边唱边跳，语言能力、听力、节奏感、运动能力都得到了促进。

运动歌曲一般都是与歌词配有相应的动作，德国这样的运动歌曲非常丰富，比如，我最喜欢的一首运动歌教小朋友爱干净，常洗身体（手、脚、屁屁、头发），洗完发现找不到毛巾了，只有用力甩啊甩，摆啊摆，把水都甩干！

音乐园上的乐器很简单。玩乐器的目的不是为了教授使用技巧，而是启发孩子对音乐的兴趣和直觉，感受和欣赏音乐与节奏之美。

▍宝宝游泳课 ▍

适用年龄：4个月至2岁（按年龄分组）

频率：每次1个小时，一周一次

等到宝宝能自己撑起脖子时，即可参加游泳课。在老师布置的场景下，父母在水里和宝宝体验各种游戏，鼓励宝宝之间的互动。这一点和国内流行的宝宝游泳方式非常不同，德国宝宝在水里因为有大人的保护，一般可不戴泳圈自由行动，1岁以上的孩子在两臂上戴上臂圈，不妨碍他们身体的活动。

大多数宝宝都与生俱来喜欢泡在水里的感觉，因为这唤起了他们待在妈妈子宫里时的感觉。完全浸没在水里时宝宝会本能地屏住呼吸。

▍运动课 ▍

适用年龄：1~3岁（父母陪同），3~6岁（单独上课）（按年龄分组）

频率：每次1个小时，一周一至两次

很多家长还未意识到运动对儿童发育的重要性，倾向于将更多时间花在提前学习文化课、音乐和美术培养方面。然而，运动促进的远不止运动能力，它更能促进大脑发育，通过运动吸入更多氧气，增加脑部血流量，促进神经细胞联结，最后为孩子的学习能力奠定基础。不夸张地说，运动不仅能增强孩子的反应速度、身体协调能力、平衡感和专注力，甚至为孩子将来的运算能力、逻辑思维、空间想象力和方向感都打下基础。

运动课几乎是每个德国孩子都要上的早教课。课程由社区运动俱乐部提供，社区运动俱乐部有政府补贴，所以价格非常优惠。运动课场地租用公立小学的室内体育场，空间广阔，设施种类繁多。运动前，先围坐成圈圈唱歌（如手指谣），玩点互动小游戏，热身后老师会拿出一张新设计图出来，讲解如何摆放运动设施，家长们和老师一起按照设计图摆放器材。结束后家长和老师一起把器材放回储藏间。每次课的器材摆放位置、类型及玩法都不同，几乎没有重复。

这是德国运动班的一大特点，注重运动形式和种类的多样化，让多种运动能力、身体各个部位都得到锻炼。比如，训练攀爬的梯子，训练跳跃能力的蹦蹦床，训练平衡能力的独木桥、匍匐爬行的小隧道，需要翻越的障碍物，吊环练手劲和臂力，等等。此阶段运动课的主要目的是让孩子爱上运动，给予孩子尝试各种运动的机会，体验与同龄人一起运动的乐趣。

整个课程没有绝对秩序，孩子们自由选择玩什么、怎么玩，家长负责孩子的安全，老师在一旁鼓励孩子。一个设施前如已经有人使用则需要排队等候，培养孩子的规则意识。室内活动一般不穿鞋子，天冷穿防滑袜，夏天鼓励光脚丫。

运动结束后，大家又围成圈圈，玩一玩亲子互动游戏（如猫捉老鼠），最后唱完结束歌曲才算正式结束。

▌婴儿按摩班 ▌

适用年龄：6 周至半岁

频率：每次 1 ~ 1.5 个小时，一周一次

父母为宝宝按摩，不过需事先接受 45 分钟训练才能实施。身体接触是我们的第一语言，在抚摩中宝宝感受着自己的身体及周围环境。涂上精油，温柔的轻抚按摩让婴儿感到放松。

有研究表明，以这种方式"按摩"的婴儿，哭得少，睡得更好，并能减轻难

以忍受的肠绞痛、腹胀、出牙疼等症状。亲密的肌肤接触还能极大增进宝宝与按摩者的感情与信任。

▌宝宝瑜伽班▌

适用年龄：0岁至半岁，半岁至1岁

频率：每次1个小时，一周一次

放松、伸展、运动——宝宝瑜伽课是妈妈产后恢复和宝宝运动的结合体，瑜伽动作的设计同时考虑到了宝宝和妈妈的需求。在放松的气氛中妈妈和宝宝一起练瑜伽，既提高了宝宝的运动能力、力量和平衡感，恢复了妈妈的身体，又加强了妈妈与宝宝间的依恋关系，同时还为妈妈和宝宝都提供了社交环境。

瑜伽课上学的内容，还可以自己在家练，健身时也不忘让宝宝参与进来。

3～6岁篇兴趣班

如果你真的相信国外的孩子童年都在傻玩，那就大错特错了。在德国，玩虽然是学龄前儿童的主要活动，但绝不是傻玩。德国有许多针对3～6岁儿童开设的兴趣班，由专业人士指导，开发学龄前儿童的潜力，真正的寓教于乐。

▌少儿舞台剧表演班▌

适用年龄：4岁以上

频率：每次1个小时，一周一次

德国少儿舞台剧表演班旨在为4岁以上的儿童提供一个寻找与表现自我、锻炼勇气、挖掘演艺才能、碰撞灵感和发挥创意的表演舞台。孩子们在轻松愉快的氛围中跟着专业老师边玩边在实践中学习戏剧表演的基本功。

学习在舞台上面对观众讲话，知道多大的声音为合适的音量，从小锻炼在公共场合的演讲能力。对着摄影机表演，学会使用肢体动作和面部表情增强表现效果。了解自己的仪态，从小就培养出十足的镜头感。

舞台剧表演自然也少不了唱歌跳舞和角色扮演，甚至还包括自己动手制作舞台道具。剧本一般以童话故事或流行的图画故事为蓝本，在排练过程中老师鼓励孩子们激发与碰撞灵感，发挥个性，大胆自由地即兴创作。孩子们可根据自己的喜好挑选角色，通过扮演不同的角色能使孩子的自信心和个性都得到加强。最终，在大家的集思广益下打造出属于孩子们独一无二的舞台剧。

每学期课程结束前会邀请家长和社区居民前往观看孩子们学习了几个月的"成果"，有时出色的表演甚至还能登上当地的报纸呢！正因为知道在学期结束时会有公演，孩子们都会很认真、投入地排练、背台词，当他们看到自己的家人都来看自己准备已久的表演时，内心的自豪感会直线飙升。

我后来终于明白老外的表演和模仿能力为什么都那么强了，那是因为人家从小就接受训练，舞台表演经验丰富！

可能有家长会觉得，只有那些高颜值，将来想朝演艺方向发展的孩子才需要去上表演班？实则不然。生活在信息时代的我们，无时无刻不需要用到表达和展现自我的能力。不论是去面试学校或工作，还是向客户展示策划案，又或是向老板汇报工作成果，都需要卓越的表达能力和自我展现能力才能赢得别人的好感与信任。同样一个故事，有的人讲出来非常好笑，有的人讲出来就冷场，正是因为表演能力的差异！除了语言，面部表情、姿态、肢体动作都能为表现效果加分。因此，从小培养孩子的表演能力对孩子的未来发展非常有利。

音乐启蒙教育

适用年龄：分两组，4 ~ 5 岁，5 ~ 6 岁
频率：每次 1 个小时，一周一次

德国有着悠久的音乐史，德国的古典音乐家在全世界都享有盛誉，最著名的莫过于家喻户晓的贝多芬和巴赫。早在几个世纪前，音乐就已经成为德国市民生活中重要的一部分。

1825 年，一个在德国旅游的美国游客抱怨道："客人只要一进到市民家里，还没坐下，手里的酒还没来得及喝，主人就迫不及待地要求自己的女儿为客人演奏一曲钢琴曲。"

19 世纪著名的德国诗人海因里希·海涅曾感叹："走到哪儿都避不开钢琴啊！"

200 年后，钢琴潮在德国早已退去。现代德国音乐教育理念认为在童年时期（入学前）以游戏的方式接触音乐是培养孩子音乐能力的最佳准备方式。4 ~ 6 岁的音乐启蒙教育着重训练音乐听觉和视觉能力、身体随着节奏舞动的能力，以及对不同乐器形状和不同声音的体验。音乐启蒙课程以"音乐结合跳舞"的形式展开，包含唱歌、朗诵、乐器、音乐聆听，当然还有运动和舞蹈。

4 ~ 5 岁：激发和唤醒孩子对音乐的兴趣，促进有意识地聆听音乐。了解和认识各种不同的乐器，将节奏和各种声音融入游戏中，体验音乐的丰富性。

5 ~ 6 岁：对音乐和舞蹈方面的要求会更加专业。在将音乐与跳舞相结合的游戏氛围中，更明确地激发孩子的认知行为，有意识地识别音乐符号、乐谱、鼓语言、声音、旋律和节奏，用学到的基本音乐元素创作新的音乐。

在此阶段，音乐学校还会提供"乐器旋转木马"课程，即在半年时间内尝试了解多种乐器和专业领域，如手风琴、钢琴、竖笛、吉他、小提琴、大提琴或圆号等。课程结束后，家长再与孩子一起决定选择哪种乐器继续深造，老师也会在此选择过程中为家长提供咨询服务。

德国的学前音乐教育，重在激发孩子的兴趣和潜力，为孩子接触了解多种乐器提供机会，让孩子在尝试和摸索中找到自己的兴趣点和擅长领域，在学龄前确定选择一种（或多种）乐器，进入小学后才开始真正接受正式专业的乐器学习。

攀岩课

适用年龄：4～6岁，6岁以上
频率：每次1个小时，一周一次

德国人鼓励孩子冒险，挑战自己的能力，大胆探索世界。攀岩是很受孩子欢迎的一项运动。几乎每个游戏场地、每家幼儿园和学校都装有不同尺寸的攀岩墙。

德国父母当然也认为攀岩运动有危险，但并没有危险到无法克服的地步，知道有危险也不妨碍他们让孩子去尝试和挑战。关键是让孩子从小学会克服恐惧和自我保护方法。因此，4～6岁攀岩班作为孩子们首次接受的专业攀岩训练，将教学重点放在了正确使用安全措施和攀岩装备上。在专业老师的指导与保护下，孩子在攀岩运动中享受挑战身体极限的乐趣；学着与队友合作，逐渐发展出对自身能力的自信以及对队友的信任。

假期时间，很多德国父母乐于带孩子去户外攀岩。此外，德国孩子还对爬树钟爱有加。"有过爬树的经历"甚至被研究儿童发展的德国专家列为6岁前必须体验的经历。

创意舞蹈班

适用年龄：3岁以上，按年龄分组
频率：每次45分钟至1个小时，一周一次

与同龄人一起，如精灵翩翩起舞、青蛙一样跳跃、骏马一般奔驰、龙卷风一般旋转……孩子能想到的童话对象都能融入创意舞蹈中去。

孩子天性爱动爱幻想，创意舞蹈充分利用儿童的天性，用充满想象和乐趣的舞蹈形式引导孩子用舞姿、用身体去表达自己的内心，舞蹈老师提倡和鼓励孩子即兴表演，在团队面前勇敢说出自己的灵感想法，然后大家一起去执行。

在即兴创作过程中，不仅发展了创新能力，身体协调能力与音乐感受能力也不知不觉得到促进，同时还体验了团队协作带来的快乐，令孩子的社交能力也得到提升。

总体上说，德国学龄前儿童的早教班与兴趣班，多顺应孩子的天性，以充满乐趣的游戏形式来激发孩子的兴趣爱好和创新能力。主要目的不在于传授技能，而更看重：

· 发展身体协调能力、运动能力(所有的课程都包含运动)。

· 增强语言表达能力(所有的课程设置都鼓励孩子表达自我)。

· 促进社交与合作能力(所有的课程都包含团队合作)。

以上能力是其他一切能力形成的基础，包括数学能力、逻辑思维、空间想象力等的形成。上兴趣班的主要目的是体验和探索各种可能性，让孩子对自己的兴趣点和自身的强项弱项有更清晰的认识，为孩子将来选择特长专攻打下基础。

如何让0～1岁宝宝更聪明？
新手父母最需要知道的四大做法

如何刺激婴儿大脑的发育

　　如何刺激婴儿大脑的发育？答案不是益智玩具，不是早教班，而是与父母的日常互动。这是因为，孩子的学习过程是连贯的、线状的，它贯穿在生活的每时每刻，而不是局限在某一个时间点。早教班质量再高，一周也不过1～3个小时；玩具再益智，没有人陪着宝宝玩，没有人在宝宝想要分享喜悦时提供反馈，玩具的益智作用也得不到充分发挥。

　　真正注重教育的父母，一定会将最多的心思和时间花在与宝宝的互动上。

　　不夸张地说，宝宝的学习从未出生时就开始了。宝宝还在妈妈肚子里时，就有记住人声的能力，出生后宝宝能辨认出他以前在妈妈肚子里经常听到的人声。人类大脑的大多数回路都是在出生后的头几年生长起来的。宝宝刚出生时的大脑只有最终成人大小的四分之一，但到了两岁，就已经长到成人大小的四分之三！等到了5岁，孩子的大脑就已经与成人大脑的大小及容量非常接近。婴儿大脑神经元的生长及联结有赖于环境的刺激，环境越丰富，提供的体验与学习机会越多，大脑神经元联结形成的突触就越多。因此，为了抓住宝宝大脑发育的黄金期，除了吃喝拉撒睡，我们能做的还有很多，可概括为五大方面。

把孩子当回事

它的核心是指把孩子当作独立的人看待，重视孩子的感受，不要以为孩子还小什么都不懂。每个孩子都有自己的个性，有喜好，也有厌恶的东西。尊重孩子的偏好，时常问一问自己："孩子到底喜欢什么？""我这样做让孩子感到舒服吗？"

比如，很多家长喜欢和孩子玩举高高、挠痒痒等游戏，宝宝有时候会表现出喜欢，有时候也会因为太过猛烈而感到不适。当孩子表现出不喜欢时，家长应立刻停止并且告诉孩子："你不喜欢我用这样的方式对你，那我就不这样做了。"这是在用语言向孩子传达，他有权利表达自己的偏好，有权利说"不"，同时我们充分尊重他的感受，我们对孩子的爱不会因此而减少。

真正理解并做到这一点不容易。长久以来，我们的传统文化里缺乏对孩子的尊重，甚至认为孩子不需要尊严。很多人把孩子当玩具，以逗孩子、激怒戏弄孩子为乐；还有的人让孩子穿着开裆裤到处跑，在众目睽睽的大街上公然把尿，毫不避讳……这些都是不尊重孩子的体现。

多对孩子说话

无论是在喂奶、换尿布还是陪玩时，**对孩子说话时要多看着他的眼睛。目光接触是孩子发展出安全感的基石**。无数研究指出，让孩子浸泡在丰富的语言环境中，提高的不仅仅是孩子的语言能力，更能刺激他们的大脑发育，让孩子变得更聪明。

不管我们在和孩子做什么，都尽量用语言描述和解释出来。

在给孩子换尿布时，边换边说："宝宝，妈妈现在要帮你脱裤子啦，然后用湿布擦一擦小屁屁，换上干净的新尿布。"抱着孩子走到厨房时，也可以边走边说："我们现在在厨房，我在冰箱里找找吃的。"

很多人认为，孩子还那么小，根本听不懂，有必要跟他们解释那么多吗？曾经有一次，悠悠8个月大的时候，因为醒来发现睡的床不是之前入睡的床而大哭，我抱着安慰她："妈妈知道你感到害怕了，睡着睡着突然换了不熟悉的床，你感到很陌生，想睡回原来的床是不是……"话音未落就被我妈批评道："你怎么连哄孩子都不会？你跟她说这些有什么用，她又听不懂！"然后我妈一把夺过悠悠，抱在怀里晃起来，嘴里反复哼着"啊啊，啊啊"。有多少人抱着和我妈妈一样的想法，错过了和孩子交流的机会。虽然小婴儿听不懂我们说的每句话，但他们能从我们的话语中切实感到爸爸妈妈关注和在乎他们的需求，愿意与他们交流。这种交流的意愿本身就能让宝宝感到受重视和尊重。

具体做法指导：

· 有意识地说出宝宝看到的物体的名称。

· 对宝宝阅读绘本。

· 当宝宝发出一些声音时，用同样的声音回应宝宝，这会让宝宝为自己刚才的尝试感到自豪，并继续做出更多尝试。

· 经常重复自己的话，加深宝宝的印象。

· 使用正确的词汇和句式，发音清晰，语速不要太快。

· 生活中随时对宝宝解释描述你正在做的事情。

· 当对宝宝说"不"时，请解释一下为什么。

· 多对宝宝唱歌和念押韵的童谣。

· 考虑引入母语外的第二语言，越早越好。

用爱抚和肌肤之亲来灌溉宝宝

孩子需要爱抚和肌肤之亲的灌溉，缺少了它们，就好像花朵缺少了阳光雨露，很快会枯萎。这种枯萎损害的不仅仅是孩子的情感，连大脑发育都会因此滞后，直接降低孩子的智商。

对亲密的向往并非人类独有，而是许多动物的共同天性。在德国动物园里，象宝宝出生后，如果因为各种原因不得不与象妈妈分离，动物园会专门指派一名固定的饲养员充当象宝宝的"妈妈"，不光负责喂食，更是负责爱抚和抱着象宝宝入睡。因为研究发现，缺少母爱和肌肤接触的象宝宝会出现抑郁、发育迟缓等一系列问题。动物尚且如此，人类宝宝对亲密的需求就更不可忽略。千万不要有抱多了会宠坏宝宝的思想，相反，1岁前多满足孩子的合理需求有利于孩子发展出健康性格。宝宝不是因为抱多了而被宠坏，而是因为没有合理设置界限和规则而被宠坏。

具体做法建议：

·多对宝宝微笑，多抱宝宝。

·轻轻抚摩宝宝的头、身体，温柔地对他说话。

·多让宝宝坐在父母的大腿上，与父母面对面地玩。如果宝宝自己还不会坐，就让他背靠在父母的大腿上。

·和宝宝一起泡澡。

·为宝宝按摩。德国一岁前宝宝上的按摩班，既能解决睡眠和胀气肚子疼问题，又能增进宝宝与父母之间的联结。

·穿着背带多带宝宝出去逛逛，去超市买东西、公园散步，既能呼吸新鲜空气，又能多见识新环境。

·母乳喂养。温柔地抱着宝宝，喂奶时目光与他对视，但要让宝宝的双手自由，想抓哪里随他。若用奶瓶喂养，也可用同样的姿势抱着宝宝喂奶。

▍陪玩 ▍

父母即是1岁前宝宝最好的活玩具。我在女儿1岁前给她买的玩具，除了床铃、球、咬胶、布书，其他的基本没派上用场。悠悠1岁前最喜欢玩的是我手上拿的东西，我拿什么她就要什么。至于那些漂亮的益智玩具，她跟没看见似的，倒是对快递盒子很感兴趣……

德国专家分月龄的陪玩建议：

0～3个月

·对于初生婴儿来说，爸爸妈妈的脸和声音比任何玩具都更有吸引力。让宝宝探索你的脸，保持20～25厘米的距离，如果宝宝想用手摸，将脸凑得更近一些。

·宝宝的手脚也是他们的玩具，这个阶段的宝宝喜欢啃咬自己的手和脚，是宝宝在不断自我确认，这是"我的"脚，"我的"手，"我"发出的声音。

·换尿布时，抚摩宝宝的肌肤，握着宝宝的小脚丫做做运动。天气条件允许的情况下，对着宝宝的肌肤吹气，让他体会这种气体拂过的微妙感觉。

·在尿布桌和床上装上床铃，转动或发出声音给宝宝看。

·给宝宝毛绒娃娃或安抚巾抓捏。

·拿沙锤之类的小玩具，在宝宝眼前慢慢来回移动，让宝宝的眼睛跟随玩具走。

·轻轻抚摩宝宝的手背，你会发现他拽得紧紧的小手会慢慢打开。

·把宝宝放大腿上，边唱歌边随着节奏轻轻摇晃。

·把球放在躺着的宝宝脚下让他踢球。也可以将宝宝直立抱着，让他尝试踢球。宝宝成功踢到球的时候会非常开心。

·让宝宝趴在球上来回滚，最好是宝宝的脚能够接触到地面，找到感觉后会尝试自己用脚蹬地发力让球往前滚，这是个了不起的发现哦！

4～6个月

·开始会自己主动去抓物品和玩具。多让宝宝趴着玩。趴着时，把东西放得稍远一点，让宝宝伸手够一够才能拿到。

·什么都往嘴里放。不要总是阻止宝宝的啃咬物品行为，处于口腔敏感期的宝宝用嘴巴这个感官去探索，不给宝宝探索的机会会打消孩子的探索欲和好奇心，让孩子感到沮丧，变得畏首畏尾。我们只需要确保宝宝放在嘴里的物品无毒即可，并不需要做到样样东西都高温消毒，正常接触细菌有利于宝宝免疫系统的建立。但也要保证东西不会因吞咽而造成危险。

·手指游戏。把小鸟手偶戴在食指上，说："一只小鸟飞过来了！哦，它停在了你手上！""又来了一只小老鼠，它在打洞，钻啊钻啊，哦，钻到洞里去啦！不见了？快来找一找老鼠去哪里了？"

·模仿驾驶各种交通工具，伴随着夸张的声音和语言。比如，握住宝宝的腿有节奏地表演："我们来骑自行车啦——踩脚踏板，一圈，两圈，三圈。"把宝宝放在怀里，面朝前方，抓住宝宝的手假装握住方向盘："开车啦！轰轰轰——出发！左转弯（身体大幅度向左倾），哦，前方右转弯！（身体大幅度向右倾）怎么突然冒出了一头牛，紧急刹车！（脚假装踩刹车，身体大幅度向前倒）"**父母的演技越到位，宝宝玩得越开心。**

·声音游戏。在宝宝面前撕纸发出咔嚓的声音，用木勺子敲煮锅，然后让宝宝自己尝试。

6 ~ 9个月

·开始更多用手探索物品，精细动作开始迅速发展。

·喜欢玩自己的脚丫子。

·撕纸。

·多让孩子爬。爬不仅是运动，更能促进和刺激大脑的发育，爬得越多，大脑越发达。爬累了自然会吃得更多、睡得更香，完全不需要担心。

·寻找隐藏的东西，比如，掉到床下面的毛巾，放在抽屉里的东西。

·喜欢把物品从容器里拿进拿出。这时可以开始给宝宝一个篮子或者盒子和一些形状材质各异的东西，让宝宝装进去倒出来。

·对于特别爱翻抽屉的宝宝，建议考虑把低层抽屉里的东西换成宝宝可以玩可以摸的。实在不行就安上安全锁把抽屉锁上——这比反复告诉宝宝这不能开，那不能翻更有效。

· 使用物品发出声音。这时可以给宝宝一些能制造声音的物品，如撞击积木。

· 飞的游戏。水平抱着宝宝，肚子朝下，缓慢地让宝宝感觉飞起来，上下左右转圈都可以，这样做既让宝宝体验飞，也让宝宝有机会换个视角，从更高的视野观察周围的环境。

· 钓鱼游戏。和宝宝面对面地趴在地上，拿着一个用线系着的玩具在宝宝眼前晃，诱惑宝宝用一只手撑在地上，另一只手去抓晃动的玩具，考验宝宝的手眼协调能力和手臂力量。

10个月以上

· 宝宝坐着时，把球滚到宝宝身边，他会尝试抓住球，鼓励宝宝再把球滚给你。

· 把纸捏成纸团，当球一样扔着玩。

· 唱带动作的儿歌，孩子也能跟着学拍手、蹬腿等动作，如我们小时候都学过的《如果感到幸福你就拍拍手》。

· 对孩子挥手打招呼，孩子也会对你挥手。然后背过身子，再转过来，对孩子再次挥手打招呼。同理，也可以教孩子挥手说"拜拜"。

· 爬高。宝宝能站起来了，动作也越来越熟练，他们会对爬高跃跃欲试，家里的床、沙发、茶几，甚至父母都是他们攀爬的对象。请允许并赞扬孩子的成就。

· 孩子在地上爬，你也在后面跟着爬，追着孩子爬，孩子看到父母也趴下来会非常惊喜！有演技的可以表演一些动物，学狗狗猫咪，《从头动到脚》这本书很适合家长带着孩子一起做动作。

· 或你在宝宝前面爬，诱惑宝宝来追你，宝宝追上来时，温柔地转身（不要太突然，否则会吓到宝宝）打招呼说"哈喽"，然后一把拥抱宝宝，给宝宝一个大大的吻。

· 你躺在地上，把眼前的玩具藏在你的另一边身体下面。鼓励宝宝越过你的身体找玩具。

·初级躲猫猫。孩子现在已经知道看不见的东西不一定是消失了，只是藏起来了。可以躲在被子下面或者门后面。

·当宝宝双手扶着站立时，给宝宝一个玩具，让他松开一只手去拿玩具。这是在训练平衡能力。如果宝宝失败了也无须失望，给宝宝一个拥抱安慰他。

总结

大家也许发现，四大方面有很多交叉的地方，并没有绝对的界限。这其实是**刺激婴幼儿学习的核心方法：全面调动五感来学习。**

当孩子的多感官同时被调动时，大脑接收信息的通道更多，学习效果也会更好。家长在安排幼儿活动时，切忌局限于一个方面，讲绘本就纯讲绘本，听音乐就纯听音乐，运动就纯运动，其实所有这些活动都可以结合起来进行。与宝宝的肌肤接触完全可以穿插在游戏和互动中进行，而不是要每天专门抽出一段时间来执行这个项目。在给宝宝换衣服时顺便抚摸抱抱孩子，为宝宝擦身体乳时顺便给孩子做做按摩，同时我们也可以对孩子唱歌或者说话来调动他们的听觉。国外的老师，是让孩子在音乐中学习语言，在运动中学习逻辑思维，在绘画中学习数学思维。其中的理念正是希望全方位的调动五感来促进大脑的学习，用一个更专业的词概括，叫"多元智能"。

1岁之前，宝宝不需要太多的玩具，我们需要换一换思维。**小宝宝最需要的不是玩具，而是我们的用心陪伴。父母就是孩子最好的玩具。**

语言启蒙，做到这 4 点，
真正让孩子赢在起跑线上

美国有一项长期跟踪研究显示，中产阶级与工人阶级的孩子在 3 岁时语言能力就有了惊人的差距，到 5 岁时词汇的输入量已经达到 3000 万的差距！在人生的头 5 年，中产阶级的孩子在家庭中所听到的词汇比工人阶级的孩子多了足足 3000 万个。并且，语言能力方面的差距也准确预测了孩子今后在学业表现上的差距，也就是说那些工人阶级的孩子在上小学之前，就早已输在了起跑线上。

究竟是什么导致了孩子之间语言能力的差距呢？科学家们经过长期的跟踪调查，发现答案是父母与孩子交流互动的方式以及对孩子的语言输入的质量和数量。语言的习得主要靠生活中与人交流来实现，好的亲子交流方式能让孩子爱上表达、能说会道；反之，坏的交流方式和不当的教育方法会抑制语言能力的发展。**把孩子当成一个什么都听得懂的人，用丰富多彩的语言去沐浴他，与他交流，孩子的大脑就会自动吸收这些语言养分，将它们转化为内在的一部分，最后开出灿烂的花朵。**

切忌直接粗暴地纠正孩子说话时犯的错误，请勿使用否定语

当孩子说错时，不需要刻意去纠正和否定，只需要自然地把正确的说法说给

孩子听一遍，孩子就会听进去。

▍举例 1 ▍

孩子刚学说话时难免会犯错误，当孩子兴奋地指着一只苍蝇说"蜜蜂"，想要和你分享他的喜悦时，你应该怎么回应呢？

错误示范：

"不对／错了，这不是蜜蜂，是苍蝇。"

正确示范：

"哦，真的耶！这里有一只苍蝇！苍蝇和蜜蜂长得很像啊，都是会飞的小虫子。"

▍举例 2 ▍

在外面散步时，孩子指着一辆飞驰而过的摩托车说"汽车"。

错误示范：

"哈哈哈，那不是汽车，是摩托车！"

正确示范：

"啊，对了，那是一辆摩托车，摩托车有两个轮子，汽车有四个轮子。快看！有一辆汽车正朝我们这边开来啦！"

▍举例 3 ▍

悠悠 1 岁时常常会混淆"听故事"和"讲故事"的用法，有时候她会拿着一本书跑到我面前，说："妈妈听，妈妈听。"这时妈妈应该如何回应呢？

错误示范：

"宝贝，是妈妈讲故事哦，不是妈妈听故事。"

正确示范：

"哦，你想听妈妈给你讲故事啊，好吧，来坐下，妈妈给你讲故事。"

要点：

·即使孩子说错了也要对他的主动开口说话给予肯定，避免出现否定语。否定、纠错和居高临下的取笑行为会让孩子产生挫败感，打击孩子学说话的积极性。

·家长在说的时候故意把正确的词语重复两遍，帮助孩子加深印象。

·简短解释一下错误表达和正确表达之间的关系，帮助孩子理解事物之间的区别与联系。

帮孩子把想表达却表达不出来的话补充完整

孩子对世界的一切都充满了好奇，他们乐于把自己眼睛看到的、身体感受到的都与父母分享。然而，孩子受制于自己有限的词汇量和语言能力，还无法用语言清晰完整地表达他们内心所体会的心潮澎湃。很多时候孩子只说了一个字，但其实想表达的远不止这一个字，而是一句话，甚至一段话！这时候就需要父母帮孩子把想说而不会说的话补充完整。

▎举例 1▎

爸爸给孩子新买了一个玩具，孩子看了开心地拍手说："打开！打开！"

错误示范：

"好的，马上！"

正确示范：

"好的，妈妈马上去拿剪刀帮你把玩具盒子打开。你耐心等一等，很快就能玩上新玩具啦！"

▎举例 2▎

孩子在读绘本的时候看见一个和自己类似的包包，然后跑去把自己的包包拿过来，指着书中的包包说"一样的，一样的"，这时候家长可以怎么帮忙补充呢？

错误示范：

仅仅是重复孩子的话："啊，对，和你的包包一样的。"

正确示范：

"啊，对，你也有一个包包，你的包包和书中的包包是一样的，都是红色的 / 都是挎肩包 / 上面都画了动物图案。"

如果这两个包包其实不一样，那么可以说：

"啊，对，你也有一个包包，你的包包是挎肩包，书中的包包是背包，两种不同类型的包包。"

要点：

不仅仅肯定孩子所说的话，同时帮他补充完整"一样的"后面蕴藏的丰富含义。

举例 3

在厨房做饭时，孩子看见你正在往电饭煲里加米，说："米饭，米饭。"你该怎么回应呢？

错误示范：

"嗯，妈妈要煮米饭啦。"

正确示范：

"对啦，宝贝你最喜欢吃米饭了吧！不过现在米还是生的不能直接吃哦！要先放进电饭煲，加点水把米洗一洗（此处配上相应动作），然后盖上电饭煲的盖子，插上电源，煮一煮（此处也配上相应动作），这样生米就煮成熟饭啦！等米饭煮好了我们一起吃好不好？"

要点：

讲这些话的时候不能带有说教的语气。只需要把自己手头上正在做的事情描述一遍即可。孩子很聪明，他们具有极强的观察力和记忆力，家长只需负责语言输入，孩子负责吸收，静待花开。

▌举例 4 ▌

孩子看到窗外飞翔的几只小鸟，兴奋得手舞足蹈，不停地指着喊："小鸟！小鸟！"这时在一旁的父母应如何回应呢？

错误示范：

事不关己地说一句："哦，是的，外面有小鸟。"就没有下文了……

正确示范：

对孩子的激动心情感同身受，走到孩子身边，用和孩子一样的好奇语气把眼前的景色描述一番："哇，天上有好几只黑色的小鸟在飞呀！小鸟飞得好高好快！它们喜欢在空中飞来飞去，嘴里还叽叽喳喳地唱着歌，对吧！宝贝快看，那边有一只黄色的小鸟飞累了，正停在屋檐上休息呢！瞧，它的小伙伴也飞过来陪它一起在屋檐上休息啦！"

孩子一边听着你的描述，眼睛一边看向你所描绘的生动画面，正是学习语言的最佳方式，同时调动了听觉、视觉甚至触觉和味觉。这样一段短短的描述，无形中你已经为孩子输入了不少词汇量。

请放心，不管孩子当下听不听得懂，有没有认真听，你对孩子所输入的每一句话都不会浪费，你说的每个字都对孩子的大脑发挥着神奇的作用。只要保证持续高质量的语言输入，总有一天你会被孩子的口吐莲花所震惊。

和孩子对话时尽量使用语法正确的完整句和精确词汇

前面第一条指出不要过于明显地纠正孩子说话中犯的错误，但也不能物极必反地将错就错。学龄前儿童的语言学习主要来自模仿家长，因此家长需要做好榜样，保证自己向孩子输入的语言是正确、积极健康且丰富多样的。

不少大人在和孩子对话时会尽量使用娃娃语，甚至使用语法错误的简单句，认为这样讲话能更好帮助孩子理解和学习语言。其实，完全没有必要在孩子面前过度简化语言。人类婴儿的大脑设置本身就具备了同时习得多种语言的能力，大脑不仅能识别和切割一句话中的单个单词、记忆词汇，还能自动分析出语法结构，将分散的词语重新组合成句子。**可以对婴儿说叠词、短句子，但不要模仿孩子故意说语法错误的句子**。1 岁以上的孩子已经完全具备语言学习能力，能听懂大人的简单指令，这时候多和孩子说高质量的完整句，以及使用精确词汇代替宽泛词汇，更有助于孩子的语言发展和词汇量提升。

举例 1

让孩子帮忙拿东西。

错误示范：

"把那个东西给我。"（使用了笼统词汇）

正确示范：

"宝贝，把桌子上的梳子递给妈妈，好吗？"

举例 2

吃饭的时候，想问问孩子饭菜合不合口味。

错误示范：

问孩子："好吃吗？"（句子不完整）

正确示范：

"宝宝，妈妈今天做的番茄炒鸡蛋好吃吗？"

举例 3

在公园里，孩子指着湖面上的鸭子说："嘎嘎嘎。"

错误示范：

"对了，那是嘎嘎嘎。"（将错就错是不对的。）

"对了，小鸭子在湖面上游泳，发出嘎嘎嘎的叫声。"

其他日常例子：

· 让孩子喝水或饮料的时候，可以描述得更精确具体一些，如"喝矿泉水，喝白开水，喝橙汁，喝苹果汁、番茄汁等"。而不要用水或果汁代替一切。

· 看到路上的交通工具，也尽量用精确名字，而不是用"车"代替一切，如"汽车、公交车、卡车、挖掘机、拖拉机、面包车等"。

· 看到天上在飞的鸟，如果你知道名字，就用具体名字，如"乌鸦、燕子、麻雀、海鸥等"，而不要笼统地一概用"小鸟"代替。

父母坚持这样做，孩子的词汇量会有极大提升。

学说话是个漫长的过程，需要父母耐心的陪伴和鼓励。父母的态度决定一切，所有好的技巧与方法都建立在好的态度之上。孩子刚开始学说话时，对自己嘴巴发出的声音和说出的每个字都充满了期待。如果父母能对孩子说出的话给予及时的回应和肯定，将极大地促进孩子继续做出新的尝试。

所谓营造良好的语言环境，不仅仅是父母多对孩子说话，孩子对你说话的时候，也要专心认真聆听，孩子的问题请尽量耐心地回答。重视孩子说的话，才能激发他不断地用语言表达自己。

培养专注力，
做到这点比"不打扰"更重要

孩子认真玩时，大人要做到别在旁边问东问西，这是不打扰的重要性。可是，大人和孩子的互动也很重要。什么时候该让孩子自己玩，不去打扰，什么时候又该和孩子互动呢？

答案听起来貌似很简单：当孩子自己玩得很满足，没有寻求大人参与或关注时，那我们就不打扰，让他自己玩。当孩子玩着玩着开始叫"妈妈看"（求关注），或开始和大人对话，邀请大人一起玩（求参与）时，此时大人的加入和有意识地延长孩子的游戏反而更利于孩子的专注力培养。

要判断临界点在哪儿，就需要了解教育中非常关键的一个概念："投入状态"。在心理活动层面，如果一个孩子对某件事物或某个人表现出了好奇、兴趣和显著的愉悦之情，那么他就处于投入的状态。行为层面上，孩子处于投入状态时会表现得专注、有活力、热情而努力。

美国著名儿童心理学研究中心卡萨里实验室指出，孩子的投入状态可划分为五个等级。掌握不同投入水平的特征，能帮助我们更好判断何时该介入孩子的活动。

状态 1：不投入

这是最低的投入状态。孩子既没有把注意力放在某个东西上，也没有与任何人互动。

举例：

·大人吃饭聊天时间过长，其间不理会孩子，孩子在一旁敲盘子、碗、扔勺子、大喊以打断大人说话。

·什么都不做，躺在地上吃手，目光呆滞，也不回答大人的问题。

·把积木从盒子里倒出来，扔得满地都是，但眼睛并不看向积木，显然拿出来不是为了玩。

孩子之所以表现出无所事事的状态，很可能是因为周围环境没有满足他的游戏水平，这时大人可以为孩子提供适合他们游戏水平的材料，并向孩子示范一些游戏方式，支持鼓励他尝试自己感兴趣的东西，有助于帮助孩子脱离无聊、不投入的状态。

切忌把孩子此状态下出现的行为定义为"问题行为"，这样做反而会强化不投入的状态。批评和威胁孩子，把他的问题行为用指责的语气说给他听（你又扔积木！你为什么老是乱扔积木？不许扔！）和惩罚（打骂孩子，把积木收起来不让玩了）——**所有这些负面强化行为都没有教育意义，它并没有告诉孩子应该怎么做。想让孩子做到什么，我们做给他看，或者和孩子一起做才是最有效的。**因此，当孩子处于不投入状态时，父母就该介入。

状态 2：一旁观看

孩子表现为观察别人正在做的事情。

举例：

· 小区一个孩子在玩平衡车，另一个孩子站在远处专注地看。
· 妈妈在晾衣服，孩子在一旁专注地看。

别小看了这个旁观状态，孩子可以专注地盯着一个东西看很久，尤其是到了一个新的环境。这正是孩子对这个东西感兴趣、好奇的一个重要信号。他的大脑正在处理眼睛看到的信息，但行动上又还没有足够的勇气加入。如果觉察到孩子在看，我们应有意识地帮助孩子的投入水平提升到下一等级：在尊重孩子观察状态的基础之上，尝试让孩子加入语言和行动互动。

举例：

比如，当孩子在看妈妈晾衣服时，与其说"我在忙呢，你先自己一个人玩玩"，不如趁这个机会和孩子聊一聊手头正在做的事情：妈妈在晾洗干净的衣服，是谁的衣服？什么颜色？什么质地？什么种类？你最喜欢哪一件？我们为什么要晾衣服？当你这样做了，孩子的投入水平就从旁观一下升到了被支持（状态 4）。或者即便不想讲话，把几个夹子递给孩子，问问他要不要夹衣服，孩子夹得起劲了和你交流分享，你再回应他，也算是高质量的亲子互动。

状态 3：只关注物体，或只关注人

"只关注物体"是指孩子将注意力放在一件物体上，比如自己在画画、玩拼图、人偶、钥匙等，没有别人参与。"只关注人"指的是孩子专注与某人互动，如挠痒痒、聊天、一起唱歌，但手中都没有拿任何东西。状态3是孩子专注力的体现。然而，对于低龄孩子来说，这类活动通常持续时间较短，容易结束。为了防止孩子很快进入"不投入"的状态，我们可以有意识地在该状态结束前介入，尽量延长投入状态的时间。

比如，眼看着孩子就快要抛弃手里的钥匙，寻找下一个目标时，说："你刚才和钥匙玩什么了呀？玩给我看一下好吗？你觉得钥匙可以用来干什么呀？你有没有试试把这把钥匙插到另一扇门里，看看能不能打开？"——这是在扩展同一个玩具的玩法。再比如，孩子已经自己拼完了一幅拼图，不想再拼的时候，那不如介入和他聊一聊拼图上的图案故事，最喜欢玩哪类拼图，或者将拼图换个玩法。

大人的适时介入一下就把状态3提高到了状态4，预防了无聊状态（状态1）的出现。

状态4：被支持

孩子和大人一起玩玩具或探索物品。大人主导对话和提示游戏方法，孩子愿意模仿大人的行为，跟随我们的思路和节奏。

举例：

·妈妈说："我要搭一座城堡！"（看了看孩子，没应声）妈妈继续："你要不要和我一起搭啊？"或者："我需要一块黄色的积木，你能帮我找一个吗？"孩子把黄色的拿来，妈妈说："谢谢你！你找得真快！下一个搭什么颜色的呢？"孩子回答："红色！"妈妈说："给，这里有一块红色的，你来搭吧，我们轮流玩！"

·对小一点的宝宝来说，这类游戏包括手指谣（手里拿着道具），我唱你听，还跟着大人做动作；玩球，由大人主导推过去推回来。

状态 5：主动协调

孩子和大人（或同龄人）一起玩一个玩具，或探索一个物品。孩子积极发起对话和推进游戏进程，大人跟随孩子的思路和节奏或根本不需要大人。

举例：

·孩子主动在玩具小厨房里烹饪了起来，往锅里放了好多蔬菜，用铲子炒啊炒，嘴里还问："妈妈，你想吃什么？番茄还是黄瓜？"妈妈答："我想吃番茄。"孩子说："给，妈妈，你的番茄做好了。小心啊，有点烫，慢点吃。妈妈你还想吃什么啊？茄子？"找了一下没有，孩子又主动说，"我去超市买。"然后就假装到了超市，对着空气说，"我要买茄子，这是钱，谢谢，拜拜！妈妈你的茄子做好了！"——整个游戏是孩子自己主导，家长只需配合孩子。

·低龄宝宝也能够进入主动协调的投入状态。比如，宝宝非常开心地主动把盒子里的积木都倒出来，又放进去，时不时还摇晃一下盒子，引起我们的注意，对着大人笑。看到宝宝有分享心情的愿望，不妨试着倾听和回应；当他冲着我们笑时，我们可以把宝宝听到的、正在感受到的描述给他听："哇，你在演奏音乐啊，积木撞击盒子会发出响声！"

这个投入状态的关键在于，家长不急于告诉孩子做什么，怎么做，比如，"把积木拿出来搭一座塔吧，别吵了"！ 而是给孩子回应后等待孩子反馈，看看他接下来想做什么。

状态 4 和状态 5 两个状态是我们在孩子身边时，希望孩子尽量多呈现的状态。大人有意识地加入，同孩子进行高质量互动，可提高孩子对同一个游戏或玩具的投入程度并延长投入时间。投入程度和投入时间提高了，专注力也就得到了培养。

不打扰孩子玩耍重要吗？重要，但也要分情况。帮助孩子从低投入状态进入高投入状态（由状态1到状态5）其实是正确的"打扰"方式，有助于专注力的培养。如果孩子独自玩时，只是这儿玩一下，那儿玩一下，在每个玩具上停留的时间都很短暂，表面上看孩子玩得很"专注"，实际上这种安静的玩耍对专注力培养没有好处。此时家长如果能介入，帮助孩子在同一个玩具上增加投入时间，反而更有益处。

研究显示，0 ~ 6岁孩子的投入状态与日后问题行为、学习成绩都相关。帮助孩子多进入投入状态，形成良好的专注力，是我们为孩子进入学校学习打下的坚实基础。

别小看"幼稚"的角色扮演游戏，它能培养孩子看不见的能力

传统的中国教育注重培养的是看得见摸得着的能力。拼图、搭积木、认颜色、分类、算数、背诗，认字等，这些都是可以衡量的能力，只要我们让孩子多加练习，效果是立竿见影的，家长们秀娃的时候也倍儿有成就感——

"你看，我娃上个月还只会拼 16 片的拼图，现在已经可以拼 32 片了。"

"我娃才两岁，已经会背 100 首唐诗，会认 100 个字了。"

益智玩具让孩子越玩越聪明固然很好，可是，**国外早已经有很多研究显示，使人成功的决定因素并不是智商，而是一系列非认知能力：社交能力、情商、坚毅、人际沟通能力、自控自律、时间管理等。**

我把这统统称为看不见的能力，而这些能力恰恰是我们传统教育中不注重的，也最容易被家长忽略。培养这些看不见的能力无法通过依葫芦画瓢来复制，而需要个性化的私人定制，操作难度更高，而且不会有立竿见影的效果，因此很多在教育上短视的人往往忽视了它。

角色扮演游戏培养的正是看不见的能力。很多父母虽然给孩子买了过家家玩具，但总把角色扮演游戏定性为"幼稚的游戏"，随便玩玩而已。只有拼图、乐高这些益智玩具才是正经玩具。其实不然，角色扮演游戏对儿童的发展有着非凡

的意义。一般始于两岁，从起初的单纯模仿大人的行为，到把娃娃想象成有生命的个体，再到有能力扮演他人的角色，最后进化到扮演非现实的角色，如公主、超人、动物等，这其中体现的恰恰是孩子的发展进程。

德国家庭的儿童房，一半以上的玩具都是角色扮演道具，可见德国人对它的重视。我们只有了解了角色扮演游戏的重要性后，才能更好地帮助与促进孩子发展。

它是儿童体验和了解成人世界的途径

儿童通过观察和模仿来学习，**在角色扮演游戏中，他们有机会假装成不同的角色（一般是成人角色），用游戏和安全的方式去学习模仿不同情境中的社会行为，理解社会规则。**

悠悠2岁半时开始喜欢玩买卖游戏，有一天她拿着一篮子水果道具问我："妈妈，你想买什么？"我买完后，她还递给我一个笔筒，说这是钱，要我接着。我当时觉得特别好笑，女儿竟然能把笔筒想象成钱。真是一旦孩子具备了想象能力，手边的任何东西都能被他们信手拈来变成道具。更好笑的地方是，她卖给我东西，却给我钱，这说明她在平时生活中观察到了买卖中涉及钱的交易，但是还不完全明白背后的意义。

于是，我趁热打铁和她玩起了买卖游戏。一开始她是售货员，我是顾客，然后我们交换角色。在游戏中，我尽量真实地还原平时我们在商店买东西的情景，和售货员打招呼，付钱、找零、道别，一样也不落下。悠悠有时候会忘记付钱，有时候买完东西不说"再见"就走人，这些社会行为我都可以在游戏中用轻松的方式示范给她。

后来，我开始尝试在商店里买东西让悠悠自己付款。起初她很害羞，表现得无所适从，只是一言不发地把钱递给收银员，但在家她依然热衷于和我玩这个游戏。玩得多了，她对一整套买卖流程越来越得心应手，终于又有一天我要她自己买东西付款的时候，她开口对售货员说话了，不仅打了招呼，还说出了想买的东西，最后付了钱。

孩子有体验大人生活的渴望，我们每天做的事，他们也想学着做。但是在真实环境里，他们可能会胆怯害羞有顾虑，那就在角色扮演游戏里营造一个毫无顾虑的环境，让孩子尽情体验他们想尝试的社会身份吧！

帮助孩子站在别人的视角理解他人的感受，培养同理心

德国专家说，每个孩子都应该至少有一个娃娃，即便你不想让男孩儿玩娃娃，那也至少给他一个可以照顾的毛绒玩偶。

你会发现，孩子最初的模仿对象永远是妈妈，他们模仿妈妈照顾娃娃，喂娃娃吃饭，给娃娃换尿布，还喜欢说娃娃哭了，连安慰哭泣的娃娃的口吻，都带着妈妈的印记。在照顾娃娃的游戏中，娃娃通常带着孩子自己的影子，而孩子则抽身出来扮演妈妈的角色。要站在成人的视角，学着用成人的耐心去照顾一个不懂事哭闹的娃娃，孩子需要的是共情与换位思考能力。这可不是简单的能力！**在德国专家眼里，孩子与娃娃对调角色是儿童心理发展的一大里程碑。**因此，这个游戏并不是女孩儿的专利。相反，由于男孩儿与女孩儿相比，共情与换位思考能力都更弱，男孩儿更有必要玩照顾娃娃的游戏，也更能从中受益。

如果你不知道怎么做才能让孩子听你的话，那不妨自己演那个不懂事的孩子，让孩子演妈妈，你会发现孩子安慰人和讲道理的样子与妈妈如出一辙。将孩子置换到妈妈的角色，共情在角色对调的情境中更容易完成。

积累社会经验，丰富社会能力

成人学习的方式是积累工作经验。对于儿童而言，在角色扮演里积累的经验就和真实世界里的经验一样重要。儿童喜欢在角色扮演游戏里反复重演自己最近

经历的事情，那是在消化和理解自己的经历，把经历转化为经验。

有段时间，悠悠幼儿园班上接二连三几个小朋友过生日，包括她自己。老师在幼儿园给每位小朋友都准备了庆祝仪式，戴皇冠、唱生日歌、吹蜡烛、送礼物、吃蛋糕等一套固定程序。

其间悠悠对过生日特别感兴趣，每天回家都拉着我玩过生日游戏。不过，在角色扮演中，她不再是小朋友，而是摇身一变成了老师，主导生日庆祝仪式。唱完生日歌，她对我说："妈妈，你该吹蜡烛了。"然后学着老师的样子给我送上礼物，说一句"生日快乐，妈妈"，还热情地和我抱抱。如果我哪个程序做得不到位，她会立刻指出来。

在一遍遍的游戏中，她不断经历过生日的情景，其实是在学习"什么是过生日""如何过生日"这一社会行为。**孩子角色扮演的场景多为社会场景，通过一遍遍重演，学习与人相处，逐渐强化和提升自己的社会能力，成为一个社会人。**因此，对于角色扮演游戏，家长的共同参与很重要。家长配合孩子演戏，并在扮演过程中巧妙引导孩子的行为，才是真的寓教于乐。

激发想象力，促进语言能力、表现力和社交能力

3岁以上孩子的角色扮演游戏多发生在同龄人之间。拼图、积木这种游戏，很多时候更适合一个人玩。而当两三个孩子凑在一起时，最喜欢玩的多是角色扮演游戏。诸如公主、超人、过家家之类的角色扮演，同龄人一起玩会更自由。这也是为什么一定要为孩子营造同龄人朋友圈的原因之一。

孩子们在一起演一出戏，自然要协商和安排角色，要设计剧情和不断发展新剧情。如果没有现成的道具，还需放飞想象力把别的物品想象成道具。表达见解，说服别人接受自己的想法，学着接受别人的想法，化解矛盾和冲突，克服困难，锻炼演技和表达能力，该说的得说，该做的表情得做……孩子们一起玩角色扮演的好处实在是太多了。

德国幼儿园里，角色扮演游戏是备受重视的教育项目之一。幼儿园为孩子准备了很多角色扮演道具，动物、人偶、汽车模型、情景道具（娃娃屋、停车场、小厨房、工具台等），还有化装的衣物，供孩子们自由取用。

很多幼儿园还会组织孩子们表演舞台剧，舞台剧是角色扮演游戏的最高级形式。想让孩子懂大道理？通过舞台剧表演让他们亲身体验一番，任何大道理，在体验过后理解才会更深刻。《丑小鸭》的童话故事能让孩子以游戏的方式认识霸凌行为，通过让孩子自己把故事表演出来，更进一步让孩子体会到友爱的重要性。

帮助孩子在安全的环境下克服恐惧情绪

最典型的例子是医生游戏。孩子怕医生，怕打针，最好的办法就是和他在家把就医的过程多演几遍。在医生游戏中，孩子有机会自己扮演医生掌控局面，通过病人与医生角色的对调，孩子能更好地理解医生的角色，在真正面对医生时也多了一分从容，少了一些对未知的恐惧。

德国医生为了解决孩子对看病就医的恐惧，专门成立了泰迪熊医院。每年花两天时间在医院的室外草坪上搭建临时帐篷，对孩子们开放，邀请孩子们带着自己生病的玩偶娃娃去泰迪熊医院看病。孩子不仅可以体验看病全过程，还可以给医生打下手，亲自参与"治疗"过程，从第三者视角更好理解看病的意义。泰迪熊医院的目标是向孩子解释清楚医生到底是干什么的，我们为什么要看医生，以及医生能如何帮助生病的玩偶。消除孩子的未知感，有助于缓解对就医的恐惧情绪。

父母要如何做？

角色扮演是孩子消化自身经历的一种学习方式，对孩子的成长起着不可小觑的作用。我们不需要去特别做什么来激发孩子的角色扮演行为，这是每个孩子发展过程中必会出现的行为。作为家长，最重要的是意识到角色扮演游戏对孩子发展的重要性。当孩子出现看似"幼稚"的假装行为时，请不要泼冷水或者笑话孩子，也不要视而不见。支持孩子的假装游戏，将它视为与拼图、乐高一样重要的游戏项目，加入孩子想象的角色中去，让孩子带领我们畅游想象的世界。

当然，我们也应为孩子提供一些必要的角色扮演道具，激发孩子的想象灵感，为孩子的表演游戏提供更多可能性。如文中所述，低龄的毛绒娃娃是必备，然后渐渐引入汽车模型、蔬菜水果和厨具、人偶、各种家具道具、化装衣物等，也是很有必要的。

part 7

在德国上幼儿园

——知识、技能、气质和情感培养

德国最受欢迎的幼儿园，
不是蒙台梭利，不是华德福，而是它

德国最受欢迎的幼儿园，不是蒙台梭利，不是华德福，而是以幼儿园鼻祖弗里德里希·福禄贝尔命名的福禄贝尔幼儿园。

"幼儿园之父"福禄贝尔的故事

福禄贝尔幼儿园的理念受到德国教育家弗里德里希·福禄贝尔（1782—1852）的启发。弗里德里希·福禄贝尔被世人誉为"幼儿园之父"，他在1837年成立了世界上第一家幼儿园，德语Kindergarten（幼儿园）一词就是他创造的，后被英语所吸收。

在弗里德里希·福禄贝尔成立幼儿园之前，世界上存在的幼儿托管机构还只是做着照顾孩子吃喝拉撒睡的简单工作，极少有人关注幼儿的心理发展与教育。而福禄贝尔则认为，教育应该从婴儿有意识的那一刻就开始发生了。他富有前瞻性地指出活动对于儿童发展与学习的重要性，并提出了"自由工作"的概念，承认游戏即是童年生活的最重要形式，并且肯定游戏对于儿童发展的教育价值。这一理念后来启发了众多教育学家，在国际上被广泛接受。

福禄贝尔当时带着自己的教育理念，培训了世界上第一批幼儿园老师。他的教育目标是培养"自由、会思考、自我驱动的人"。他要求幼儿园环境必须能为孩子们提供活动、创意和自己作决定的空间。福禄贝尔认为最好的教育是对身体、大脑和灵魂的全面教育，激发和促进一个人的所有优势。

当今的福禄贝尔幼儿园秉承了弗里德里希·福禄贝尔对教育的理想愿景，虽然是私立性质，但公司不以营利为目的，只按照家庭收入收取少量学费，旗下150多家幼儿园遍布德国多个州，是德国最大、最受欢迎的连锁幼儿园，报名的等候名单总是排到两三年以后，一位难求。

福禄贝尔幼儿园的活动安排

3年前，为了给悠悠报名幼儿园，我去参加了我家旁边的一家福禄贝尔幼儿园的开放日，当时就被深深震撼了。参观后的感受是这家幼儿园设计得如同大学一样，很多我们在大学里才锻炼的能力，德国孩子从幼儿园就开始了。

福禄贝尔幼儿园里没有班级与年级区分，甚至连教室也没有，取而代之的是一个个功能房。每一个房间都有着自己的功能，艺术室、音乐室、运动室、图书室、构建游戏室、角色扮演室、舞台剧室、工作坊等。每一个专业领域都配有专业老师，有负责艺术启蒙的艺术老师，有音乐老师、表演老师、运动老师、语言老师，还有在工作坊教孩子使用电钻、锯子等工具的男老师。

幼儿园内160多个0~6岁的孩子混在一起，就像大学一样松散。先在餐间吃早餐，然后是每天早上例行的晨圈活动，活跃一下气氛，也标志着新的一天拉开序幕。接下来孩子们即可选择自己感兴趣的活动。没有人告诉孩子一天的安排是怎样的，有的只是专业老师们在各自的功能房里翘首期盼着孩子们的到来。而孩子们，则被称为"小小研究者"，每个孩子都天生拥有强烈的求知欲和探索欲望，福禄贝尔幼儿园希望最大限度地保护和促进这种内在欲望。

我当时的第一感觉是太像大学里的选修课了。**每天想选修什么课，都由孩子**

根据自己的兴趣来决定。功能房的门是半开放的状态，想加入的随时可以加入，不感兴趣了，可以自由退出。

过道很通透，我看到几个孩子在过道里快速地穿过，也有的孩子在大厅里游荡，似乎什么都没干。仿佛看透了我的心思，老师解释道："'什么都不干'也是一种正常状态，我们不能要求孩子每时每刻都知道自己想干什么，无时无刻不处于投入的状态。有时候孩子没有想好自己想玩什么，我们要允许他什么都不做，给他时间和空间思考，再进入下一个投入状态。"

福禄贝尔幼儿园的室外活动场地挺大，虽说幼儿园每天早上和下午都有安排室外活动时间，但是并非强制参加，不想参加的孩子也可以留在室内从事自己感兴趣的活动，会有相应老师陪同。如果孩子想在非室外活动时间去室外玩，也是被允许的，但有一个条件。老师说，如果只有一个孩子想去外面玩，那不行；他需要找个伴，只要想出去玩的人数到达两名，他们就可以自己去室外自由活动了，会派一名老师在旁边守护。

说起户外活动，当然少不了去森林接触自然。不过这是德国每个幼儿园日常活动的一部分，不分季节，算不上福禄贝尔的特点。某年冬天，突然下起了大雨，我当时正在开车，看到路边有老师正推着一大车孩子们往幼儿园方向走，雨说下就下，老师也没有带伞，一个个都淋成了落汤鸡。

看到与肯定共同点和不同点

福禄贝尔幼儿园的录取原则遵循背景多元化。园长在选择学生时会尽量让不同文化背景、不同语言、不同肤色、不同社会阶层、不同家庭结构的孩子混在一起，宛如一个小型社会。还有一个优先录取条件，那就是优先录取弱势群体：单亲家庭、低收入家庭、残障儿童等。生活对这群人来说本来已经够不公平了，那就在幼儿园教育上给他们的孩子更多关怀和帮助吧。

孩子们从小生活在一个多元化的环境里，按照自己的喜好做选择的同时，接纳别人的不同，学会与不同背景的人和谐相处。共同点和不同点共存，才是这个世界的本相，对这一点，越早承认和适应越好。**在被充分尊重和包容的氛围里长大的孩子，自然会表现得自信而有主见，礼貌而不越界。**

教育的任务

福禄贝尔幼儿园认为，儿童有学习和发展的自然需求，他们才是学习过程中的真正主导者。教育者的任务是提供引导和支持，包括为孩子提供丰富多样、充满感官刺激的环境，创造孩子与他人互动的机会，认真倾听和对待孩子的生理和心理需求，多让孩子参与做决定的过程。

福禄贝尔幼儿园的参与原则

福禄贝尔幼儿园的原则是尽量让孩子自己多做决定，让孩子自己主宰在幼儿园里的生活。鼓励孩子对幼儿园活动计划的高度参与，甚至是自己策划想玩什么游戏，做哪些项目。虽然是连锁品牌，但没有任何两家福禄贝尔幼儿园是一模一样的，每一家福禄贝尔幼儿园都是独一无二的设计，根据学生和老师的具体需求而调整。功能房的布置也不是一成不变的，而是时刻根据孩子们的需求和活动变化而变化。

孩子们被鼓励一起参与重新布置和重组功能房。孩子们既是空间的使用者，也是主宰者。整个幼儿园的空间设计有结构感而又灵活，正是福禄贝尔追求的个性化教育。当然，尊重孩子的个性以及给予孩子自由，并不意味着老师们对孩子放任自流、不管不问。相反，合格的教育工作者扮演的角色，不仅仅是提供环境和游戏材料，更要在孩子做决策的过程中提供与他们年龄特点相符的引导与支持。

福禄贝尔幼儿园承认，由于师生比例有限，老师们不可能总是满足每一个孩子的需求。不过老师们受到培训，如果发生这样的情况，那么注意到孩子的需求，并明确地让孩子知道老师知道了他的需求，对孩子来说是极其重要的情感支持。至少孩子下一次想表达自己的需求时，不会因为害怕被老师忽略而选择不再开口。老师因为太忙，或者人数太多而无法顾及每个孩子的要求这很正常，但我们不该忽略孩子的需求。如果当下满足不了孩子的需求，至少要给孩子一个理由。积极回应的力量是强大的，忽略带来的伤害却是深刻的。

重视社交能力的锻炼

越是开放的环境，从某种程度上来说，社交的难度越大。在有固定班级教室和固定学生的设置中，孩子的社交圈基本限定在班级内部，坐着离自己最近的前后左右的同学是最容易成为朋友的，物理上的近距离缩小了交朋友的难度。而在福禄贝尔幼儿园的开放环境中，没了固定的教室和同学，交朋友只能靠自己主动去社交，发起对话，主动邀请别的小朋友一起玩，又或者加入别人的活动中去，更接近于真实社会的社交环境。

每一天，福禄贝尔幼儿园的活动小组都是基于孩子们的共同兴趣而自发组成。小组成员和规模会随着时间而变化。老师们会建议一些游戏主意，孩子们基于共同兴趣自己选择玩伴，然后老师再针对每个小组组织特定主题的活动。想要交到朋友，肯定不能只以自己为中心。和朋友有不同的兴趣？有时候必须学会在不同想法中求和。如果不想单独行动，孩子们得学会商量、谈判、轮流、让步、坚持、解决矛盾和冲突。在一次又一次语言交涉和互动中，孩子们的自我意识得到提升，他们亲身体会到想要别人知道自己的想法和需求，必须大胆表达出来；与此同时，个性化的教育也让他们感到自己的见解没有被忽略，反而显得举足轻重。自己作决定，并学会承担责任。

结语

　　虽然不是每位家长都喜欢福禄贝尔，也不是每个孩子都适应这样的幼儿园，但无论如何，我认为，每个孩子都是一个有灵魂的独立个体，他们有自己的想法和主导生活的意愿。**在幼儿教育中，孩子才是我们的老师。我们需要做的首先是真正了解孩子的需求，然后才是去支持。被尊重的个体才能发挥出更大的潜能。**

在布置得像家一样的德国幼儿园
度过自由的一天

　　不知道大家想象中的德国幼儿园是什么样子的呢？玩具丰富还是简朴？装修豪华还是简约？自由散漫还是规规矩矩？孩子吵吵闹闹还是安安静静？不得不说，德国幼儿园的真实形象有点颠覆了我的想象。

　　走进德国幼儿园，给我的第一印象就是安静温馨，有家的感觉。没有想象中孩子们的大声嬉闹，也没有规规矩矩的教室和课桌课椅，有的是老师和孩子们零星地散落在幼儿园各个角落，大家都正投入地玩着自己感兴趣的游戏。有的孩子在搭积木，有的在画画，有的和小伙伴一起在室外的沙坑玩沙，还有的在听老师拿着图画书讲故事，偶尔会有几个小朋友追赶着从幼儿园的一头跑向另一头，就和在家里一样随意自由。

　　在悠悠入园之前，我曾在德国参观了 6 家不同的幼儿园，每个园长都热情地为前来参观的家长介绍幼儿园的设施、教育理念、师资配备、饮食方案、孩子们的绘画手工作品展示等，却没有一个园长明确地告诉我，幼儿园每天的日程表是怎样的，老师的教学内容是什么，孩子们每天在幼儿园都学到了什么。这几个问题一直在我脑子里打转，难道德国幼儿园的孩子们真的就像我看到的，零零星星地散落在幼儿园里，自己爱干吗干吗？直到悠悠入了园，我才渐渐找到了答案。

德国幼儿园的混龄制

没有像国内幼儿园那样按年龄分小、中、大班，德国幼儿园只有两个年龄段，3 岁以下和 3 岁以上。福禄贝尔幼儿园 3 岁以上完全不分组，100 多个孩子混在一起，满幼儿园瞎窜；大部分幼儿园将 3 岁以上的孩子分成小组，为每组分配固定的老师和活动教室。但是，无论是哪个组，都是混龄，园长在分组时会保证每个年龄段的孩子都占有相当比例。

师资比例

悠悠的幼儿园属于第二种分组制，78 个孩子，3 岁以下组 12 人配 3 位老师；3 岁以上的又分成了 3 组，每组 22 人，配备 3 名老师。总体来说，德国幼儿园的师生比例较高，3 岁以下组一般是 1:4，3 岁以上在 1:6 至 1:10 之间。

教室布置

走进德国幼儿园，第一眼看到的一般都是贴有孩子照片的换衣区，在换衣区，孩子们脱下鞋子、袜子、外套，还有冬天的帽子、围巾，换上室内穿的防滑袜，然后将自己的衣物挂放在贴有自己照片的衣架上。在换鞋区和换衣区，父母们通常还会为孩子备上雨鞋、防雨防泥裤，供孩子户外活动时穿上。进入幼儿园后，会看到较高的台面上摆着几盆绿植，墙上和窗户上贴挂着老师和孩子们亲手做的各种手工画。

玩具不多不少地零星散落着，但在视觉上一点儿也不给人杂乱的感觉。每个幼儿园甚至还有供孩子玩累了懒洋洋躺着的榻榻米一角以及随手可拿的枕头和羊毛毯。

教室的挂画和装饰都由老师和孩子一起亲手制作。画中老师把每个孩子的照片按生日顺序围成一个圈，写上每个孩子的生日，这样就不会忘记在幼儿园为孩子庆祝生日啦。幼儿园外面的院子里不仅铺着草坪，配有游戏设施，还种有不少果树。

一句话，德国幼儿园布置得就像家一样温馨。

德国幼儿园的日程表

在我参观德国幼儿园时，之所以园长们没有着重介绍他们的日程表，很大原因是德国幼儿园的日程表安排非常轻松灵活，老师有权力自主安排和决定。与国内严格的课程表相比，德国幼儿园可以说几乎没有日程表。德国幼儿园一般早上 7 点就开门，下午 4 ~ 5 点间关门。7 ~ 8 点 45 为自由玩耍时间，孩子们可以随意取用玩具，因为这个时间段是父母们陆陆续续送孩子来幼儿园的时间，不免能听到孩子们起伏的哭声。不少父母会在教室里待一会儿，陪孩子玩一玩，和老师聊一聊天，等孩子和小伙伴们打得火热后再离开。

德国传统——晨圈

全部孩子到齐后，老师就会召集所有孩子围坐在地上，开始德国幼儿园的传统项目——晨圈，正式拉开一天的序幕。3 岁以下组的晨圈内容相对简单，为时 10 ~ 15 分钟，老师们以一首问候歌开场，把每个孩子的名字串在歌词里唱出来，相当于点名，但同时也让孩子感到自己存在的重要性，被点到名的孩子都超级开心。

问候歌之后，老师会问孩子还想唱什么歌，这时就会有孩子主动点歌，然后大家一起唱被点的歌。德国儿歌一般都配有相应的身体动作，所以在带着孩子们唱歌的同时，老师们也会伴着歌词做出相应的动作。别小看了这些配套动作，它们不仅能促进孩子的身体活动，更重要的是能帮助年幼的小宝宝理解歌词意思。

女儿刚入园时只有 1 岁半，班上孩子也多在 1 岁左右，有几个连路都还不会走，最大的不满两岁。这么小的孩子根本不听老师的安排，很多时候都是老师在那儿卖力地又唱又跳，孩子们一会儿好奇地跑过来听听，一会儿又去坐个滑滑梯，摔一下玩具车，爱干吗干吗，老师们也不介意，满面笑容地继续把歌唱完……

不过随着年龄的增长，宝宝们听得懂老师的话了，渐渐习惯了每天的晨会流程。半年后大部分宝宝都能坐着听老师把歌唱完，不少孩子甚至能一边唱一边跟着做动作，当然也有淘气的孩子中途起身去玩别的，在用手示意无果后，老师一般都不会严厉阻止，随孩子去。

早餐时间

晨圈结束后，就到早餐时间了。孩子们挨个去洗手池洗手，然后在用餐区围着餐桌坐好。老师们帮孩子系上围兜，摆好餐盘，所有孩子坐好后，一起唱一首餐前歌，最后说一句"祝你好胃口"才开动。

德国人的早餐吃得较为简单，无论冬夏都为冷食，在幼儿园也不例外。大部分时间都是面包抹黄油奶酪，配上火腿肉或意大利腊肠，以及新鲜水果、蔬菜和热茶。所有的孩子都自己用手拿着吃，动作很熟练，不需要老师喂。老师和孩子坐在同一餐桌一起用餐，所有餐盘用瓷的，喝茶直接用玻璃杯。当然，除了面包，幼儿园有时候也会提供早餐麦片之类需要用到勺子和碗的食物。这种情况下老师们也极少给孩子喂饭，1 岁多的宝宝们都是自己拿着勺子吃得津津有味，吃完了继续要老师加。

我有专门问过老师是否喂饭，老师的回答是她们 3 个人要照顾 12 个孩子，根本喂不过来，孩子能自己吃就自己吃，实在自己不会用勺子吃，老师还是会喂的。不过据我观察，悠悠班上 1 岁半左右的德国孩子都已经能熟练地使用勺子叉子自给自足。孩子吃饱了或者不想吃了，随时可以离开餐桌，去游戏区自由玩耍。老师不会劝说孩子多吃点，也不会要求孩子必须把盘子里的食物吃完。

换尿布

换尿布主要针对 3 岁以下组的宝宝。早餐过后，孩子们有短暂的自由游戏时间，其间会有一轮换尿布。老师温柔地走到正在玩的孩子面前，告诉他要换尿布了，然后轻轻地抱起孩子走向尿布间。在这个过程中老师完全没有打扰到其他正在玩的孩子。12 个孩子一轮尿布换下来，时间已经过去了 20 分钟。尿布间的抽屉里存放着父母自带的纸尿裤和备用衣服，右边角落塑料盒里装的是老师们捐献的自己孩子的旧衣服，供孩子换洗。因为孩子吃饭或者户外活动时非常容易弄湿弄脏衣服，有时候老师一天要给他们换两三套衣服。老师们每天会至少换 3 次尿布，另外两次时间分别是午睡前后。如果嗅到大便味，会立即更换尿布。

运动或集体户外活动时间

尿布换好之后，如果天气晴朗，老师会推着孩子去大自然活动，出游是德国幼儿园每日的常规活动。德国的森林覆盖率超过国土面积的 1/3，很多幼儿园就坐落在森林旁边，步行不超过 10 分钟就能到达。老师们非常不容易，在带孩子出去之前，不仅要重新给孩子穿上室外衣物鞋子，夏天的时候还要为孩子们逐个地抹防晒霜，戴遮阳帽！工作量着实不小。家长们需自带防晒霜去幼儿园，瓶子上写着孩子的名字。

德国幼儿园通常配有能同时乘坐 6 人的超大型推车，只需两名老师就能推着女儿班上的 12 名小朋友出去玩。在森林里老师带着孩子们跑跑跳跳、捡树枝、找石头、踩水坑、喂鸭子、看昆虫、认识大自然……这些从森林里捡回来的树枝石头都能成为幼儿园做手工做装饰的材料。

德国人到了夏天尤其热爱户外活动，幼儿园的老师们也不例外。悠悠班上的老师经常在我和悠悠早上 8 点半到达幼儿园之前，就已经把早餐要用的餐具和食物打包好，晨圈后会给孩子擦上防晒霜，换上户外服装，带着孩子们去森林里野餐，在森林里玩上一个早晨，直至午餐时间才回来。

天气不好无法进行室外活动时，孩子们也不会干坐着。老师会安排孩子在运动室自由活动。每个德国幼儿园都配 1 ~ 2 个运动室，相当于中国小学教室那么大，里面有各种供孩子们攀爬跳跃翻滚的运动设施可供老师自行搭建组合，孩子自由选择玩什么，老师在一旁负责维持秩序（如提醒孩子要排队），鼓励孩子大胆尝试和保障他们的安全。

▌午餐时间 ▌

早上的时间总是过得特别快，11 点半孩子们就要吃午餐了。午餐一周三天荤，两天素，德国人认为肉吃多了不好。也会有饭后甜点，有时候园长甚至亲自上阵为孩子们制作巧克力布丁。

▌午睡 ▌

先吃完的孩子可以先去午睡，吃得慢的后午睡，也有的宝宝早上玩得太累太兴奋，还没撑到午饭时间就先睡着了，这种情况下老师会等孩子睡醒后再让他用餐。德国幼儿园对于午睡没有绝对的时间限制，孩子想什么时候睡就睡，一直睡到自然醒！每个孩子都有自己的固定床位，孩子们已经习惯了自己走到自己床上入睡，老师会坐在床边静静陪伴，直至孩子睡着。

当然，也有的孩子过了 1 岁半之后经常不午睡，比如悠悠。虽然老师也希望趁孩子们午休期间休息一下，或者做点文字记录工作、手工等，但对于睡不着的孩子，德国老师不会逼他们午睡。我去接悠悠放学的时候就经常听老师甚至园长对我说："今天悠悠又没午睡，午休时间我陪她一个人在沙坑玩了一中午……"即使只有一个孩子不睡，老师们也必须陪着。

▌下午的零食时间 ▌

德国幼儿园没有固定放学时间，14 点 15 分以后就会有父母陆续来接孩子回家了。幼儿园下午提供水果、坚果、饼干、干面包、甜点等零食供孩子食用。想吃就吃，不强迫。

▌下午自由活动▐

零食吃完后就又是自由活动时间了。老师拿出纸笔让孩子们画画，或者手指颜料让孩子在窗户上涂鸦，或放着音乐带着孩子跳舞。还有的在院子里玩沙、荡秋千，在室内拼积木、做手工、拼图、桌游，甚至吹泡泡。原来，我以前每次去德国幼儿园参观看到的那一幕，正是孩子们下午自由活动的时间。这些孩子自由得就像在家里，随意取用玩具，边玩边等着父母来接自己回家。

德国幼儿园的一天就这样过完了，没有固定课程表，没有课堂，没有黑板。貌似看不出来老师到底教了孩子什么。其实，德国人推崇的幼儿教育无时无刻不贯穿在生活的细节中。

德国幼儿园除了玩什么都不教？
隐形教学才是幼儿教育的最高境界

德国幼儿园不教孩子字母、认字、算数这些看得见摸得着的课本知识，结果在很多中国家长眼里被定义为"德国幼儿园什么都不教"，这实则是因对教育的理解太狭义而导致。

根据美国幼儿教育的著名研究者莉莲·G.卡茨的看法，**幼儿教育包括四大方面：知识、技能、气质和情感。**

▌知识▌

知识灌输是长期以来大部分中国父母在教育中最重视的部分，包括事实、概念、词汇量等。孩子主要通过成人获取知识，大人回答孩子提的问题，向孩子解释生活中的各种现象，和孩子一起看科普书等，都是在向孩子传授知识。

▌技能▌

技能也是看得见摸得着的。在出生的头几年，孩子会很快掌握很多技能，如使用剪刀、绘画、弹琴和各种运动等。俗话中的"熟能生巧"针对的即是技能。技能可通过直接教授习得，通过反复练习得以提高。

气质

气质指孩子表现出来的综合气质和性格特征，是一种思维惯性，如好奇心、学习欲、善良友好、毅力、勇于接受挑战、合作、创新能力、幽默感、想象力等。

要知道，如同掌握了许多写作技巧与具有作家的气质之间有本质区别。气质无法通过直接教导、训练或书本来获得，主要通过周围人的熏陶来习得。这意味着，**围绕在孩子周围的人展现出了哪种气质，孩子就会在耳濡目染下自然习得。**周围人面对困难时是退缩抱怨还是迎难而上？处理冲突时是大吼大叫还是冷静协商？与人相处时是自私索取还是为别人考虑？无一不被孩子吸收。

想让孩子习得某一品质，我们必须要给孩子表现这些品质的机会，允许孩子去探索新事物，他才能保有好奇心；允许孩子在运动中尝试有难度的动作，他才有机会锻炼出面对挑战的勇气。当孩子表现出这些好的品质时，我们用眼睛看见，用语言和心去认可欣赏，优秀的品质就会得到不断的正面强化。

情感

虽说很多情感是天生的，但也有很多是后天形成的，如安全感、归属感、自信心、自我效能感、焦虑不安等。对学校和老师，对学习本身这件事和其他小朋友的情感也都是后天形成的。

一个人的教养、习惯和情商就属于后两类的范畴。

不可否认，幼儿的健康成长需要在这四个方面均衡发展。一个人的成功光靠知识和技能是远远不够的，还需要气质和情感作为强大支撑。过去几十年发展心理学的研究成果显示，**学龄前是人一生中气质和情感发展与塑造的关键期，一旦错过了黄金期，之后即便付出加倍的努力弥补，也可能收效甚微。**

很多中国父母送孩子去幼儿园，最关心的一个问题往往是"孩子学到了什么"。接孩子放学，很多家长脱口而出的问题就是："今天在幼儿园学了什么新东西呀？"如果孩子回答上来一个新知识，会唱一首新歌，会多认几个字，会做10以内的加减法，家长就会心花怒放，觉得学费没白交。殊不知，这些只不过是最易于量化的知识而已。每个幼儿都具备背诵记忆的能力，只要我们反复教，孩子总会记住，但这不代表这些机械记忆就是有价值的。

对孩子的发展，我们最应关心的不是"孩子能做什么"，而是"孩子应该做些什么才是对他们长远发展最有好处的"。

幼儿是如何学习的

很多人习惯性认为，既然要学东西，就必须正襟危坐地听老师讲课，要有黑板，有课本，还要有作业，看到孩子完成了作业才感觉真正学到了东西。**事实上，幼儿是通过互动体验来学习的，传统的老师讲学生听的被动学习方式不适合学龄前孩子**。孩子在与人、物品和周围环境的互动中不断学习和积累经验，他们探索和体验着环境中的一切事物，并通过与人对话和画画的方式来处理、分析和记录他们的发现。正是互动为孩子提供了认知能力和社交能力的发展机会。幼儿的学习不需要正式的课堂、黑板和课本。大人眼里所谓的"玩"，才是最适合他们的学习形式。

幼儿尚未经历过强烈的社会化改造，天生是极富个性的个体。每个孩子的兴趣爱好不同，发展水平也不一，要求孩子们在同一时间以相同的方式，学习相同的内容违背了个体发展规律。对越小的孩子越应采取个性化教学，而教学方式是越非正式越好。

以做手工为例，这里面可学习的东西太多了。孩子在做手工中要学习使用剪刀、胶水、画笔等各种工具。在裁剪、粘贴、穿针引线的过程中锻炼了精细动作、手眼协调、专注力等，同时还接触了各种材质和颜色的材料，有机会认识各种各样的形状，学习搭配颜色和组织计划，在完成作品的过程中感受到了挑战，体验到了成就感。学前教育提倡整合课程，把各学科有机整合在课程中，而非像中小学那样的分科教学。孩子在做手工中"知识、技能、气质和情感"四方面都有正向的促进。如果老师只是拿张颜色或形状的挂图要求孩子记住这是红色，这是三角形，让孩子反复记忆，记错了还要批评孩子，这样的早期教育也许短期内看似快速增加了孩子的知识，但却是以损害孩子的"气质和情感"作为代价，不利于孩子的长远发展。

让孩子学习知识和技能本身是值得提倡的，但重点取决于采取的教学方式是否符合孩子学习特点，是否在以损伤孩子的"气质与情感发展"为代价。若孩子在死记硬背过程中，产生了厌学情绪；在练习钢琴的过程中，对钢琴产生了恨，体会不到音乐的美，那么就算他掌握了这些知识和技能又有什么意义？气质和情感被伤害了，孩子能愉快地运用和享受他所学到的知识和技能吗？正如莉莲·G.卡茨所说，**若因为过早地教孩子知识而损伤了孩子的气质和情感，是非常得不偿失的**。因为，气质和情感对一个人未来的发展影响更为长远。

德国幼儿园教什么

在德国幼儿园里，老师只是起到引导和陪伴的作用。大部分时间里，孩子自己决定玩什么，充分尊重孩子的个性化需求。

我女儿的老师曾对我说，她和她的两个小闺密特别亲近，有时候她们会关上房门（教室里有不同功能的小房间），把老师和其他小朋友都关在外面，就她们三个人在房间里玩过家家，还不让老师偷看。老师透过门上的玻璃偷看，发现她们在里面扮演幼儿园老师的角色，模仿老师说话的内容和语气。听到德国老师的种种描述，我总是情不自禁地羡慕德国孩子们能如此自由，想玩什么就玩什么，老师还尽力配合他们。孩子关上门说不能进，老师就真的不进去打扰。孩子从老师身上很自然地学到了对别人的尊重。

吃完饭，老师们也会鼓励孩子们自己把餐具放回餐车上，德国孩子早早就知道帮忙做家务（即使是在幼儿园里）是每个人的义务，根本不需要物质刺激。去别人家做客，吃完饭，德国小朋友也会和父母一起帮主人把餐具端回厨房，放进洗碗机，最大限度地减少主人的工作量。

德国幼儿园还开设了情商课程，教会孩子们认识和管理自己的情绪，用社会可以接受的方式来发泄情绪，帮助小朋友学会用语言而不是诉诸武力来解决冲突。老师们在日常互动中一遍又一遍地示范给孩子看如何表达自己的感受，去体谅别人的感受。对于校园霸凌，德国教育工作者相信预防远比治理重要。

在技能方面，幼儿园也会有大家很关心的音乐课。女儿幼儿园的音乐老师每个星期三来幼儿园一次，他在走廊里弹着吉他经过每个教室，用音乐吸引着想上音乐课的小朋友来到音乐教室，但上不上音乐课纯粹是孩子们的自由选择。那些对音乐不感兴趣的，或者正埋头玩乐高的孩子，大可以继续进行自己的活动，没人逼他们上课。教室里有画纸，有积木，有工具，有书，有拼图，有桌游，有过家家的道具……至于孩子们想玩什么，全是他们自己的选择。当然，有时候老师也会按孩子们的兴趣让他们分组活动。

德国小朋友在幼儿园里学到的东西是非常难以量化却影响孩子一生的软实力。也许你从我举的例子中看到的只是孩子学会了收盘子，但他们真正学到的是教养，是待人接物，是好习惯，是生存技能，是同理心和关爱别人。而这些都属于气质和情感范畴，无法通过书本教导习得，只能通过耳濡目染。德国老师用自身的一举一动去影响孩子，靠着无处不在的隐形教育滋润着孩子心灵的成长，让他们成长为一个完整的人。

也许德国孩子不会背九九乘法表，但是他们知道遇到不会的问题时，如何借助工具自己去找到答案。也许德国孩子认的字没有我们的孩子多，但是从小的亲子阅读让他们爱上了书，养成了良好的阅读习惯，一生都与书为伴。

简言之，幼儿的发展需要在"知识、技能、气质和情感"四方面全面进行。知识和技能不是不能学，但是要采取适宜孩子认识能力、能引发孩子兴趣的恰当方法。片面重视孩子的知识和技能，忽视气质和情感的滋养，短期内孩子的确更早掌握了某些知识和技能，但对孩子成长影响更为长远的气质和情感却被损害了，只能算是视野狭窄、无知者无畏的早教。长远来看，非但无益，反而有害。

入园适应，
德国幼儿园有自己的一套方法

　　德国研究指出，入园适应期顺不顺利、持续多久，其实跟孩子年龄没多大关系，不是孩子年龄越大就越容易适应。它主要由孩子天生的性情以及与主要照料人（父母或老人）的亲密程度决定。**那些亲子依恋关系建立得越好，安全感越强的孩子，入园时会适应得越好，所花时间也更短。**

　　童年时期孩子内心的安全感以及父母的陪伴是他们敢于大胆探索陌生环境的前提。德国教育专家认为快刀斩乱麻、一入园就待全天这种无视孩子分离焦虑的做法不利于孩子安全感的建立。在孩子刚进入幼儿园，面对一个全新的环境和陌生人时，科学的做法应该是由孩子的主要照料人（在德国一般是妈妈）陪同孩子一起去幼儿园，一起了解和适应新环境、新朋友和老师，等到孩子对幼儿园的环境和人逐渐熟悉了，安全感和信任慢慢建立起来了之后，再逐步增加妈妈放手的时间和孩子在幼儿园待的时间。这个过程可长可短，一般在两个星期至两个月之间，因人而异。

具体操作步骤和时间表

▌入园的最初 3 ~ 7 天——熟悉阶段 ▌

　　第一阶段，即熟悉阶段，妈妈每天陪着孩子一起去幼儿园，在教室待最多不超过 1 个小时就带孩子回家，无论孩子玩得有多开心。这个阶段主要是为了让孩子熟悉幼儿园的环境，与老师建立信任。

妈妈在一旁做个静静的陪玩者，可以和老师及其他小朋友放松地聊天和游戏，让孩子看到幼儿园是个安全有趣的地方，**但无须强迫孩子去参与活动或者与老师亲近，给孩子时间自己决定适应的节奏**。如果孩子走出几步又想回到妈妈身边，妈妈一定要随时张开双臂，欢迎孩子回到妈妈身边，让孩子感到安全。切忌做出一副"你胆子怎么这么小，快去和小朋友玩呀"的焦急表情，一旦孩子感受到妈妈想快点摆脱他的情绪，结果只会适得其反。

老师需要做：

·主动亲近孩子，邀请孩子一起加入游戏和活动。

·观察孩子的行为，以及他与妈妈之间的互动模式。前面提到孩子与妈妈的联结强弱直接影响入园适应所需的时间长短及顺利与否。老师对孩子与妈妈之间互动的观察可大致了解亲子关系情况，并针对孩子的需求对第一阶段的适应时间进行适当调整。

·过了几天后，在妈妈的陪伴下，给孩子换尿布和准备食物，像妈妈一样承担一些照料工作。

▌尝试分离阶段 ▌

适应得好的孩子可以从入园第四天开始尝试分离，适应得慢的可能需要一周时间或更久。但需注意的是，**第一次尝试分离一定不能在星期一**。刚刚在家度过周末的孩子回到幼儿园需要时间重新适应，所以，无论第一阶段适应得多好，都最好挑星期二之后开始尝试分离。

第一次分离

妈妈陪同孩子一起来幼儿园，陪孩子玩 20 分钟左右后，尝试第一次分离，时间要短，10 分钟即可。妈妈告诉孩子，自己要离开教室一会儿，10 分钟就回来，鼓励孩子自己在幼儿园玩一玩。

如果分离期间孩子表现平静，继续饶有兴致地玩着游戏，只是偶尔朝着门的方向看一看，又或者妈妈刚走时哭了，但很快能被老师安抚住，说明孩子已经对幼儿园和老师产生了一定信任，可将第二天的分离时间延长至 30 分钟。

注意事项：

妈妈重返教室后，最好立刻将孩子接回家，不要在教室继续逗留玩耍，给孩子明确的信号——妈妈回来的时间就是接你回家的时间。

如果分离期间孩子大哭，无法由老师安抚住，无心玩耍，频繁地望向门方向，那么说明孩子还没有准备好分离，妈妈需要立即返回。继续重复第一阶段的陪伴适应，过两天再尝试分离。

巩固阶段

当孩子适应了与妈妈的分离，能够独自在幼儿园玩耍一定时间后，可以逐渐增加分离的时长，将分离时间逐步延长至一小时、两小时、三小时、午饭前、午饭后、午睡前、午睡后。在此期间，妈妈要保持随叫随到的状态，一旦老师认为孩子的状态不好需要妈妈时，妈妈要能尽快回到幼儿园。与此同时，老师与孩子进行更多的互动，孩子参与更多的幼儿园活动。

结束阶段

孩子不再需要妈妈在幼儿园长时间陪同，早上送孩子时可以在短时间内（10分钟左右）告别，孩子很可能会在告别时哭泣，但在妈妈离开后能很快被老师安抚住。在幼儿园里孩子把老师视为"安全的港湾"，妈妈不在的时候，有心理需要会向老师寻求安慰和帮助。与老师建立了信任，孩子在幼儿园有安全感，能自在地玩耍活动，适应期完成。

事实上，即使适应期结束后，本来适得很好的孩子也可能因为各种原因而变得不想去幼儿园，比如生病半个月，比如远方的奶奶和外婆搬来同住一段时间，这种反反复复的状态是很正常的，一般不会持续太久。

在德国，如果孩子在幼儿园状态不好，哭泣不止，老师尝试各种办法后无法让孩子平静下来，老师会联系家长提前接孩子回家，老师认为让孩子在幼儿园硬撑到放学时间对孩子是一种伤害。

两种模式的差别

德国入园适应的两种模式——柏林模式与慕尼黑模式都遵循以上 4 个阶段。主要的区别是，柏林模式倡导通过孩子与一名固定老师建立联结来实现从妈妈到老师的过渡，因此从入园第一天起，每个孩子会有一名指定老师负责与他互动。而慕尼黑模式则倡导孩子对幼儿园整个环境的适应，没有指定老师与孩子互动，每个老师都会接触孩子，最后由孩子自由选择与哪位老师最亲密。

具体采用哪种模式，由各个幼儿园自行决定。悠悠的幼儿园采用的是慕尼黑模式，她班上的 3 名老师风格迥异，正好适合不同性格的孩子选择自己喜欢的风格，整个过程顺其自然，就像交朋友一样。

入园适应注意事项

耐心

入园适应需要时间，要尊重孩子的情绪和发展规律，绝不可赶进度，更别想着要一步登天。事实上，如果在入园初期多花点时间陪孩子循序渐进地适应，之后每天送孩子去幼儿园会变得很简单；如果一开始就赶进度，甚至以快刀斩乱麻的方式索性一下子就让孩子待全天，完全不给孩子适应的时间，给孩子造成心理阴影，导致之后的几个月甚至大半年时间都无法好好适应，每天送去幼儿园都得上演一场分离大战就得不偿失了。

我刚开始陪 1 岁半的悠悠入园时，第一阶段就用了 10 天，因为之前尝试分离了几次都以悠悠大哭不止而告终。我在她生命的前 18 个月一天也没有离开过她，每天都是我亲自照顾她陪她玩，所以突然要和妈妈分离很难接受，我也理解。

那时候我看到比悠悠早入园两个月的同班小朋友已经适应得非常好，在幼儿园玩得很开心，我不由得对他们的妈妈说："真是太羡慕你们了，你们的孩子适应得好快啊！我家悠悠，看这情形估计得半年才能适应好吧。"

没想到这些妈妈都对我说："我当初也和你的想法一样，刚开始也特别艰难特别黏人，绝望地感到孩子永远也适应不了。没想到，按照老师的方法一步一步来，慢慢地孩子真的就适应得非常好了！"

于是，我也听了老师的话，不着急慢慢来。第一阶段，其实我在教室陪着悠悠的时候，悠悠是玩得很开心的，可是每次一到一个小时，老师就让我们回家。我看悠悠玩得那么开心，想让悠悠多玩下，老师劝我不要急，第一星期每天按时离开，下个星期再说。

后来进入第二阶段，终于悠悠可以接受一个小时的分离了，老师又连着一周都没有延长分离时间，我急了，心想怎么还不增加到两个小时、三个小时啊？不过这次我忍住没说，听从了老师的安排。

一星期后，老师说悠悠可以直接尝试三个小时分离了，要我午饭前来接她。果然很顺利，但老师仍然又坚持了一个半星期，才终于允许悠悠在幼儿园吃午饭，再后面过度到午睡完全一点障碍没有，越到后来越容易。

万事开头难，入园适应也一样。第一阶段打下坚实的基础，等孩子对幼儿园和老师充分熟悉和信任后再尝试分离。**分离时间从零到一小时是最难的，其间给足时间让孩子去适应，之后的两个小时、三个小时，甚至六七个小时的分离反而会越来越容易！**

带上安抚物

德国幼儿园一般都允许孩子从家里带上自己最爱的安抚物，可以是安抚巾、玩偶、奶嘴甚至是妈妈的一件衣服等。每当孩子哭泣或者需要安慰时，老师给孩子递上安抚物，效果立竿见影，安抚物顿时让孩子有了家的感觉。有了安抚物的陪伴，孩子在幼儿园也会更容易入睡。

多和老师沟通，建立信任

入园适应期，不仅仅是孩子的适应期，同时也是家长的适应期，在此期间多与老师交流，了解老师和幼儿园的育儿理念，与老师建立良好关系，给孩子一个正面示范，有助于提升孩子对老师的信任。孩子即家长的一面镜子，他们能敏锐地感知家长的情绪。如果家长自己都对老师不信任，那么孩子自然也与老师亲密不起来，不利于孩子安全感的建立。而这种不信任又会不知不觉地传染给老师，影响老师与孩子的互动。因此，为了孩子，在慎重选定幼儿园后，请尽量信任老师，配合老师的工作，遇到问题或意见不统一时多沟通，避免误解的发生。

送孩子时留有一定时间余地

这点很重要。哪怕孩子已经过了适应期，送孩子去幼儿园时也不要一送到教室转身就走。花10分钟陪孩子热身一下，和老师及其他家长聊聊天，等孩子和小朋友玩起来了再走。

不留有时间余地迫不及待地离开，不仅会把焦虑情绪传染给孩子，还会留给孩子一种"等不及摆脱他们"的印象，让孩子觉得上幼儿园是因为妈妈不想陪他们，把幼儿园摆在了家的对立面，上幼儿园成了被迫行为；而如果早上送孩子时不急不忙，耐心等到孩子玩起来了再走，让孩子觉得上幼儿园是自愿的，会更容易让孩子爱上幼儿园生活。

告别简短而愉快，别太情绪化

告别不要太隆重太煽情，避免对孩子说"分离期间我也会好想你"，这样的话语无助于孩子在幼儿园的独立生活。**家长应以简短而轻松愉快的方式与孩子道别**，一句"祝你在幼儿园玩得开心"——放松的态度本身已然在向孩子暗示你很快就会回来接他。反复强调"妈妈一定会来接你的"，反而无意间给孩子造成了不信任。孩子会开始怀疑，你说得这么沉重，是不是不会回来接我了？

一旦和孩子告别完，就请尽快离开，说走就走。切忌一步三回头，家长越是表现得依依不舍，孩子就越入戏，哭得更伤心。很多时候，家长走后孩子反而很快就能停止哭泣。

千万别溜走

有些家长喜欢趁孩子玩得尽兴、没注意时悄悄溜走，这是非常不提倡的做法。安全感是孩子大胆探索世界的前提，孩子只有在明确知道父母去向和确定父母会回来接他们的情况下，才有足够的安全感去充满勇气地独自面对幼儿园生活。**悄悄溜走，不和孩子告别，既不尊重孩子，又是一种欺骗行为，严重破坏了孩子对父母的信任和安全感**。无论孩子看起来玩得多投入，走之前一定要和孩子告别。

三岁前送去托管对孩子一定不好？
这到底是迷思还是科学

在德国，二三十年前，90% 的德国女性在有了孩子之后都顺理成章地成为家庭主妇，在家相夫教子，孩子 5 岁才去幼儿园是普遍现象，学校只上半天课，中午放学回家妈妈已经准备好了香喷喷的午饭。20 世纪 90 年代前的很多德国主妇都是等孩子读高中甚至上大学了才开始重新工作的。

无独有偶，受到儿童发展心理学中的依恋理论的影响，国内现在也出现了这一股流行趋势，越来越多的"80 后"高学历妈妈为了给孩子最佳的陪伴，为了帮孩子在童年早期建立起最强的依恋关系和安全感，选择放弃工作，在家做起全职妈妈。

可是，与国内的趋势刚好相反，如今的欧美妈妈们女权意识日益强烈，越来越多的女性追求经济独立，并将职业发展视为实现人生价值的重要部分。现在，三分之二的德国女性在休完一年的产假之后会重新回到工作中，有人为了兼顾家庭和孩子，会选择半职，也有人因为经济原因或个人职业追求而选择全职工作。

德国极少有老人能像中国的老人一样不分昼夜地伺候儿孙，整天围着孙子孙女转。为了满足职场妈妈们的工作需求以及鼓励职场妈妈多生育，德国政府近几年在公立幼儿园中大力推进了针对 0 ~ 3 岁儿童的托管班（分每周 35 个小时和 45 个小时制两种），费用比原来一直存在的私立托儿所低很多，让原本很多因承担不起高昂私立托管费而不得不全职在家或因职业发展不想被打断而放弃生育的妈妈们得到了解放。

现在，有了这种政府推出的托管服务，刚生完孩子的德国妈妈们可以相对自由地选择：到底是做全职妈妈全天候陪伴孩子直至 3 岁上幼儿园，还是使用托管服务腾出时间做自己的事呢？相信这个问题也困扰着不少中国妈妈。

这两种选择，到底哪一种对孩子发展最好

这个问题上，国内专家的意见出奇地一致，都认为孩子 3 岁以前离开家人的怀抱去托儿所会对孩子的心理发展造成不可逆转的长期负面影响，其中依恋关系理论被大肆宣扬和强调，托儿所被当成了洪水猛兽。也正是由于这个原因，越来越多的 80 后妈妈坚持选择全职在家照顾娃，她们中有的是依恋理论的坚定拥护者，时时担心孩子离开妈妈身边就会安全感缺失，有的被迫无奈牺牲自己的事业待在家，只因为对国内专家说的托儿所负面影响怀有恐惧，不敢把孩子送去托儿所。

国内专家这种一边倒的意见真的有依据吗？

有关 0 ~ 4 岁儿童接受托管对其今后的发展影响在欧美已经有了长达 50 年的深入研究与探讨。儿童发展领域的科学家们 50 多年来的大量研究结果指出：托儿所并不像国内专家认为的那样如洪水猛兽，**上托儿所教育对孩子既可能有好处，也可能有坏处，具体取决于托儿所的形式、教育质量、托管时长、儿童的家庭环境、父母社会经济地位等种种影响因素，没有绝对的好与不好。**关于托儿所对儿童发展产生的影响到底有多长远，研究者们也从最初的对小学入学表现的影响（6 岁左右）一直跟踪到了 15 岁时的影响。令人可喜的是，这些长期跟踪研究结果显示，高质量的托儿所对孩子的语言、认知能力发展和将来的学业表现都有帮助，并且这种影响在孩子 15 岁时仍然存在。

托儿所的质量决定影响

多项研究发现，在 0 ～ 4 岁时期接受高质量托管的孩子，在 4 岁半时表现出更高的语言发展水平、社交能力、记忆力，这种差别成功预测了孩子上学后的学业表现：即在 4 岁半时就表现出更高认知水平的孩子在入学后的认知学业表现（包括阅读能力、词汇量、数学、逻辑类推能力）也会继续保持在更高水平，并且当研究者 10 年之后再去测量这些已经 15 岁的孩子的认知学业表现时，这种当年就种下的差距仍然存在，甚至连比例都几乎不变！

值得注意的是，托儿所质量与孩子认知学业表现之间的关系不是线性的，而是呈幂指数增长的。托管质量越高，对认知学业表现的提升效果就越明显。这也意味着，将托儿所的质量从普通提高到优质对孩子的认知发展有着非凡的影响。

这一正面影响对来自较低社会经济地位家庭的孩子尤为明显。这些孩子无法从家庭中获取较高质量的陪伴和早期教育，与其让他们待在家里，不如送他们去高质量的托儿所反而对他们更有利。研究发现，尽早让来自低社会经济地位家庭的孩子上质量有保证的托儿所反而有助于减小他们与中产阶级家庭孩子在小学入学时的认知发展差距。

至于如何评判托儿所的质量高低，其实是一个相对的概念。如果托儿所提供的照料和教育环境比家长在家里提供的更好，那么送孩子去托儿所就是更佳选择；如果托儿所的照料和教育质量达不到家里的现有水平，那么在条件允许的情况下，让孩子待在家则为更优选择。

也有研究数据表明，无论是托儿所还是幼儿园，对孩子来说都不是必需的！如果家庭教育质量足够高，能为孩子提供丰富的教育活动及与小朋友接触的社交环境的话，即使孩子不上托儿所和幼儿园，他们照样与上了托儿所和幼儿园的同龄人无发展水平上的差距。

托管时间越长，儿童越可能出现问题行为

这一结论并不新奇也非常好理解，大部分研究都表明托管时长与儿童出现问题行为的概率正相关，托管时长的增长会增加儿童表现出问题行为的概率。依恋关系理论认为这种问题行为的出现是由亲子联结不够强而导致的。跟踪至 15 岁的研究甚至表明，这种影响相关性在孩子 15 岁时仍然发生着作用。0 ~ 4 岁期间因接受更长时间托管而出现问题行为的孩子，在 15 岁时表现出更爱冒险和更容易冲动。

不过，长时间托管只是增加了问题行为出现的可能性，并不代表每个孩子都一定会出现问题行为，其中家庭因素扮演了至关重要的角色，比如，父母与孩子的亲子关系是否健康。在家中建立的健康亲密的亲子联结是预防问题行为出现的关键。

当然，由托管时长引起的出现问题行为的可能性是可以被托管质量抵消一部分的，较高质量的托管可以减少问题行为的发生，并且也有研究指出，增加托管时间对孩子将来的学业表现有正面提升。因此，在决定托管时长时，既要考虑到它可能带来的负面作用，也不可忽视它的正面作用，需要家长在其中找到一个平衡。

不同托管方式，对孩子的影响天壤之别

前文中提到的托儿所的好处都指的是正常的白天制托儿所，父母们每天接送孩子。还有一种较少见的寄宿制托儿所，即孩子不能每天与父母见面，晚上不能回家而是在托儿所过夜，真真正正地过着集体生活。国外也有不少研究者将这两种类型的托儿所进行了对照研究，结果相当惊人。

研究者们连续观察了被送去这两种不同类型托儿所的孩子们的表现。第一天，两组中的孩子们都表现出了相似的分离焦虑，都试图挽留父母，在父母走后强烈期盼父母马上回来。然而，白天制组的孩子在两天之后就渐渐地表现得不那

么焦虑了，在父母走后，他们可以通过想象游戏来调节自己的情绪，从托儿所照料者那里寻求来自成人的安慰，花更多时间和同伴玩耍，或者沉浸在自己的玩偶游戏中以取代获取成人关注。每天下午当父母来接他们的时候，孩子们的反应适当而愉快，亲子关系并未遭到破坏。

寄宿制组的孩子反应就大不同了。由于几天都没有见到父母，他们持续表现出高水平的焦虑情绪，对他人开始充满敌意，对甜食的欲望暴增，不配合托儿所照料者的指令，可是同时又不断试图从照料者那里获取更多的关注，生病率也明显升高。三个星期后当寄宿制组的孩子终于又见到了父母时，他们拒绝接纳父母，对来接他们的父母表现出疏远和冷漠，亲子关系遭到明显伤害。

很多类似的对照研究都显示，白天制和寄宿制托儿所不可相提并论，二者对孩子的发展与亲子关系影响天壤之别。白天制的孩子因为每天都能见到父母，下午和晚上能在家里度过很长一段时间，与父母保持了良好的联结，所以白天在托儿所的他们能放心愉快地玩耍。家，是孩子成长必需的摇篮，幼小心灵的庇护所。家长再忙也不能用寄宿制托儿所（或者幼儿园）代替家的作用。**把孩子送去寄宿制托儿所或幼儿园的，才真的如依恋关系理论所说，会对亲子关系和孩子的内在安全感造成重大冲击。**

总结

3岁在国内育儿专家眼里看来是道门槛，国内专家普遍持有这样的观点：3岁前去托儿所就一定不好，3岁后到了该上幼儿园的年龄却不上也一定不好。

其实，在儿童发展研究领域并没有这样的定论，大量研究者们也并没有严格地将3岁作为界限去研究3岁前和3岁后接受托管的影响，而一般将0～4岁（或5岁）作为一个整体去研究，因为，其实托管（托儿所或幼儿园）对0～5岁孩子的影响都是类似的。

孩子没有我们想象中那么脆弱，他们具有天生的韧性。

被职场妈妈送去托儿所的孩子不一定就意味会缺失安全感和依恋关系，你在家时给予孩子的高质量陪伴和爱就是孩子的一颗定心丸，让他白天也能在托儿所安心从容地度过。

全职妈妈也不一定代表就比高质量的托儿所好，有的全职妈妈整天忙于家务做饭或者玩手机，真正剩下来专心陪孩子玩的时间并不多，又或者根本不懂儿童发展的规律。这种情况下，把孩子送到专业的托管机构，由专业人士陪伴孩子玩乐不失为一种更好的选择。

托儿所不是洪水猛兽，与许多事物一样，有它的两面性。悠悠妈不是要鼓励大家都把孩子送去托管，可是对于有这方面需求的人来说，放弃事业被迫待在家里照看孩子，或者把孩子扔给完全不懂教育的老人，抑或是学会利用高质量托儿所的正面影响，同时尽量在家弥补它的负面影响，这三种选择你们觉得哪种更好呢？

每个人有每个人的难处，每家的父母心中都有自己的答案。我们不需要做完美妈妈，职场妈妈不用为送孩子去托儿所而感到愧疚，不需要去羡慕全职妈妈；全职妈妈也没必要相信只有整天陪着孩子的妈妈才是给孩子最多的爱的妈妈，更不要因为全职在家就觉得自己是在为孩子做出牺牲！找到让自己和孩子都舒服的教育方式才是给孩子最好的礼物。

对孩子而言，父母陪伴的质量远比时间长短重要。

part 8

德式家庭性教育

——最好的防护，是尽早帮孩子
树立正确的性认知

孩子换衣服、上厕所要求关门了？
请尊重孩子的裸体羞耻感

什么是身体羞耻感

　　每当女儿看到《大卫，不可以》里大卫光着身子往外跑这一页时，都会笑呵呵地说："大卫也光着身子呀。"——她从大卫身上看到了自己的影子。有孩子的家庭应该都有这样的经验：小宝宝特别喜欢光着身子满屋子跑！每次洗完澡或者洗澡前光着身子的时候，他们仿佛脱缰的马，尽情地享受不穿衣服带来的自由感！这时候家长想给孩子穿上衣服，多半会遭遇强烈反抗，还真不是件容易的事呢。

　　这是因为，孩子小的时候还未形成裸体羞耻感。他们可以毫无顾忌地当着众人的面突然把裤子脱下来，可以在大街上小便，女孩可以只穿着短裤去游泳，可以和爸爸/妈妈一起洗澡而不觉得奇怪……

　　通常情况下，羞耻心在两到三岁之间初现雏形。比如，我发现，悠悠从两岁半开始，会突然中断游戏，跑到自己的房间，关上门，一声不吭。我好奇地问她在房间里干什么，小家伙一脸不好意思地说："我在拉臭臭。我要一个人拉臭臭！"我这才意识到，两岁半的女儿已经开始为拉臭臭这件事感到羞耻了，她感到拉臭臭是隐私，不希望在众目睽睽下进行。

　　类似的经历我在邻居家也遇到过。有一次，我们在邻居姐姐家玩，还穿着尿布的她突然躲到桌子下面，我特别不识趣地弯下腰探头问了一句："你在桌子下面干什么呀？"小姑娘急得哭了起来，却不告诉我原因。经她妈妈解释，我才明白她是在桌子下面拉臭臭。其实她明明穿着尿布，我们什么也看不见，可是小姑娘还是希望在拉臭臭的时候能找个隐蔽一点的地方，不被人打扰。

孩子四五岁以后，细心的家长会注意到，有一天，孩子突然就变得不好意思了：上厕所的时候他们开始关上门不希望别人看到，洗完澡他们也不再光着身子到处乱跑了，游泳的时候女孩会主动要求穿遮住上身的泳衣，在家里换衣服的时候也主动关上门，不再想和爸爸／妈妈一起洗澡……这些都说明，孩子已经形成了一种高级复杂的情绪——**羞耻感，它是儿童心理发育的重要里程碑。**

羞耻感不仅体现在对自己隐私的在意，同时也体现在对看到别人的隐私而感到尴尬。例如，孩子不再在妈妈或爸爸上厕所或洗澡的时候不敲门就贸然进入卫生间，不愿意和爸爸或妈妈一起洗澡，看到爸爸妈妈换衣服的时候，会主动回避目光，这些都是因为羞耻感的出现让孩子在看到他人的隐私部位或亲密举动时感到尴尬。德国调查数据显示，不同孩子显现羞耻感的时间不同，有早有晚，但一般七岁之后，几乎所有德国孩子都具备了对身体的羞耻感，他们希望在身体隐私方面得到尊重，也希望与他人之间建立一定的界限。

羞耻感是如何形成的

自我意识的觉醒是形成羞耻感的前提条件——孩子必须先意识到自己是独立于他人的个体，才能继而感受到羞耻、尴尬等高级情绪。人类的基因里存在形成羞耻感的条件，但是否会表现出来以及其强烈程度，则取决于家庭和社会环境的影响，学龄前主要是家庭影响。

有的家庭父母很开放，经常在家里光着身子，上厕所、换衣服不关门，一切都表现得很自然，那么在这种环境下长大的孩子对身体的羞耻感也会比较弱。我还记得，当第一次看到日本真人版《樱桃小丸子》电影里，爸爸和已经上小学三年级的小丸子一起泡澡时，我被深深地震惊了。后来我还为这事专门问过一位日本朋友，她说在日本这挺常见的。

　　而有的家庭，父母在这方面很保守，从孩子出生起就从未在孩子面前暴露过自己的身体，不论是上厕所、洗澡还是换衣服，门都是紧闭的；父母也从不教孩子命名他的隐私部位，只要孩子光着身子到处乱跑，就会被父母教育这是不文明不得体的行为，一定要穿上衣服。生长在这样的家庭环境里，不难想象，孩子很早就会对身体产生强烈羞耻感，并对身体表现出与父母相似的行为和态度。因为他从父母的行为和态度中学到的是我们的身体好像有哪里不对劲儿，被人看到是极其可耻的事，所以一定要遮得严严实实，不能让人看到。

　　儿童早期的羞耻感来源于养育人，强弱与养育人的羞耻感水平紧密相关。养育人过强的羞耻感易让孩子对自己的身体产生错误的概念：隐私部位是禁忌，是不能谈论的。从而进一步妨碍家长对孩子开展性教育。而养育人过弱的羞耻感会让孩子欠缺人与人之间的界限感，不懂得保护和尊重自己与别人的隐私。

　　父母的任务就是要在保守与开放之间找到一个平衡，把握好亲密与距离的度。该亲密的时候亲密，该保持距离的时候保持距离。

　　一方面，在孩子小时候，父母需要帮助孩子形成自信的身体感觉。和孩子一起洗澡，一起换衣服，让孩子看看父母的身体，有机会认识男女身体的区别，同时也通过在孩子面前展现出对裸体的自信来向孩子传达父母爱自己的身体，为自己的身体感到自信和坦然，隐私部位是身体的一部分，并不是见不得人的禁忌。

　　另一方面，我们也需要逐渐向孩子示范人与人之间的界限和对隐私的尊重。

　　这包括：

　　对别人隐私的尊重：如果父母觉得在孩子面前换衣服不好意思，那就关上门。如果觉得在孩子面前上厕所不好意思，那也关上门。告诉孩子，未经别人允许，不能擅自进入被占用的卫生间。

　　对自己隐私的尊重：有一个简单的判断标准，换位思考一下，一件事情如果你自己做了会觉得不好意思（如当众大小便、穿破裆裤、光着身子游泳），那就不要让孩子做。

隐私和界限教育其实从孩子能听得懂话后就可以开始进行，别以为孩子还小不懂。一个经常被老人抱着在公共场合当众随意大小便的孩子，很可能五六岁了还不觉得这有什么可耻；而一个从来没穿过开裆裤，一直用纸尿裤或者坐马桶的孩子，可能会在两三岁时就为偶尔一次在卫生间以外的地方小便而感到羞耻。

羞耻感的形成是孩子文明化、社会化的标志。羞耻感帮助我们建立人与人之间的界限，使孩子的行为越来越符合社会规范和期待，也能让孩子更好地融入集体。

父亲或者母亲在家洗完澡光着身子的时候，一两岁的宝宝出于好奇，想摸大人的隐私部位，应该允许吗？

如果父母觉得自在，就可以让孩子摸，孩子只是出于对新事物的好奇想要探个究竟，摸了并不会对孩子产生坏的影响；如果父母觉得别扭，那就对孩子说不，明确告诉孩子："我不喜欢你摸我的隐私部位。"

允许孩子摸，是在向孩子展现大人对性器官所持的平常心，满足孩子的好奇心；不允许孩子摸，是在向孩子展示，每个人都有权利对自己的身体做决定，有权说"不"，没人有权在违背我意愿的情况下触碰我的身体。

切忌自己明明感到不自在，还假装淡定地允许孩子摸！父母的心口不一是在向孩子传递危险的信息：即使自己不愿意，我也得忍受别人对我的触碰，这是正常的。这样的态度很可能导致孩子将来遇到性侵时无法或不敢第一时间做出反抗，给了性侵者得寸进尺的机会。

请尊重孩子的羞耻感

曾经大大咧咧光着身子满屋子跑的孩子变了，上厕所换衣服开始主动关门了。当孩子发出羞耻感的信号时，父母请务必尊重孩子的羞耻感，建立起与孩子间的界限，并让孩子明白：**我们每个人都有权利保护自己的隐私，这是正常需**

求。即使孩子对父母说"不"，也不会减少父母对他的爱。

悠悠两岁时喜欢一个人关上门在房间里拉臭臭，我会等她拉完了再敲门问她："妈妈可以进来了吗？"直到她回答"可以"，我才开门进去。后来她开始用马桶了，每次上厕所，必对我说："妈妈，你出去。"绝对不让我们看她上厕所。哪怕我当时正在卫生间刷牙，我也会充满理解地离开卫生间，给予女儿隐私上的尊重。

小女孩儿如果不想再仅仅穿着泳裤去游泳，那就尊重孩子的意愿，给她买一件遮住上身的泳衣。切忌在孩子表现出羞耻的时候，嘲笑孩子的感受，比如，强迫孩子在公共场所小便，嘴里还说着："哎哟，小屁孩儿还知道羞羞啊？你这么小，怕什么啊！快点，没时间了，就在这里把尿尿解决了！"

带孩子去体检时，孩子脱衣服扭扭捏捏，死活不愿意脱最后一件，切忌冷漠粗暴地帮孩子脱掉衣服，还训斥着"羞什么羞！别人不都脱了吗？就你名堂多"。否定孩子的真实感受，只会伤害孩子的自尊，让他对父母失去信任。

请记住，每个人的羞耻感水平不同，我们不能强迫自己的孩子和别人一样，更何况**羞耻感是一种高级情绪，应该得到父母的肯定和赞扬，而不是贬低**。遇到体检时孩子不愿意脱衣服的情况，我们至少可以选择用共情的方式温柔劝说，而不是对孩子的感受视而不见。

因老公工作原因，妈妈一个人在家带儿子。何时应停止与儿子一起洗澡？何时应在换衣服、上厕所的时候关上门？答案是，当孩子表现出羞耻感时父母就应该开始回避。

羞耻感不仅仅体现在对自己隐私保护的渴求上，同时也表现在对他人隐私的界限感上。体现为不光不愿意在别人面前展露裸体，当别人在换衣服或上厕所的时候也会主动回避。如果不小心撞见了，就会流露出不好意思和抱歉的表情。

父母和孩子一起洗澡时，孩子若表现出不自在，目光躲闪，或者用异样的眼光看待父母的身体时，父母就应该尊重孩子的羞耻感，与他保持界限。

"妈妈，我从哪里来？"
性教育从不回避孩子的问题开始

小时候，我们问父母自己是从哪里来的，他们总是玩笑着回答"垃圾堆里捡的"。幼小的我虽然半信半疑，可是隐约中也能感到这貌似是个禁忌话题，父母在隐藏着什么秘密不想让我知道。

在悠悠还未出生前，我也曾想过绕过"性"的话题，编织一个童话故事来回答这个问题，让她在儿时沉浸在美好的想象之中。就如大人告诉孩子"圣诞老人在平安夜坐着麋鹿拉的雪橇给每个孩子送礼物"的故事一样。不过当我把这个想法告诉先生后，得到的反馈竟然是"别对孩子胡编乱造"！

原来在这个问题上，德国专业机构的建议是：用适合儿童的语言尽可能贴近事实地回答，不需要编得天花乱坠。孩子问什么就答什么，如果孩子对当前的答案满足了，家长可就此打住，避免一次性给出所有信息。孩子没问的部分就不用急着告诉他答案。随着年龄的增长，孩子自然会提更多后续问题，到时再逐渐增加答案的信息量。

"妈妈，我从哪里来？"

当孩子只有两三岁，第一次提出"我是从哪里来"的问题时，父母完全不必紧张，因为通常"你是从妈妈肚子里来的"这样一个简短答案就能让两岁孩子满足了。随着自我意识不断增强，他们又会主动询问细节，我们可以告诉他："你是在妈妈肚子里被创造出来的，在那里你慢慢长啊长，越长越大，40 周之后，你就出生啦。"

如果孩子对这个答案还有疑惑，继续问"那我是怎么被创造出来的"，我们可以接着补充："爸爸提供了一颗种子，和妈妈子宫里的卵子（还记得你平时吃的鸡蛋吗？）相结合，你就被创造出来啦！"

不同年龄的孩子，对应的答案不同

等孩子再长大一些，他们肯定会继续追问："那我是怎么进到妈妈肚子里的呢？"或者："爸爸的种子是怎么进到妈妈肚子里的呢？"

不同年龄我们可以给予不同程度的解释。

2 ~ 3 岁

"爸爸妈妈因为相爱走到了一起，我们很相爱，希望有一个孩子，所以就有了你。"

3 ~ 5 岁

"爸爸妈妈很爱彼此，我们在独处时，会用一种特殊的拥抱方式来表达对彼此的爱，于是就有了你。"

5 ~ 6 岁

可直接告诉孩子爸爸妈妈是通过做爱来创造宝宝的。如果孩子不继续追问，就不多做解释，如果孩子问什么是"做爱"，可以回答："当爱情发展到一定程度，两个相爱的成年人想要进行更亲密的接触，会在独处的时候通过做爱来表达爱意，他们的身体靠得很近很近，亲密地拥抱、亲吻、爱抚彼此的肌肤，这是一种非常美好的体验。有时候也会创造出宝宝。"大部分学龄前孩子听到此处会表示满足，不再继续追问。

当终极问题来临时

万一遇到爱打破砂锅问到底的孩子，抑或孩子长大了想知道更多，遇到"为什么做爱就能创造宝宝？爸爸的种子到底是怎么进到妈妈子宫里的？"这些问题时，全世界没有哪个国家的父母不会感到尴尬。父母在孩子面前谈"性"，总觉得难以启齿，怕孩子还太小，知道得太多会不好。其实在孩子眼里，这个问题和他们问的其他问题并没有多大区别，都是受到求知欲望的驱动。是大人的态度决定了孩子对这个话题的看法。

德国专家建议，当孩子不再满足于前面的所有回答，问出这个"终极"问题时，也是时候告诉孩子事实了，5岁以上的孩子不需要回避。任何躲躲闪闪的做法，比如，反问孩子"你为什么偏偏想知道这个"或者"现在不是谈论这个的时候，先吃饭"或"你现在还小，长大再说"，都会让孩子感到这个问题在父母面前是禁忌，甚至连思考这个问题都是尴尬的、邪恶的。这不仅让孩子对这个问题背后隐藏的"性"产生错误的观念，也容易导致孩子以后都不再与父母谈论与性有关的话题。

然而，作为过来人我们都知道，孩子不与父母谈性，并不代表他们不与别人谈论。现在信息如此发达，幼儿园和学校同学，年长的手足或亲戚，电视、手机、iPad等，都是孩子获取信息的渠道，就算我们不告诉孩子，他们也会从别人口中得知答案。别总觉得孩子还小，单纯，其实孩子知道的远比我们以为的多，尤其是上学后与小伙伴有了交流。如果我们在孩子小时候一再回避这个问题，一旦孩子从父母以外的途径得知这个令他们震惊的答案时，他们将很难再与父母开启这方面的交谈。父母与孩子有关性教育的交流通道一旦关闭，以后就算我们想对孩子进行性教育，他们也不愿和我们谈论了。

为了帮助孩子树立对"性"的正确认识，鼓励孩子与父母谈论性知识，最可控最保险的做法，就是让孩子从父母口中最先得到答案。

德国有调查数据显示，有一半的德国孩子在6～7岁甚至更早就知道了答案，

8 ～ 10 岁的德国孩子基本都已知道。但是这些孩子中只有一半愿意与父母谈论性话题，另外一半更愿意与小伙伴或兄弟姐妹谈论，原因是和父母谈太尴尬（说明他们是从父母以外的途径得知答案）。这与家庭气氛和家庭性教育开展程度不无关系。我国国情固然不同，家长们可适当调整，但也不宜太晚。既然孩子问出了终极问题，终究是要面对的。

如何告诉孩子真相

听到这个问题时，我们可以首先肯定孩子的提问："这是一个非常好的问题！我很高兴你能提出来，说明你很善于思考。"然后放松淡定地告诉孩子："当爸爸妈妈做爱时，我们会拥抱和亲吻，爸爸会小心地把他的阴茎放进妈妈的阴道里，这样爸爸阴茎里的种子（或精子）就能进入妈妈的身体，与卵子结合，而你也在那一刻被创造了出来。那是爸爸和妈妈一生中最美妙最幸福的时刻之一。"

说的时候感情要充沛真挚，将重点放在最后一句孩子被创造出来让父母感觉很美好上，而不是具体的繁殖机理。说完后，再鼓励孩子一句："你还有任何问题的话，都可以随时问我们哦。"以此向孩子示意，他与父母的交流通道永远是敞开的，父母愿意与孩子谈论任何问题，性话题在家不是禁忌，而是一个关于爱与生命的健康话题——**父母对性赋予的色彩将奠定孩子的"性观"。**

当然，不同的孩子对上述答案的反应会有所不同。这主要取决于，在此之前(0 ～ 6 岁) 父母是如何对孩子进行性教育的。如果父母在此前传递给孩子的是爱自己的身体和身体的每一个部位，无差别对待孩子的隐私部位和其他身体部位，那么当孩子听到这个答案时，在父母的引导下，他很可能会觉得这是一件很正常很美好的事，就像爸爸牵妈妈的手一样平常。

如果此前父母对孩子的性器官总是遮遮掩掩的回避态度，连名字都不敢叫，只要孩子一碰自己的性器官就呵斥禁止，还告诉孩子"脏！不许摸"，那么孩子从父母那里得到的信息就是性器官是脏的，带有罪恶的，任何触摸都是不道德的，令人尴尬的。如此一来，等到孩子知道做爱的真相时，难免会产生恶心感，甚至感觉自己被父母骗了：你们怎么能一边告诉我性器官是脏的不能摸，一边自己又干这种事？

因此，为了孩子将来能正确看待性行为，**儿时家庭性教育的关键一点在于，从小教孩子爱自己的身体，不刻意回避性器官**。性器官是隐私，但不是禁忌，更不是罪恶。这种性教育应该从一出生就开始。

当9个月大的男宝宝在洗澡时玩起自己的小鸡鸡，不要戴着有色眼镜去认为这是不雅行为，这其实与孩子啃自己的脚指头并无两样，都是探索身体的行为。此外，男婴出现勃起也是稀松平常的现象，这并不代表宝宝已经有了性欲，而是身体对外界感官刺激的一种回应。家长用平常心去看待宝宝的身体探索行为，宝宝也就能用平常心看待自己的任何身体部位，爱自己的身体。这样，当他们以后知道了什么是性行为时，也不会有被骗、恶心或者尴尬的感觉。

关于具体性器官的名称，德国专家认为不一定要使用医学专业术语，父母可以选择说出来让自己舒服不尴尬的名称，甚至可以是自己发明的词，然后教给孩子，当然也要让孩子知道还有其他的名字存在。一般父母都会教男孩性器官名字，但女孩的性器官名字却鲜少有父母愿意去教，除了文化因素，也和语言分不开干系。中文里没有听起来让人觉得舒服的词，一说"阴部"，感觉像在骂人，连家长自己都不淡定了，怎么教孩子？所以，我个人选择了用英语单词来代替中文，家长们也可以选择适合自家情况的名称，但切忌用"这个、那个、下面、屁屁"来闪烁其词，这么做只会造成孩子对性器官的错误认识：性器官的名字是不能说出来的。严重的可能导致孩子（尤其是女孩儿）对自己的性器官产生不必要的罪恶感，将来对"性"产生扭曲的看法。

孩子知道答案后会发生性行为吗

知道了答案不代表孩子就不单纯了。对于孩子来说，我们只是在他求知路上使用语言为他解答了一个问题，满足了孩子与生俱来的好奇心。研究证明，知道什么是性行为并不会使性行为的发生时间提前，却可以让孩子学会有效地保护自己，爱惜自己的身体。当侵犯他们身体的行为发生时，孩子马上能识别出正在发生的是什么，可以立刻对性侵者说不，并且有能力向父母描述发生的性侵行为，这些都有利于保护孩子避免受到进一步伤害。

作为父母，我们有责任引导孩子建立对性的健康认识。孩子迟早会知道性，你是希望他从你口中知道，还是从朋友和网络上？说着"孩子长大了自然就知道了"的话，是无知又不负责任的行为，是将孩子置于可能被性侵的危险境地。父母可以强调性是爱的升华，两个相爱的成年人进行亲密身体接触是美好的事情，但前提是有爱作为基础，双方必须自愿。有了这样的认识，孩子到了青春期就不会被荷尔蒙冲昏头脑，或者被花言巧语蒙骗了。

总结

其实在回答与性有关的问题时，父母的语气、态度、眼神、表情等非语言因素比具体说了什么更重要。孩子们非常敏感，他们极其善于捕捉我们话外的情绪与感受。

为了不让孩子受到成人眼光的影响，我们可以遵循以下几个原则：

· 以平常心对待，不要觉得尴尬或表现出担心。

· 肯定和表扬孩子的提问。

· 淡定放松地给出答案。

· 答案直接简短，尽量贴近事实，不要撒谎。

· 一次只给出一点点信息，然后等待孩子的下一次提问。

· 孩子没问的，就别说。

· 回答"终极"问题时，将重点落在孩子被创造出来的那一刻父母感到多么的幸福。

·将性与爱联结起来。

·告诉孩子以后还有任何问题都可以提出来。

·如果父母目前做不到淡定放松地回答这个问题，最好是在孩子问出"终极"问题之前先自己排练一下，提前多练几次，等到孩子哪天抛出这个问题的时候，我们就能从容应对了。

如何防止孩子被性侵？
德国专家教你提前做好防护

性教育并不是大部分人想象中的仅仅教孩子什么是"性"，很多父母忌讳对孩子进行性教育，主要是因为怕孩子知道太多而过早发生性行为。然而，事实是恰当的性教育并不会使孩子提早发生性行为，相反，它可以有效起到保护作用，避免孩子沦为被性侵的对象。那些被性侵者挑中的可怜孩子，多是因为缺乏性知识，对自己保护意识不足，才会一而再再而三地被反复性侵，却无法逃脱性侵者的控制。

儿童时期的性教育最大的作用：一个是对性建立正确而健康的认识；二是能够通过学到的性知识识别潜在性侵者，保护自己不受到侵害。

性侵都是如何开始的

大部分人说起性侵，会觉得犯罪者一定是个变态，只有心眼极坏的人才会干得出这种事。事实上，无论国内外，绝大多数性侵都是身边的熟人干的。性侵者多为孩子父母认识且信任的熟人，可能是年长的哥哥、叔叔、爷爷、继父等亲戚，也可能是父母的朋友、同事、邻居或老师，甚至可能是德高望重的神父。这些人看上去一点儿也不像"坏人"，还可能拥有很高的社会地位和口碑，人缘颇好，与孩子及父母长期保持着良好的关系，这些因素直接导致了很多性侵并不容易被父母发现，哪怕父母和孩子生活在同一屋檐下。

叔叔和7岁大的侄女玩起了枕头大战，小女孩用枕头砸了叔叔的头，还淘气地把叔叔的眼镜摘了下来。叔叔为了"惩罚"侄女的淘气，一把抓住孩子，开始挠她的痒痒。起初，一切看起来很正常，孩子也经常和妈妈这样玩。突然，孩子觉得"挠痒痒"有点过头了，一边说着"快停下来"，一边还是忍不住地咯咯笑。可是叔叔没有停下来，他劝道："别这么扫兴，我们在玩游戏呢！"他按住侄女的双腿，就在他把手放到孩子臀部上时，孩子僵住了。接着叔叔把手伸进了侄女的内裤，她还是什么都没说。

这突如其来的情况让孩子不知所措，她感到奇怪，甚至还觉得有些恶心。她在内心里希望叔叔把手拿开，她想把自己的感受大声说出来，可是喉咙仿佛被什么东西堵住了。她为已经发生在自己身上的事情感到羞耻，更替叔叔觉得羞耻，平日里慈爱的叔叔怎么突然变得不一样了？茫然和困惑充斥着这个7岁小女孩的内心。

正如上述例子所描述，性侵通常都是在友好愉快的气氛下开始的，性侵者和孩子玩着游戏，当孩子还乐在其中时，一转眼基调就变了。很多时候，当孩子意识到性侵者的性侵动机时，性侵行为已经发生了。不过，可以肯定的是，性侵的发生绝对不会是出于无意！绝不会是"不小心"发生的！所有的性侵或多或少都是有预谋的。通常性侵者会找机会先试探一下孩子的反应，看看是否会反抗，逐步测试潜在性侵对象的忍耐底线，再决定下一步的行动。

叔叔趁孩子上卫生间的时候，故意开门闯进去，孩子是明确拒绝还是勉强接受？

当孩子被邻居爷爷摸大腿时，是立刻推开他的手，还是沉默不知所措？

当哥哥给弟弟或妹妹换裤子时，非正常地触摸孩子的隐私部位，是回应"你在干吗？我不喜欢这样"还是只是把目光移开，任由哥哥？

孩子在性侵者第一次试探时做出的第一反应，将决定性侵者之后的行动。如果孩子在那一刹那能做出坚决的反应，很可能就打消了性侵者继续作案的动机。

明确而坚定的拒绝可以将可能发生的悲剧抑制在萌芽之中；而如果孩子的态度犹豫不决，表现出畏畏缩缩不知所措，则会大大增加性侵者继续作案的信心。

说白了，性侵者也是看人下菜，专挑软柿子捏，听话的、不会反抗的、好欺负的孩子常常被选中。第一次发生的时候，孩子如果没狠狠拒绝，就会有第二、第三次……很多性侵都是在持续发生数月乃至数年后才被人发现。

不过，要知道，一个能在那种突发情况下做到大胆拒绝、大声说不的孩子，一定是一个具有很强自我意识、自信心和勇气的孩子，而这些品质需要从小在家庭教育中一点一滴地积累和培养。

为什么让孩子告诉父母真相那么难

很多孩子遭遇性侵后都选择不告诉父母，等到父母发现的时候，性侵已经发生了多次。而且，妈妈往往是最后一个知道的人，还是从第三者口中得知的消息。许多人想不通，为什么会这样？

这里面的原因有很多，也极其复杂。

第一，很多时候，由于性教育的缺乏，发生第一次性侵时，孩子根本就不知道自己遭遇了性侵。性侵者利用孩子的天真无知，以"爱"之名反复做出可耻行为。而孩子由于对自己的感受不够自信，容易被性侵者诱导。很多女孩在性侵发生后没有及时求助，反而被"爱"忽悠，不懂拒绝，一再容忍性侵者的犯罪行为。

第二，性侵者通常会想方设法地通过颠倒黑白来搅乱孩子的思绪："你也很享受刚才的过程啊！""这事应该怪你！是你的错！是你引诱我的！""我为什么不挑别人，偏偏挑你？就是你不好！"这时候，如果孩子还不知道性侵是什么，不明白大人为什么会有这样的举动，那么当性侵者搬出这一套说辞时，孩子很可能会当真，反而怪罪到自己头上来。**儿童对于自己不知道为什么会发生的事情，都倾向于归责到自己身上。**

还有的性侵者会威胁孩子："如果你告诉了妈妈，她可能会伤心到死掉。"或

"发生这样的事，都是你的错，你好意思告诉父母吗？你父母知道以后会替你感到可耻的"。大部分性侵者使用诱惑、小礼物、威胁或者恳求同情的多种混合方式，来要求孩子保守"他们共同的秘密"。"你希望我被警察抓起来吗？我可是你的亲人。我那么爱你。我进了监狱，你妈妈也会伤心的。"

第三，孩子可能有试图尝试和父母沟通，发出过声东击西的暗示，可在一个谈"性"色变的家庭里，孩子的每一次小心尝试都被父母对"性"的否定而吓退回去。父母对性的保守态度导致了孩子不敢向他们求助，孩子陷入绝望。

性侵孩子的人可能是备受爱戴的老师、继父，甚至亲生父亲！孩子一方面爱他们，害怕失去他们，另一方面也倾向于认为"即使我说了也没有人会相信我的"——因为这些性侵者往往是社会（包括父母）眼中公认的好人，拥有令人尊敬的职业，优越的社会地位。尤其是当受害儿童与性侵者有着非常亲近的关系时，受害儿童往往会长达多年都保持沉默，一个人默默忍受精神和肉体的双重折磨。由于周围几乎没有人会在生活中谈论性侵的经历，孩子会深信自己是世界上唯一一个经历这种事情的人，他感到自己才是那个有罪的人，为自己的遭遇而羞耻，为了说服自己相信性侵者的"好人形象"把一切责任都往自己身上揽，想让孩子说出来就更难了。

因此，想要孩子在性侵发生后第一时间告诉父母，并没有我们想象中那么容易。尤其在对"性话题"忌讳莫深的家庭，孩子更加不知道如何开口。**想要孩子在性侵即将发生的一瞬间有能力鼓起勇气做出挽救命运的正确反应，就必须提前在家里多做演练；若希望孩子能及时开口，就必须在性侵发生之前做好性教育工作。**

告诉孩子，你的身体属于你

很多父母不知道如何向孩子开口谈论性侵这个话题，有的怕太早告诉孩子，知道多了反而不好；有的则是不好意思谈论与"性"有关的话题，对"性"充满禁忌。到底如何把握这个度？需要根据孩子的年龄与谈话场景来调整。

对于年龄尚小的孩子，其实我们不需要谈性侵，只需要教会孩子一个最最重要的原则：**孩子，你的身体属于你！只要你不愿意，任何人都没有权利碰你、抱你、亲你！**这个原则是我们从小就应该教给孩子的，不仅仅是隐私部位不能让人摸，而是整个身体孩子都有自己做主的权利！这里的任何人包括：亲爸、亲妈、爷爷、奶奶、外公、外婆、亲姑妈、亲舅舅等一切人。孩子只要内化了这个原则，有了强烈的自我意识和自信，他不仅能应对性侵，还能抵抗校园霸凌，对一切可能伤害到自己的行为大胆说不。

连亲爹亲妈都不能想摸就摸自己的孩子？孩子若是不愿意，当然不能！做父母的要时时刻刻记住，孩子是独立的个体，不是我们的私人物品，我们需要尊重孩子的意愿。孩子如果在家得不到父母的尊重，总是被逼着做违背意愿的事，那他就学不会尊重自己和伸张自己的权利。到了关键时刻，也就缺乏说"不"的能力和底气。

国内很多长辈喜欢一见面就热情地抱孩子，妈妈们碍于面子，在明知孩子不愿意的情况下，还在一旁帮腔，勉强孩子："就让阿姨抱一下嘛，阿姨也是喜欢你哦！看，她还给你带了礼物。"这种错误暗示简直就是在给孩子灌输反面教材！它在暗示孩子，你愿不愿意被摸不重要，你的感觉都不重要，重要的是阿姨出于喜欢才摸你，你应该高兴才对——这和性侵者常用的说辞如出一辙！谁要是这么劝孩子，就是在给性侵者铺路。

还有的反面教材里，妈妈会劝孩子："别这么胆小嘛，抱一下又没什么，这是你的亲姑父啊！"孩子的身体由孩子做主，不愿意就应该得到尊重。否则，在面临被熟人性侵时，当性侵者用熟悉的语气说出"我是你的亲姑父啊"时，孩子哪来的经验和底气去说"不"？**孩子需要有自己掌控身体和决定何时被何人亲亲抱抱的经验，才能在性侵发生时做出坚决的第一反应。**

请教给孩子说"不"的能力

家长们可能没想到，前面提到的那些反面经历，恰恰就是生活中进行防性侵的实战演练机会。很多家长没有把这些经历当回事，主要是因为他们的认知还停留在：孩子隐私部位不能摸，其他部位就随便摸吧！抱一抱亲一亲都是小事儿。殊不知，**不论是抵抗性侵，还是霸凌，需要的都是同一种能力——说"不"的能力。**支撑孩子敢于说"不"的背后是强烈的自我意识、自信和安全感，孩子只有在家庭教育中得到了尊重，才能发展出这些能力。

拒绝被亲被抱，与拒绝被摸隐私部位，需要的是同样的说"不"的勇气。我们不能一方面教孩子，"如果有人摸你的隐私部位千万要拒绝啊"，一方面又在孩子拒绝被抱抱的时候，忽略孩子的感受说："大方点，抱一下没什么。"这不是矛盾吗？口头上教孩子要拒绝，行动上又践踏孩子的拒绝。若是生活中缺乏成功拒绝别人的经验，又怎能寄希望孩子在关键时刻能小宇宙爆发？

俗话说，熟能生巧。在预防性侵上，也要先从练习拒绝别人和维护自己的权利开始，尤其是熟人对身体的侵犯，因为性侵高发于熟人圈。不要管对方的社会地位和职业身份，当孩子表现出不想被抱时，我们要做的是站在孩子这一边，肯定他当下的感受和身体支配权。

若孩子还不懂得用语言拒绝，只是用哭或扭头来表达，那我们可以用语言做出示范："奶奶，孩子现在不喜欢被抱，请尊重他的感受吧！"

"孩子的身体他自己说了算，我说了都不算。他如果现在不想被亲，就别勉强啦！"

有了父母作为强大后盾，孩子自然会逐渐积攒起更多拒绝别人的勇气和胆量。父母若是碍于面子不懂得拒绝，孩子又怎能学会拒绝呢？父母是孩子最好的老师。

德国幼儿园如何教孩子拒绝

说起教会孩子礼貌而坚决地拒绝，我非常佩服德国幼儿园。我女儿才两岁多的时候已经从幼儿园老师那里学会了拒绝别人和保护自己的方法。

"不要！停下！"成了女儿班上小朋友们的口头禅。幼儿园里天天都在上演着无数次争抢玩具、推搡打闹、小朋友之间的亲亲抱抱等戏码，德国老师教他们，

当别人的行为让你感到不舒服时，可以立刻大声说"不要！停下"，还要配合使用铿锵有力的手势，竖起手掌，发出明确信号。如果觉得气场还不够，可再加上一句"请和我保持距离"，潜台词是我不喜欢你离我这么近。

我和悠悠也经常在家反复练习这个技巧。说实话，当看到女儿有能力有胆量对着我这个中国妈妈说"不"的时候，我的内心是无比欣慰的。我们这一代人小时候没机会受到这样的教育，长大了不知如何优雅地拒绝别人，是一种能力缺陷。

具体操作例子：

在家和悠悠玩挠痒痒游戏的时候，我有时会故意使劲挠啊挠，直到她觉得太痒了不舒服，她就会对我说："妈妈，你停下！"还特严肃地对我摆出停止手势，搬出她在幼儿园学的那一套。这时我会立刻停下，马上用语言赞许她的拒绝："你说停，就表示你不想这么继续玩下去了。嗯，好，妈妈尊重你的意愿，你说停我就停。你刚刚拒绝得很对！下次还要这么拒绝！"**通过语言肯定和强化拒绝的力量，让孩子拥有成功拒绝的经验和积累信心。**

如果孩子不说停怎么办？我们要尝试教授给孩子。回想一下，当我们忍不住亲亲抱抱孩子的时候，孩子是不是偶尔也会表现出躲避厌恶的情绪？即便是亲妈，此刻也不要强行亲亲抱抱，而是帮助孩子把他的感受用语言描述出来："宝宝，你是不是不喜欢妈妈这么亲你啊？那你对妈妈说"不"啊！你说妈妈停下！我不喜欢你这么亲我！我就会听你的停下来。当任何人做出让你不舒服的行为时，你完全可以说"不"，做停止手势，让我们与你保持距离。"

其实，生活中这种练习的机会很多，与亲戚熟人的接触，与小朋友的玩耍中，都会出现"侵犯"到孩子身体的情况，鼓励孩子说不，才能熟能生巧。

在家与孩子谈论性侵

德国建议从六七岁开始，就正式告诉孩子世界上存在"性侵"这种行为。当孩子知道性行为是什么时，我们就应该开始告诉他们生活中存在的性侵危险，这能帮助孩子在遭遇性侵时，迅速判断和认清情况，第一时间做出正确反应。对于更小的孩子，我们虽然不用对"性"解释得那么清楚，但教会孩子保护自己仍非常重要。如今性侵受害者的年龄趋势越来越小，小到令人发指。

性侵的形式是多种多样的，并不局限于侵犯孩子的隐私部位。

我们可以这样和孩子开启话题："孩子，有些事我认为你应该知道，这样你才能更好地保护自己。这世界上有些人，会起初对小孩子很友好，给你买吃的带你玩游戏，然后突然有一天他就开始触摸你的身体，触摸那些平时别人看不到的被衣服裤子遮住的隐私部位，比如你的双腿之间、阴部／小鸡鸡、小屁屁、胸部。"

"还有的大人希望被小孩子亲全身，要求孩子亲他的双腿之间，亲他的小鸡鸡。"

最后对孩子强调："记住，任何人都不允许对你做出这些事，不管你是否认识他！一旦有人提出这样的要求，立刻强烈拒绝，跑到人多的地方，然后马上告诉爸爸妈妈。"

如果孩子身上有发生一些被侵犯的情况（如被亲戚要求抱抱拒绝未遂）或者孩子在幼儿园听说了一些新闻，不妨趁热打铁在家练习一下，毕竟光说不练孩子印象不够深刻，真正发生的时候会由于准备不足而错过最佳反应时间。

家长们可在家通过模拟情景和提问的方式让孩子回答：

"如果有人突然说要你把裤子脱下，给你检查身体，你该怎么做？"

"如果有人要和你玩扮演医生的游戏，要求摸你的小鸡鸡，怎么办？"此处应提前告诉孩子只有真正的医生可以这么做，并且爸爸妈妈一定会提前告知并在场陪伴。

"如果有人触碰你的方式，令你感到不舒服，你该怎么做？"

"如果有人说想向你展示一下什么是性，让你感到愉快，你该怎么回应？"

"如果在电影院有人突然把手放到了你腿上，你该怎么回应？"

以上所有问题的答案都可以概括为：毫不犹豫地立刻拒绝，然后尽快离开现场或者找爸爸妈妈。

当然，练习归练习，也别把孩子弄得紧张兮兮的，导致他无法与人正常交往。练习完一定要加一句，"这种事情发生的概率很小，不用太担心哦。"

父母怎么教，孩子才会说呢

我们一定要教给孩子，在这个世界上，有些秘密绝对不能对父母保守。

▌性教育非常重要 ▌

性教育除了告诉孩子哪些行为需要防范，也要告诉孩子为什么，知其然还要知其所以然，孩子才不会被那些打着"爱"的旗号的人渣忽悠。用符合孩子年龄的语言告诉孩子性行为的存在，并强调这是两个成年人在自愿的基础上互相表达爱的方式，树立孩子对性的健康认识。

有了对性的基本认识以后，我们可以继续教授，性行为是成年人的活动，不应该发生在儿童身上。任何成年人（和青少年）要和儿童发生性行为，不论这个人是不是你"爱"的人，也不管他有多"爱"你，都应该强烈拒绝！一方面我们要让孩子感到性是双方自愿的美好行为，但同时也要强调，但凡带一点点强迫或诱导性质，不论性侵者以何种方式"说服"他，都构成了性侵，属于犯罪行为！"爱"不能成为实施性侵的借口，也不会洗刷性侵行为的罪恶本质。

另一方面，家中有一个以平常心看待性的谈话环境非常重要。孩子能够非常敏感地捕捉到父母对于性和性器官的态度。如果家中长期回避性话题，从不教孩子命名性器官，孩子会对性器官产生强烈的羞耻感，那么当性侵发生的时候，虽然孩子不明白究竟，也能隐约感到这是件不光彩的事，说出来可能会让父母丢脸或者被责骂。抑或是由于过于羞耻而不好意思说出来，一个人默默忍受。

因此，平时在家开诚布公地与孩子谈性很重要，让孩子感到与父母谈论性话题是安全的，那么当性侵发生时，孩子才不会有心理顾虑，不会迟疑是否要告诉父母。

教会孩子信任自己的感受

性侵者通常会想方设法歪曲孩子的感受，把被迫说成是孩子自愿的，"你也没有明确拒绝啊"；把孩子迷惑不解的感受说成"你也很喜欢，对不对"；把孩子与性侵者的关系（师生、亲戚等）解读为"我这么爱你，才会做出疯狂的行为，你怎么能这么对我？你也是爱我的，一定不能揭发我"。

孩子如此容易被人说服，是因为他对自己的感受不够自信。

回想一下，当邻居逗孩子的时候，你是否轻飘飘地说过："你干吗躲起来啊！这有什么好怕的，快出来打个招呼！"虽然孩子只是希望和陌生人保持一点点距离。当孩子哭着说伤疤疼的时候，你是否又轻飘飘地说过："这也疼啊！一点点小伤算什么！"

当孩子抱怨西兰花不好吃的时候，你是否还是继续假装："这么好吃的菜你居然不喜欢，快尝尝啊，真的很好吃哦！"

当孩子不情不愿地被逼着做某件事时，你是否说过："我是爱你，才会这么逼你的。"

有没有觉得这些话好熟悉，和性侵者的那一套说辞如出一辙？否定孩子的感受、歪曲事实、正话反说……

父母经常这么做的后果就是，孩子会慢慢对自己的感受变得不敏感不自信！当性侵者放出这一招时，孩子也会开始犹豫自己的感受，中了坏人的计。

因此，平时生活中当孩子表达感受时，切忌武断否认和正话反说。肯定孩子的真实感受和共情才能帮助孩子更好地认识自己，关键时刻也不那么容易被坏人诱导。

要知道，让孩子弄明白自己的感受并不是件容易的事，也是需要学习的。

坐过山车的感受到底是好玩还是恐怖？去朋友家过夜很开心，可是要离开父母又有点害怕。很多场景我们的感受都不止一个，而是复杂交织的。家长平时多和孩子谈论彼此的感受，教会他对各种感受的命名和表达，练习多了，才会更自信更容易确定自己的感受。

谈论性侵发生后的可能感受，打好心理预防针

提前和孩子指出，发生性侵事件时，很多孩子都觉得向父母告知被性侵经历不是件容易的事，让孩子有一定的心理准备。

"也许性侵者会对孩子说，这是孩子自己的错。也许孩子不得不向性侵者保证他一定会保守秘密。还有可能孩子会觉得发生这种事难以启齿，害怕遭到爸爸妈妈的批评。"

然后向孩子强调："这些顾虑迟疑你都不需要有！记住，发生性侵永远不会是孩子的错，一定是性侵者的错！爸爸妈妈绝对不会怪你。不要相信性侵者说的任何借口，你一定要及时告诉爸爸妈妈，我们才能帮助你！爸爸妈妈会永远站在你这一边保护你。"

孩子说不说，很大程度取决于亲子关系。如果父母平时就注重与孩子交流，关注孩子的感受与精神生活，那么要孩子说出来不算是难事。如果父母平时不注意倾听孩子的话语，动不动在孩子犯错闯祸时生气打骂，那么孩子学到的经验是"诚实反而会被打，不如撒谎好了"，这种情况就会比较棘手。做个好父母，先从认真倾听孩子开始。

敏感对待孩子的怪行为

孩子虽然嘴上不说，但行为上一定会有所改变。突然变得食欲不佳或暴饮暴食了，老把自己关在房间里，不出去和小伙伴玩，厌学厌世，变得特别黏人、爱哭，等等，都可能是被性侵后的表现，当然也可能由别的原因引起，如霸凌、老师体罚、亲人过世、父母离婚等。不论如何，当孩子行为上出现明显变化时，父母一定要敏感对待，共情孩子所感到的痛苦，细心找出其中的原因，才能帮助孩子尽快走出痛苦。

参考文献

1. 德国辅食书籍《Kochen für Babys》《为宝宝做辅食》。

2. 文章标题《Arsen in Reis – Vorsicht bei Säuglingenund Klein-kindern》(《米中含砷——婴幼儿需警惕》) https://www.verbraucherzentrale.de/arsen-in-reis (德国消费者中心)

3. 文章标题《Fragen und Antworten zu Arsengehalten in Reis und Reisprodukten》(有关大米和米制品中含砷的问题解答) http://www.bfr.bund.de/de/fragen_und_antworten_zu_arsengehalten_in_reis_und_reisprodukten-194346.html (德国风险评估联邦研究院，Bundesinstitute für Risikobewertung)

4. 文章标题《Arsen in Reis und Reiswaffeln?》(《大米和米制品中含砷？》) http://www1.wdr.de/verbraucher/ernaehrung/arsen-104.html (德国WDR电视台报道)

5. Bullen JJ，Griffiths E. Iron and Infection New York: John Wiley & Sons，1987; Weinberg ED. Iron and susceptibility to infectious disease. Science 1974;184:952; Weinberg ED. Iron and susceptibility to infectious disease. Science 1975;188:1038).

6. 德国政府儿童保护部门指导编写的《如何防止孩子被性侵》《KINDER STARK

MACHEN −SEXUELLEN MIßBRAUCH VORBEUGEN 》。

7. Review of Child Development Research，Volume 1, edited by Lois Wladis Hoffman，Martin L. Hoffman.

8. Do Effects of Early Child Care Extend to Age 15 Years? Results From the NICHD Study of Early Child Care and Youth Development, Child Dev. 2010 ; 81(3): 737 - 756.

9. How does early childhood care and education affect cognitive development? An international review of the effects of early interventions for children from different social backgrounds，Early Childhood Research Quarterly 25 (2010) 140 - 165.

10. The Effects of Early Maternal Employment on Later Cognitive and Behavioral Outcomes，Journal of Marriage and Family,Vol. 63,No. 2 (May，2001)，pp. 336−354.

11. Day−care participation as a protective factor in the cognitive development of low−income children. Child Development. 1994;65:457 - 471.